Serge Audier
Jurgen Reinhoudt

NEOLIBERALISMUS

Wie alles anfing: Das Walter Lippmann Kolloquium

Aus dem Amerikanischen übersetzt
von Michael Hein

kursbuch.edition

INHALT

TEIL I

Kapitel 1 | Einleitung 6
Die Entdeckung eines wesentlichen Dokuments der Geschichte des »Neoliberalismus« 7
Das Walter-Lippmann-Kolloquium: eine heterogene Versammlung von »Liberalen« 10
Der Anspruch, mit Lippmann den Liberalismus zu revidieren 25
Was ist neu am »Neoliberalismus«? 37
Was ist ein Name? 43
»Der Mensch der Leidenschaft« 45
Die soziologische Kritik von Röpke und Rüstow 48
Pluralismus und der Staat 52
Die Verantwortung des Staates 54
Die Schlüsselfrage des frühen neoliberalen Denkens 56
Fazit: Die Schwierigkeiten der Interpretation 60

Kapitel 2 | Teilnehmer des Kolloquiums 70
Weitere Eingeladene 115

TEIL II
Übersetzung des Walter-Lippmann-Kolloquiums

Kapitel 3 | Vorwort und Vorträge zur Eröffnung des Walter-Lippmann-Kolloquiums 118
Vorwort von Louis Rougier 118
Tagungsprogramm des Lippmann-Kolloquiums 120
Liste der Teilnehmer am Walter-Lippmann-Kolloquium 122
Das Walter-Lippmann-Kolloquium 123
Ansprache von Professor Louis Rougier 123
Ansprache von Walter Lippmann 134
Diskussion 148

Kapitel 4 | Hat der Niedergang des Liberalismus endogene Ursachen?
Samstag, 27. August: Vormittagssitzung 157

Kapitel 5 | Liberalismus und Kriegswirtschaft
Samstag, 27. August: Nachmittagssitzung 174

Kapitel 6 | Liberalismus und ökonomischer Nationalismus
Sonntag, 28. August: Vormittagssitzung 188

Kapitel 7 | Liberalismus und die soziale Frage
Sonntag, 28. August: Nachmittagssitzung 202

Kapitel 8 | Psychologische und soziologische Ursachen, politische und ideologische Ursachen für den Niedergang des Liberalismus
Montag, 29. August:
Vormittags- und Nachmittagssitzung 216

Kapitel 9 | Die Agenda des Liberalismus
Dienstag, 30. August: Vormittagssitzung 247

Kapitel 10 | Die theoretischen und praktischen Probleme einer Rückkehr zum Liberalismus
Dienstag, 30. August: Nachmittagssitzung 260

Dank 266
Anmerkungen 268
Literaturverzeichnis
Quellen 283
Sekundärliteratur 290
Sachregister 297
Personenregister 300

TEIL I

KAPITEL 1

Einleitung

Obwohl in den letzten Jahrzehnten häufig gebraucht, ist die analytische Bedeutung des Begriffs »Neoliberalismus« noch immer mit vielen Unklarheiten verbunden.[1] Das im Jahr 1938 veranstaltete Walter-Lippmann-Kolloquium, in theoretischer Hinsicht der Ursprung des Neoliberalismus, ist in jüngster Zeit zum Gegenstand des Interesses geworden.[2] Aber wenngleich Wissenschaftler die Bedeutung des Kolloquiums bereitwillig anerkennen, ist über diese wichtige Primärquelle noch relativ wenig geschrieben worden, insbesondere in der englischsprachigen Forschung.[3] So hat der französische liberale Ökonom François Bilger in seiner 1964 veröffentlichten Studie des deutschen Ordoliberalismus die Bedeutung des Lippmann-Kolloquiums zwar hervorgehoben, diesen Punkt aber nicht weiter ausgeführt.[4] Dreißig Jahre später hat Richard Cockett, der englische Historiker der Thatcher-Revolution, das Lippmann-Kolloquium lediglich in einer kurzen Bemerkung erwähnt.[5] Und auch dem liberalen Kapitalismus-Historiker Max Hartwell, seines Zeichens Mitglied der Mont Pèlerin Society, auf dessen Arbeiten sich Cockett – trotz seiner ganz anders gearteten politischen Überzeugungen – bezieht, war das Lippmann-Kolloquium nur eine kurze Erwähnung wert: Er konzentriert sich auf die Geschichte der Mont Pèlerin Society nach dem Zweiten Weltkrieg.[6] Schließlich haben Vivien Schmidt und Mark Thatcher in ihrer Studie zum liberalen Denken in Europa vom Lippmann-

Kolloquium ebenfalls nur en passant Notiz genommen.[7] So ist die Relevanz des Lippmann-Kolloquiums durchaus seit geraumer Zeit bekannt, doch kaum gewürdigt worden. Denn keiner der genannten, in ihren Auffassungen divergierenden Autoren gibt eine umfassende Darstellung oder Analyse des Kolloquiums, ganz so, als sei dessen Bedeutung offenkundig und als stelle das Kolloquium nur einen – in den Augen der einen verhängnisvollen, nach anderer Ansicht segensreichen – Schritt auf dem Weg zur Mont Pèlerin Society und dem Triumph des »Neoliberalismus« in den 1970er- und 1980er-Jahren dar.

Die Entdeckung eines wesentlichen Dokuments der Geschichte des »Neoliberalismus«

Sogar der Begriff »Neoliberalismus« ist jedoch bei Weitem nicht klar, wie die Analyse des Lippmann-Kolloquiums zeigt. Tatsächlich hat er eine verwickelte Geschichte. Von den 1930er-Jahren bis in die 1950er-Jahre unterschieden unter anderem die beiden französischen Ökonomen Alain Barrère und Gaëtan Pirou – zwei bedeutende und sich ausdrücklich vom klassischen Liberalismus distanzierende Vertreter der französischen Wirtschaftswissenschaften – in ihren historischen Darstellungen des ökonomischen Denkens den »Neoliberalismus« vom »Laissez-faire«-Liberalismus des 19. Jahrhunderts.[8] Der deutsche Politologe Carl Friedrich wiederum gebrauchte die Bezeichnung »Neoliberalismus« in Bezug auf die ordoliberalen Wirtschaftstheoretiker in Deutschland.[9] In den 1970er-Jahren wurde der Begriff »Neoliberalismus« verschiedentlich verwendet, zum Beispiel von den »neuen Ökonomen« in Frankreich, um die Ideen Friedrich August von Hayeks und Milton Friedmans zu verbreiten,[10] und in der Folge dann von

Michel Foucault in seinen Vorlesungen über den Ursprung der »Bio-Macht«,[11] aber ungefähr zur gleichen Zeit ebenso von einem führenden Politiker der französischen Sozialisten, Jean-Pierre Chevènement.[12] Ebenfalls seit den 1970er-Jahren sind die »Rational Choice«-Modelle Gary Beckers[13] sowie die von Gordon Tullock und James Buchanan entwickelte »Public Choice«-Theorie gelegentlich mit dem Begriff »Neoliberalismus« in Verbindung gebracht worden. Und in Lateinamerika gewann die Bezeichnung »Neoliberalismus« nach dem Putsch in Chile und der Betätigung der »Chicago Boys«[14] zunehmend, wenn auch mit einer gewissen Verzögerung, an Verbreitung.

In den 1980er- und mehr noch in den 1990er-Jahren wurde »Neoliberalismus« dann zu einem allgemein geläufigen Begriff. Die Wahlerfolge von Margaret Thatcher und Ronald Reagan und die anschließende Durchsetzung ihrer wirtschaftspolitischen Programme in Form von Deregulierung, Steuersenkungen und (vor allem im Fall Thatcher) der Privatisierung von Staatsunternehmen führten dazu, dass der Begriff »Neoliberalismus« praktisch mit diesen politischen Programmen identifiziert wurde.[15] In den 1990er-Jahren erfuhr der Begriff noch weitere Verbreitung, insbesondere im Zusammenhang mit dem wachsenden Welthandel und dem »Konsens von Washington«, dem Institutionen wie der Internationale Währungsfonds (IWF) und die Weltbank folgten, allerdings beinahe durchweg in kritischer Weise.[16] Als die Bezeichnung »Neoliberalismus« in den 1980er- und 1990er-Jahren zunehmend in Gebrauch kam, war die Frühgeschichte dieser Bewegung mit ihren Komplexitäten und Nuancen weitgehend vergessen, selbst unter den Verfechtern einer sogenannten neoliberalen Politik, die diese Bezeichnung im Allgemeinen aber gar nicht für sich in Anspruch nahmen.

Zu Beginn des 21. Jahrhunderts blieb »Neoliberalismus« ein oft verwendeter Begriff. So argumentierte der Geograf und marxistische Denker David Harvey 2005, »überall in der wirtschaftspolitischen Praxis wie im wirtschaftspolitischen Denken hat es seit den 1970er-Jahren eine bewusste Kehrtwende zum Neoliberalismus gegeben«.[17] Im Jahr 2010 befanden Manfred Steger und Ravi Roy, der Neoliberalismus sei »ein eher umfassender und allgemeiner Begriff, der auf ein ökonomisches Modell oder ›Paradigma‹ verweist, das in den 1980er-Jahren Bekanntheit erlangte.«[18] In jüngster Zeit ist der Begriff dann mehr und mehr in Form der Kritik benutzt worden.[19] Nach der Finanzkrise von 2007 hat der »Neoliberalismus« erneut Aufmerksamkeit auf sich gezogen, wiederum meist unter einem kritischen Gesichtspunkt.[20] Oft wird Neoliberalismus dabei als synonym mit einer ungezügelten Laissez-faire-Politik angesehen, die mit Deregulierung und Liberalisierung der Märkte einhergehe. Aber der Begriff ist durchaus auch anders verstanden worden. Gerade als Reaktion auf die Debatten über die Eigenart des »Neoliberalismus« des europäischen Einigungsprozesses seit den 1990er-Jahren haben Theorien vom »starken Staat«, der über den gesellschaftlichen Interessengruppen steht und das Funktionieren der Marktordnung sicherstellt, im Kontext des frühen neoliberalen Denkens neues Interesse gefunden.[21] Tatsächlich ist es nicht klar, ob »Neoliberalismus« für den »Rückzug« des Staates aus dem Wirtschaftsleben steht oder im Gegenteil für eine Stärkung der staatlichen Rolle als Garant des Wettbewerbs auf dem Markt. Diese Zweideutigkeiten sind ein Grund mehr, sich den Wurzeln des »Neoliberalismus« zuzuwenden.

Als Primärquelle bleibt das Kolloquium von 1938 wichtig, weil es die offizielle Geburtsstunde des Neoliberalismus als geistige Bewegung markiert. Da die Mitschrift des Lippmann-Kolloquiums nicht leicht zugänglich ist, war in der Vergangenheit die Kenntnis darüber meist aus zweiter Hand.[22] Einige der Diskussionsbeiträge wurden nicht mitgeschrieben, wodurch diese Primärquelle unvollständig ist. Und es gibt auch keine Tonbandaufzeichnung, die als unabhängige Aufzeichnung des Kolloquiums dienen könnte. Hingegen gibt es eine Textversion des Lippmann-Kolloquiums, die vermutlich von Louis Rougier, als dem Veranstalter, selbst hergestellt worden ist, und dieser Text stellt eine Quelle von unschätzbarer Bedeutung für ein Verständnis der Ursprünge des Neoliberalismus dar. Da Historiker, politische Theoretiker und Philosophen nicht müde werden, die Geschichte des Begriffs »Neoliberalismus« und dessen Bedeutung zu diskutieren, ist es sicherlich hilfreich, dem Kolloquium unsere Aufmerksamkeit zuzuwenden, auf dem die Bewegung offiziell ihren Anfang nahm.

Das Walter-Lippmann-Kolloquium: eine heterogene Versammlung von »Liberalen«

Als Ideengebäude wie auch als Netzwerk von Gelehrten und Forschern hatte der »Neoliberalismus« seinen Ursprung in einem Kolloquium, das vom 26. bis 30. August 1938 in Paris abgehalten wurde. Das bedeutet nicht, dass es nicht zuvor schon »neoliberale« Ideen oder Thesen gegeben hätte. Es bedeutet, dass der Neoliberalismus als geistige Bewegung 1938 eine Geschlossenheit annahm (ungeachtet ihrer tiefen inneren Heterogenität, wie wir noch sehen werden), die ihm bis dahin gefehlt hatte, sowie einen offiziellen (wenn auch umstrittenen) Namen. Vielleicht hatte der Wissenschaftsphilosoph und Epistemologe Louis Rougier als Veranstalter des Kolloquiums und Organisator der »neoliberalen« Bewegung dabei an den ihm vertrauten Begriff »Neopositivismus« gedacht.[23]

Rougier war ein Mitglied des Wiener Kreises, der als einer von wenigen die analytische Philosophie in Frankreich bekannt gemacht hatte.[24] Im Jahr 1935 hatte er an den Pariser Sorbonne den großen, bahnbrechenden Internationalen Kongress für wissenschaftliche Philosophie organisiert und dabei, in Anwesenheit der bedeutendsten Philosophen des Logischen Empirismus und der Epistemologie, sowohl den Einführungs- als auch den Abschlussvortrag gehalten.[25] Aber auch der ideologische und der politische Kontext werden bei der Namensgebung eine Rolle gespielt haben. Dabei sollte man sich in Erinnerung rufen, dass die Bezeichnung »Neoliberalismus« damals mit Bezug auf eine andere Gedankenströmung, den »Neosozialismus«, aufkam. In den 1920er-Jahren war »Neo« ein Trend der Zeit: Neosyndikalismus, Neo-Saint-Simonismus, Neokapitalismus und so weiter. Aber die berühmteste Neo-Verknüpfung, und gewiss auch diejenige, die sich in Rougiers Kopf festgesetzt hatte, war der »Neosozialismus«, eine von der offiziellen Linie der Französischen Sozialistischen Partei (SFIO) abweichende Strömung, die den Marxismus zu überwinden suchte, indem sie eine neue Art von »Planung« propagierte, die sich an den Ideen des belgischen Sozialisten Henri de Man orientierte. Aus Rougiers Schriften wissen wir, dass er mit dieser Strömung vertraut war. Und genau wie die französischen »Neosozialisten« in den 1930er-Jahren den alten Sozialismus zu reformieren suchten, indem sie ihn im Sinne der neuen Herausforderungen der Zeit modifizierten und »erneuerten« – was hieß, sich mit der aktuellen Bedeutung der »Rationalisierung« im Wirtschaftsgeschehen, der Schlüsselrolle der Mittelschichten und der Stellung von Autorität und Nation angesichts der faschistischen Bedrohung auseinanderzusetzen –, suchten die »Neoliberalen«, den Liberalismus kritisch zu überprüfen und zu erneuern.

Das Wort erscheint also im Kontext einer ernsten Krise: der Krise des Kapitalismus, also dem Börsencrash an der Wall Street 1929 und der anschließenden Weltwirtschaftskrise, und der durch den Aufstieg der totalitären Regime ausgelösten politischen Krise.[26] In diesem Kontext nun wurde die Bezeichnung »Neoliberalismus«, lange vor Rougier, von Pierre-Etienne Flandin lanciert, einem französischen Politiker der konservativen Rechten. »Ich sage ›Neoliberalismus‹, weil es richtig ist, dass die alte, traditionelle liberale Wirtschaftsordnung reformiert werden muss«, argumentierte Flandin 1933, »und sei es nur als Antwort auf den Wandel, den die Produktionsverfahren und die Organisation des internationalen Handels erfahren haben.«[27] Die Bezeichnung »Neoliberalismus« wurde dann 1934 von dem Nationalökonomen Gaëtan Pirou – der zur Überwindung der Krise ganz entschieden für neue Formen sozialer und wirtschaftlicher Interventionen plädierte – aufgegriffen, als er von »einem Versuch, die liberale Lehre zu erneuern«, sprach.[28] Und die Bezeichnung wurde, mit abwertender Intention, auch von einigen Sozialisten benutzt, so von Marcel Déat, einem der bedeutendsten Theoretiker und Aktivisten des »Neosozialismus«, der 1937 den »Tod des Liberalismus« verkündet hatte. Déat warf Léon Blum und dessen Volksfront-Regierung vor, nach einem Kompromiss zwischen sozialem Interventionismus und Liberalismus zu suchen, der seiner Auffassung nach Gefahr lief, einem »Neoliberalismus das Wort zu reden« und damit die linken Wähler der Volksfront zu verprellen.[29]

Ungefähr zu dieser Zeit hatte Louis Rougier, selbst politisch konservativ eingestellt und ein elitärer Theoretiker der Demokratie, mit großem Interesse das 1937 erschienene Buch *The Good Society* von Walter Lippmann gelesen. Rougier war der Ansicht, dass Lippmanns Buch »darlegt, dass die Marktwirtschaft nicht, wie viele klassische Ökonomen geglaubt hatten, das spontane Ergebnis einer natürlichen Ordnung ist, sondern das Ergebnis einer Rechtsordnung, die den Eingriff des Staates voraussetzt«.[30]

Diese Entwicklungen entfalteten sich, wie wir gesehen haben, in einem für den Liberalismus höchst ungünstigen Umfeld. Viele hielten ihn für »tot« seit der Krise von 1929, dem Einsetzen der *New Deal*-Politik und den verschiedenen Experimenten mit korporatistischen Ordnungen, nicht zu vergessen auch das Modell der »Fünfjahrespläne« in der Sowjetunion, an dem viele Intellektuelle im Westen Gefallen fanden, weil es eine Alternative zum todgeweihten Kapitalismus zu bieten schien. Und nicht nur der wirtschaftliche Liberalismus war auf dem Rückzug: Beinahe überall sah sich der politische Liberalismus bedroht, und in Josef Stalins Sowjetunion, dem faschistischen Italien und NS-Deutschland wie auch in Portugal, Spanien und vielen Ländern Osteuropas wie zum Beispiel Rumänien wurde er in der einen oder anderen Form sogar ausgeschaltet. Das Lippmann-Kolloquium fand fast genau ein Jahr vor dem Beginn des Zweiten Weltkriegs statt, weniger als ein halbes Jahr nach dem »Anschluss« Österreichs und einen Monat vor dem Münchner Abkommen; und einige der deutschen und österreichischen Teilnehmer, wie Ludwig von Mises, waren zu diesem Zeitpunkt vom NS-Regime verfolgte Exilanten, die angesichts der totalitären Gefahr und des drohenden Krieges um ihr Leben fürchten mussten.

Dieser tragische Kontext wirft ein Licht auf die Art und Weise, in der sich zu diesem Zeitpunkt besonders isoliert, zerstreut und machtlos scheinende »Liberale« auf Anregung von Louis Rougier versammelten, um den Liberalismus zu verteidigen und zu erneuern. Auf Einladung Rougiers trafen sich also im August 1938 insgesamt 26 Nationalökonomen, Philosophen, Soziologen, Staatsbeamte, Unternehmensleiter und Juristen, um *The Good Society* zu diskutieren. Lippmann, der mit seinem Buch ein breites Publikum erreicht hatte, verteidigte darin den wirtschaftlichen wie den politischen Liberalismus angesichts des weltweiten Aufkommens von Faschismus, Nationalsozialismus und Kommunismus, allesamt illiberale, antiparlamentarische Bewegungen, die in mehr oder weniger großem Maß auf Planwirtschaft und, im Hinblick auf eine künftige Kriegswirtschaft, verstärkter Autarkie fußten. Auch in den Vereinigten Staaten löste das Buch Diskussionen aus, hatte sein Verfasser doch den *New Deal* kritisiert, obgleich er als Vertreter eines »progressiven Denkens« 1932 die Kandidatur von Franklin D. Roosevelt gegen Herbert Hoover unterstützt hatte. Angesichts der drohenden Kriegsgefahr schien Lippmann eine Lenkung der Wirtschaft in jeglicher Form abzulehnen (auch wenn sein Standpunkt tatsächlich differenzierter war, wie eine genauere Lektüre seines Buches zeigt).[31] Auch in Frankreich fand Lippmanns Buch in konservativen Kreisen viel Lob, und man beschloss, es übersetzen zu lassen. Dazu wurde der Pariser Verlag Librairie de Médicis gewonnen, dessen eindeutig konservative Ausrichtung von Rougier in der Folge genutzt wurde, um dort dem »Neoliberalismus« ein Zuhause zu geben und, in gewissem Sinne, die Führung der Reaktion gegen die Volksfrontregierung zu übernehmen. Zahlreiche Originalausgaben und Übersetzungen von Büchern liberaler Autoren erschienen dort Ende der 1930er-Jahre auch in der Absicht, die öffentliche Debatte, die staatliche Politik und das geistige Klima zu beeinflussen.

Die Veranstaltung des Walter-Lippmann-Kolloquiums war mindestens zum Teil dem Zufall geschuldet, auch wenn es einem politischen und geistigen Bedürfnis entsprach. Als Rougier erfuhr, dass Lippmann auf einer Reise durch Europa in Paris Station machen wollte, hatte er zunächst geplant, einige Interessierte zu einem Abendessen zusammenzubringen, woraus dann letztlich das Kolloquium wurde. Rougiers Ziel war simpel: eine Gruppe heterodoxer Denker zu versammeln, die ähnliche oder wenigstens ähnlich erscheinende[32] Thesen wie Lippmann in *The Good Society* vertreten hatten oder dessen Hauptthesen, nach Rougiers Auffassung, aufgeschlossen gegenüberstünden. Trotzdem erwies es sich als nicht ganz einfach, das Treffen zustande zu bringen, denn Lippmann war zunächst skeptisch.

Zweifellos waren seine und Rougiers soziologische und politische Auffassungen sehr verschieden. Während Lippmann als Journalist von internationalem Ruf aus progressiven Kreisen stammte (als Student in Harvard hatte er einen sozialistischen Diskussionskreis gegründet und später gemeinsam mit Herbert Croly und Walter Weyl die Zeitschrift *The New Republic* herausgegeben)[33], war Louis Rougier der Enkel eines liberalen Ökonomen aus Lyon, ein kaum bekannter Philosophieprofessor und Erkenntnistheoretiker, dessen politische Einstellung zunächst sehr konservativ war. Aber Lippmanns politische Entwicklung hin zu einem »Liberalismus« kontinentaler Prägung sowie der Zeithintergrund – der Aufstieg totalitärer und autoritärer Systeme überall in Europa – führten die beiden Männer in ihrer Verbundenheit mit dem Liberalismus zusammen. Und das war dann auch die Grundlage, auf der sich eine breiter gefächerte, sehr amorphe liberale Gemeinde konstituierte.

Es ist aufschlussreich zu lesen, mit welchen Worten Rougier das Ziel des Lippmann-Kolloquiums beschrieb. In einem maschinengeschriebenen Brief vom 12. Juli 1938, der einigen Eingeladenen zugesandt wurde, beschrieb der Philosoph das inhaltliche Programm der Tagung wie folgt: »Die Freunde von Walter Lippmann haben beschlossen, anlässlich seines Aufenthalts in Paris und der

Übersetzung seines Buches *The Good Society* ins Französische … ein kleines Kolloquium in geschlossenem Kreis abzuhalten, um die Kernthesen des Buches über den Niedergang des Liberalismus und die Bedingungen für eine Rückkehr zu einer liberalen Ordnung, die sich vom Manchester-liberalen Laissez-faire unterscheidet, zu erörtern.« Die Einladung führte weiter aus, »das Kolloquium wird das praktische Ziel haben, ein Studienprogramm zu erarbeiten zur Vorbereitung eines internationalen Kongresses im Jahr 1939 zu den gleichen Themen«. Schließlich wurde auch die Liste der wichtigsten eingeladenen Teilnehmer aufgeführt: »Diese Einladung wurde an die Herrn Baudin, Casillero [d. i. Castillejo, d. Hg.], Detoeuf, L. Einaudi, Hayek, Huizinga, Kittredge, Lavergne, Lippmann, Marlio, Mercier, Ludwig von Mises, Nitti, Ortega y Gasset, Rappard, Ricci, Rist, Robbins, Röpke, Rougier, Rueff, Truchy, Marcel van Zeeland versandt.«[34]

Die Suche nach einem »erneuerten« Liberalismus, der einen Bruch mit dem »Manchester«-Liberalismus bedeuten sollte, stand auch im Mittelpunkt einer Notiz zum Walter-Lippmann-Kolloquium, die am 30. August 1938 in der Tageszeitung *Le Temps* veröffentlicht wurde, einem damals sehr einflussreichen Blatt, das dem gemäßigten Republikanismus nahestand. Dabei lässt sich der besondere geschichtliche Kontext des Kolloquiums mit einem Blick auf die Titelseite der Zeitung erfassen, wo ausschließlich die tschechoslowakische Frage und die militärische Drohung durch NS-Deutschland Thema ist. Auf der letzten Seite erwähnt eine anonyme, vermutlich von Louis Rougier verfasste Mitteilung unter dem Titel »Wie man uns mitteilt« daher die mit der Veranstaltung verknüpften Erwartungen. Dabei werden die Kernthesen von *The Good Society* so zusammengefasst: »In diesem Werk legt Walter Lippmann, wie wir wissen, dar, dass die Missstände unserer

Zeit auf zwei irrige Vorstellungen zurückgehen: den irreführenden Gegensatz, der zwischen Sozialismus und Faschismus behauptet wird, und der nicht weniger falschen Gleichsetzung des Liberalismus mit der Manchester-Doktrin des Laissez-faire, Laissez-passer. Herr Walter Lippmann zeigt, wie die liberale Wirtschaftsordnung, die auf dem Privateigentum, freiem Wettbewerb und dem Preismechanismus beruht, nicht nur das Ergebnis einer naturgegebenen Ordnung ist, sondern auch das Ergebnis einer rechtlichen, vom Gesetzgeber geschaffenen Rahmensetzung, die der kontinuierlichen Anpassung an die unablässig sich verändernden Umstände der wirtschaftlichen auf Arbeitsteilung beruhenden Verfahren bedarf.«[35] In diesem Zusammenhang sei das Vorhaben einer gemeinsamen Überprüfung des Liberalismus sowohl auf gedanklicher wie auf organisatorischer Ebene entwickelt worden, nicht unter dem Namen »Neoliberalismus« – das Wort taucht in diesem Text nicht auf –, sondern unter der Bezeichnung »positiver Liberalismus«: »Ziel dieses rein privaten Kolloquiums ist die Einrichtung einer internationalen Forschungsstelle mit der Aufgabe einer systematischen Untersuchung der theoretischen wie praktischen Probleme, die eine Rückkehr zu einem positiven Liberalismus beziehungsweise dessen Erhaltung aufwirft, einem System, das die Voraussetzung jeder Zivilisation ist, denn es ist als einziges dazu fähig, die persönlichen Werte, die allen Fortschritt schaffen, zu schützen.«[36]

Etliche der Teilnehmer des Kolloquiums stammten aus Frankreich, aber die übrigen Eingeladenen kamen aus ganz verschiedenen Ländern und gehörten ganz unterschiedlichen beruflichen Gruppen an. Es ist wichtig, das hier zu betonen, denn bislang wurde das Lippmann-Kolloquium im allgemeinen Bewusstsein meist nur mit einer kleinen Auswahl von Namen verknüpft, die in späteren Jahren Berühmtheit erlangt haben. Unter dem Gesichtspunkt einer kontextuellen Geschichtsschreibung (und das ist der hier eingenommene Blickwinkel) ist es hingegen wünschenswert, keinen allzu beschränkten Blick auf die damals beteiligten Akteure zu werfen. Im Anschluss an diese Einleitung wird man daher eine Art Prosopografie finden, die jeden Teilnehmer am Lippmann-Kolloquium kurz vorstellt, sowie eine Liste der Eingeladenen, die an einer Teilnahme verhindert waren. Hier soll zunächst auf die allgemeineren soziologischen, intellektuellen und nationalen Gruppierungen hingewiesen werden. Ökonomen waren die zahlenmäßig größte Gruppe unter den Teilnehmern, darunter die Franzosen Louis Baudin, Jacques Rueff, Bernard Lavergne, André Piatier, Etienne Mantoux und Robert Marjolin, die Deutschen Wilhelm Röpke und Alexander Rüstow, als führende Vertreter der Österreichischen Schule Ludwig von Mises und Friedrich August von Hayek, teilweise sekundiert von Michael Heilperin, sowie eher unorthodoxe Ökonomen wie zum Beispiel der in Großbritannien ausgebildete John Bell Condliffe. Zu den Philosophen zählten neben Louis Rougier auch Raymond Aron und Michael Polanyi. Die Sozialwissenschaften waren vertreten durch Bruce Hopper und Alfred Schütz, deren intellektuelle Anliegen sich zum Teil mit denen der »Philosophen« überschnitten. Der Franzose Roger Auboin und der Belgier Marcel van Zeeland (nicht zu verwechseln mit seinem Bruder Paul, dem belgischen Staatsmann) waren leitende Staatsbeamte.

Außerdem nahmen an dem Kolloquium erfolgreiche Geschäftsleute, Industriekapitäne und Technokraten teil (Marcel Bourgeois, Auguste Detoeuf, Louis Marlio, Ernest Mercier), ein spanischer Jurist (José Castillejo) und natürlich, als einziger Journalist, Walter Lippmann.[37]

Wenngleich also rund die Hälfte der Teilnehmer aus Frankreich stammte, war das internationale Kontingent mit Österreichern, Deutschen, Amerikanern (Hopper und Lippmann, aber kein einziger amerikanischer Ökonom), je einem Belgier, Spanier und Neuseeländer (Condliffe, der damals an der London School of Economics unterrichtete) und einem Ungarn (Polanyi, der damals im Exil in England lebte) doch gut vertreten. Eine ganze Reihe von ihnen waren Exilanten: Röpke hatte den Nationalsozialisten den Eid verweigert und war über die Türkei in die Schweiz emigriert, wo er am Genfer Hochschulinstitut für internationale Studien arbeitete; sein Freund Rüstow lehrte in Istanbul; Mises hatte sich der antisemitischen Verfolgung in Wien gerade noch entziehen können, aber Hab und Gut beim »Anschluss« verloren, und auch Schütz war vor der Judenverfolgung der Nazis in die Vereinigten Staaten geflohen.

Neben der unmittelbaren historischen Kontextualisierung muss eine Analyse des Lippmann-Kolloquiums auch die Soziologie der Netzwerke, der akademischen wie die der Aktivisten, und der mit ihnen verbundenen Institutionen in Erinnerung rufen. Mehrere der Teilnehmer kannten einander zum Teil seit vielen Jahren durch gemeinsame Arbeit an Universitäten und Forschungseinrichtungen. So gab es mehrere ehemalige Teilnehmer an Ludwig von Mises' Wiener »Privatseminar« (Hayek und Schütz), zwei Dozenten der London School of Economics (Hayek und Condliffe; eingeladen war auch Lionel Robbins, wiederum ein früherer Teilnehmer an Mises' Seminar), Franzosen, die sich an der »X-Mines«-Gruppe ehemaliger Schüler der Ecole Polytechnique beteiligten (Detoeuf, Rueff und andere), Forscher, die an der Ecole Normale Supérieure als Mitarbeiter von Célestin Bouglé tätig waren (Aron und Marjolin), und einige (darunter Castillejo), die in

Verbindung standen mit dem Internationalen Institut für geistige Zusammenarbeit (einer Einrichtung des Völkerbundes in Paris), unter dessen Dach auch das Kolloquium stattfand.

Eine weitere bedeutsame Einrichtung in diesem Zusammenhang war das Hochschulinstitut für internationale Studien (HEI) in Genf. Es wäre falsch, diese Einrichtung als die Wiege des Liberalismus zu bezeichnen (so unterrichtete dort für einige Zeit zum Beispiel auch Hans Kelsen, alles andere als ein Liberaler der alten Schule), aber dort lehrten damals sowohl Röpke als auch Mises, und Rougier hielt seine Vorlesungsreihe über die »mystiques économiques« (ökonomischer Aberglauben, Mythen der Ökonomie) und entwickelte dabei seine neoliberalen Ideen. Das Genfer HEI war auch der Ort, an dem Hayek 1937 seine (heute nahezu vergessenen) Vorlesungen über »monetären Nationalismus« hielt.[38] Und hier fand auch der liberale italienische Antifaschist Guglielmo Ferrero 1932 Aufnahme als Dozent, nachdem ihm Rougier bei der Ausreise aus Italien geholfen hatte. Bewundert von Rougier, aber auch von Röpke, der gut mit ihm befreundet war, starb Ferrero 1942 an einem Herzinfarkt – oberhalb von Vevey in Mont Pèlerin, wo Röpke und Hayek fünf Jahre später die Mont Pèlerin Society gründen sollten.

Das HEI stand unter der Leitung von Paul Mantoux, dem Vater von Etienne (der am Kolloquium teilnahm), und William Rappard, der trotz Einladung nicht teilnahm, aber in der Folge eine überaus aktive Rolle in der Mont Pèlerin Society spielte. So lässt sich sagen, dass das Lippmann-Kolloquium keineswegs bei null anfing, aber seine historische Rolle bleibt von großer Bedeutung aufgrund der damit verfolgten Ziele eines Zusammenschlusses und insbesondere einer gemeinsam entwickelten Doktrin.

Ein Wort sei noch gesagt zu den intellektuellen Protagonisten, die Rougier besonders wichtig und von ihm eingeladen worden waren. Sie stehen sinnbildlich für die geistige Ausrichtung des Kolloquiums, selbst wenn ihre Anwesenheit ihm eine Wendung mehr zum Kulturellen und Sozialen gegeben hätte. Die wichtigsten unter ihnen waren vielleicht José Ortega y Gasset, Johan Huizinga, Lionel Robbins, Francesco Saverio Nitti und Luigi Einaudi. Ortega y Gasset und Huizinga lassen sich vermutlich am besten in Verbindung bringen, denn sowohl der spanische Philosoph als auch der niederländische Historiker hatten in den 1930er-Jahren die schwere Krise der zeitgenössischen Zivilisation einer Untersuchung unterzogen.

Erschüttert vom Aufstieg des Faschismus und des Nationalsozialismus hatte der renommierte niederländische Mediävist bereits seit Längerem vor den Gefahren einer Epoche gewarnt, die von einer Mischung aus Irrationalismus und Technologieverehrung gekennzeichnet war. Und Ortega y Gasset hatte in seinem berühmten Buch *Der Aufstand der Massen* (eine Formulierung, die Rougier gern verwendete, auch auf dem Kolloquium), das gleich nach seinem Erscheinen in zahlreiche Sprachen übersetzt worden war, vor den Gefahren eines Massenzeitalters gewarnt und für eine tief greifende Erneuerung des Liberalismus plädiert, damit diese Doktrin die sozialen Forderungen aufgreifen könnte, für die die totalitären Systeme eine so trügerische wie gefährliche Antwort angeboten hatten. Sozialer ausgerichtet und weniger an den »Manchester«-Prinzipien orientiert, sollte der Liberalismus nach den Vorstellungen des spanischen Philosophen sich dennoch vor Dirigismus und Bürokratie hüten. So waren Huizinga und Ortega y Gasset, obgleich keine Ökonomen, sondern Denker, denen in der Krise der modernen Zivilisation Gehör geschenkt wurde, für Rougier von überragender Bedeutung, was in noch größerem Maß für Wilhelm Röpke, der sie oft zitierte, galt.

Lionel Robbins, damals Professor an der London School of Economics (LSE), hatte 1937 ein aufsehenerregendes Buch vorgelegt, *Economic Planning and International Order* (auf das Rougier in seinem Eröffnungsvortrag verwies), dem er 1939 *The Economic Causes of the War* folgen ließ. Damals ein enger geistiger Weggefährte von Mises und vor allem Hayek verwarf Robbins in *Economic Planning* die Vorstellung, dass es in einer liberalen Wirtschaftsordnung »keine Wirtschaftsplanung« gebe, anders als in marxistischen und anderen zentral gelenkten Systemen mit ihrer »Planwirtschaft«. Ganz im Gegenteil, so argumentierte Robbins, gebe es im wirtschaftlichen Liberalismus durchaus Wirtschaftsplanung; er sei keineswegs anarchisch. Nur sei die Wirtschaftsplanung in einer liberalen Wirtschaftsordnung ganz anderer Art als in der zentralisierten Planwirtschaft, wie sie in Ländern wie der Sowjetunion betrieben werde.[39] Robbins vertrat die Auffassung, dass »weder das Eigentum noch der Vertrag in irgendeinem Sinne natürlich« seien, sondern »ihrem Wesen nach eine Schöpfung des Rechts«.[40] Damit hob Robbins hervor, dass der Liberalismus einer Erneuerung oder einer Rückkehr zu seiner wahren Bedeutung bedürfe, nämlich der Erkenntnis, dass der Markt des Wettbewerbs durch Regeln organisiert sein muss, deren Einhaltung von staatlichen Organen überwacht wird. Außerdem betonte er, dass der Liberalismus die Notwendigkeit erheblicher staatlicher Eingriffe anerkennen müsse, die über das Funktionieren des Marktes hinausgehen, insbesondere bei der Bereitstellung der kostspieligen Infrastruktur. Aber, so fügte er hinzu, John Maynard Keynes sei im Irrtum, wenn er, am Schluss seines Buches *The End of Laissez-faire*, der Auffassung sei, dass diese Voraussetzungen etwas

Neuartiges seien: schon Adam Smith habe sie erkannt.[41] Allerdings, so räumte er ein, treffe es zu, dass dessen Nachfolger mitunter in einen gefährlichen Dogmatismus des Antiinterventionismus verfallen seien. Rougier war voller Bewunderung für Robbins' Studie, deren rasche Übersetzung ins Französische er vermittelte; er erklärte, sie stimme mit den grundsätzlichen Überzeugungen von ihm selbst als auch von Lippmann überein.

Obgleich heute so gut wie vergessen, soll auch Francesco Saverio Nitti nicht unerwähnt bleiben, der im Kontext der Krise des Liberalismus seinerzeit eine bedeutende Gestalt war. Als einstiger italienischer Premierminister[42] wie auch politischer Beobachter und Kritiker des Totalitarismus (ganz gleich ob faschistischer, nationalsozialistischer oder kommunistischer Couleur) und eloquenter Verteidiger der liberalen Demokratie, verlieh er in einer Vielzahl von Essays in den 1930er-Jahren seiner Sorge über den Aufstieg dieser antiliberalen Systeme, die sich auf »die Massen« beriefen, Ausdruck. Als Antwort darauf plädierte Nitti für eine Erneuerung des Liberalismus, die anerkennen sollte, was der Sozialismus an Wahrem enthalte: Damit hatte Nitti eine Art Synthese von sozialistischen und – hauptsächlich – liberalen Gedanken vorgeschlagen, die viel weiter ging, als von Rougier gewünscht, und die bei Liberalen wie Mises nur auf Ablehnung stoßen konnte. Trotzdem hielt Rougier Nitti für sehr wichtig, und während seiner Kampagne für einen »Neoliberalismus« in den Jahren 1937/38 war Rougier von dem Italiener bei einem Treffen der französischen Vereinigung Union pour la vérité (Union für die Wahrheit) öffentlich unterstützt worden. Schließlich sollte man, auf der italienischen Seite – als Beleg für die Bedeutung, die man der faschistischen Bedrohung beimaß –, auch Luigi Einaudi nicht vergessen, den bedeutenden Verfechter des Wirtschaftsliberalismus, der bereits mit Hayek in Verbindung stand und der nach dem Krieg Präsident der Republik Italien wurde. Bemerkenswert ist weiterhin, dass Robbins, ebenso wie Nitti und Einaudi, verschiedene französische Neoliberale und seinerzeit auch Hayek, sich als Anhänger eines europäischen Föderalismus bekannten.[43]

Auf diese Weise kann man, allein anhand der Eingeladenen, drei Themen für das Kolloquium erkennen: die Bedrohung durch die totalitären Systeme mit Massenbasis, den drohenden in Verbindung mit einer Autarkiepolitik und schließlich die Notwendigkeit einer mehr oder weniger weitreichenden Reform des Liberalismus angesichts des Aufstands der Massen.

Das Ziel der Kolloquiumsteilnehmer war es, den Fortbestand des wirtschaftlichen und politischen Liberalismus zu sichern, und während des Kolloquiums äußerten mehrere von ihnen ernste Zweifel, ob der politische Liberalismus überhaupt überleben könne. Unter diesen Umständen war das Hauptanliegen des Kolloquiums nicht die Formierung einer konzertierten Opposition etwa gegen Keynes' »Allgemeine Theorie«, obgleich einige der Teilnehmer dessen Thesen durchaus ablehnten – Hayek, Rueff und Mantoux zum Beispiel, und auch Röpke bereits in gewissem Maße. Doch um Keynes ging es auf dem Kolloquium an keiner Stelle, und man weiß auch, dass mehrere der Teilnehmer den Verfasser der *General Theory* in hohem Maß schätzten – vor allem Lippmann, der mit Keynes persönlich befreundet war, aber auch Marlio, Aron, Marjolin, Condliffe und selbst Polanyi. Vielmehr konzentrierten die Teilnehmer ihre Anstrengungen auf die Analyse der Krise des Liberalismus, auf die Verteidigung des wirtschaftlichen und politischen Liberalismus und auf die Möglichkeiten, ihn angesichts der zu erwartenden Stürme zu erneuern und damit seinen Fortbestand zu sichern. Einig waren sich die Teilnehmer in ihrer Ablehnung jeglicher zentralen Planwirtschaft, auch wenn es dabei durchaus Unterschiede gab; so lagen zum Beispiel die Standpunkte von Mises und Aron in dieser Frage weit auseinander. Ebenfalls einig war man sich darüber, dass Planwirtschaft nicht nur ökonomisch ineffizient sei, sondern außerdem mit dem Verlust der persönlichen und politischen Freiheit verbunden war: Dadurch bekamen ihre Diskussionen eine wichtige politische und sogar moralische Dimension, die über die Debatte wirtschaftlicher Wirkungen hinausging. Und ihre Diskussionen wurden auch von der Frage bestimmt, ob die liberalen Demokratien den Herausforderungen durch einen Krieg, dessen unmittelbares Bevorstehen allen klar war, gewachsen sein würden.

Der Anspruch, mit Lippmann den Liberalismus zu revidieren

Ein Teil der Kolloquiumsteilnehmer war, ausgehend von Lippmanns Thesen, der Auffassung, dass der Liberalismus nur überleben könne, wenn er gründlich reformiert würde. Schwierig war, genau zu bestimmen, wie das zu bewerkstelligen sei. In seinem Buch hatte Lippmann die These vertreten, dass es falsch sei, den Wirtschaftsliberalismus als eine Doktrin des staatlichen Nichteingreifens zu verstehen, denn damit werde man dem nicht gerecht, was der Wirtschaftsliberalismus mit seinem Laissez-faire ursprünglich gewollt habe. Lippmann argumentierte, dass Laissez-faire historisch betrachtet eine »revolutionäre politische Idee« gewesen sei, »um den anhaltenden Widerstand eigennütziger Interessen gegen die industrielle Revolution« zu brechen.[44] So war Laissez-faire ursprünglich eine Ideologie entschiedenen Handelns, »formuliert zu dem Zweck, Gesetze, Einrichtungen und Gebräuche zu zerstören, die vernichtet werden mussten, um der neuen Produktionsweise Platz zu machen … die notwendigerweise zerstörerische Doktrin einer revolutionären Revolution Bewegung«. Sobald diese Aufgabe erledigt war, also etwa um die Mitte des 19. Jahrhunderts, verfiel der Liberalismus in eine Art von Passivität. Als Folge davon »wurde der Liberalismus zu einer Philosophie der Vernachlässigung und der Weigerung, die nötigen sozialen Anpassungen vorzunehmen«.[45] Lippmann drängte die Liberalen, wieder eine aktive Rolle dabei zu spielen, der Gesellschaft auf angemessene Weise zu helfen, mit wirtschaftlichem Wandel und Anpassungsprozessen zurechtzukommen und ihre Passivität in Wirtschaftsfragen aufzugeben, nicht zuletzt in der Auseinandersetzung mit dem Problem der sozialen Verelendung. Lippmann bestritt die Ansicht, »das Debakel des Liberalismus« habe etwas »mit irgendeiner Art von historischer Notwendigkeit zu tun«, und gab die Verantwortung dafür stattdessen »den Fehlern der Liberalen«, den Liberalen, die es versäumt hatten, einzugreifen, als die vom Wirtschaftsliberalismus hervorgerufenen menschlichen Verwerfungen nicht länger tragbar waren. Liberale dieser Art »hatten sich in einer dogmatischen Sackgasse verrannt«, und der Liberalismus war »erstarrt«.[46]

In den 1930er-Jahren war der politische und wirtschaftliche Liberalismus ein schwer angeschlagenes System, das an einer tiefen Glaubwürdigkeitskrise litt. Lippmann selbst war 1933 von der Entwicklung der Wirtschaftskrise in den Vereinigten Staaten so erschüttert, dass er zu Präsident Franklin D. Roosevelt sagte, ihm bleibe womöglich keine andere Wahl, als sich selbst »diktatorische Befugnisse« zu geben.[47] Während der politische Liberalismus mitunter für synonym galt mit parlamentarischer Selbstblockade und Untätigkeit, unfähig, das Vertrauen der breiten Öffentlichkeit zu gewinnen, wurde der Wirtschaftsliberalismus aufgrund des Verzichts auf staatliche Intervention und wegen des Mangels an Solidarität in der Gesellschaft oft als Ideologie des »Laissez-souffrir« (leiden lassen) angesehen. So schien nicht wenigen Bürgern, die in dysfunktionalen parlamentarischen Demokratien wie Belgien und Frankreich lebten, der Faschismus oder der Kommunismus eine vielversprechende Alternative zu den Übeln des Liberalismus ihrer Zeit zu sein. Lippmann jedoch, der zunächst im *New Deal* eine vielversprechende Lösung gesehen hatte – die den von ihm in seinem Buch *The Method of Freedom* (1934) empfohlenen und von Keynes angeregten Eingriffen sehr nahe kamen –, änderte später seine Meinung und kritisierte die *New Deal*-Politik als übertrieben etatistisch und sah darüber hinaus in ihr eine Bedrohung des Rechtsstaates, nachdem Roosevelt den Vorschlag einer Vergrößerung des Supreme Court gemacht hatte.[48] Lippmann lehnte sowohl den Faschismus als auch den Kommunismus ab, weil diese Systeme über ihre wirtschaftliche Ineffizienz hinaus auch einen nahezu völligen Verlust der persönlichen Freiheit mit sich brachten: »Es ist dem Volk nicht nur nicht möglich, den Plan zu kontrollieren, sondern darüber hinaus müssen die Planer auch noch das Volk kontrollieren. Sie müssen Despoten sein, die nicht dulden können, dass ihre Autorität infrage gestellt wird. Zivile Planung setzt daher die Annahme voraus, dass die an die Macht gelangten Despoten gütig sein werden, das heißt das höchste Gut für ihre Untertanen kennen und anstreben.«[49] Lippmann war der Auffassung, dass in solchen Systemen »der Ausnahmezustand nie aufhört«, mit Konzentrationslagern, Geheimpolizei und Zensur verbunden sei und letztlich zum Krieg führe.[50] Weiterhin bezog er sich in seinem Buch auf Mises und dessen Kritik an der Unmöglichkeit der Wirtschaftsrechnung in einer Planwirtschaft.

Gleichzeitig enthielt Lippmanns Buch aber auch eine »Agenda des Liberalismus«, die Maßnahmen wie etwa »eine drastische Erbschaftssteuer und eine Einkommenssteuer mit starker Progression«[51] enthielt, Investitionen in öffentliche Bauvorhaben und so weiter, durchweg mit lobenden Verweisen auf Keynes. Diese Agenda war sozial wesentlich ehrgeiziger als die Kompromisse, die ein Jahr später beim Kolloquium vereinbart und von Lippmann dort aber dennoch unter dem Titel »Agenda des Liberalismus« mitgetragen wurden. Lippmann sprach sich sogar für eine weit weniger ungleiche amerikanische Gesellschaft aus, legte dabei aber großen Wert darauf, sich gegen Sozialismus und Dirigismus abzugrenzen. Sein Ziel war es, die Gesellschaft in dem Maß weniger ungleich zu machen, dass Einzelne nicht länger von Privilegien oder Spekulationsgewinnen auf dem Markt profitieren sollten. Und wenn es erforderlich war, den Ärmsten und den vom Arbeitsmarkt Ausgeschlossenen zu helfen, dann, um sie dafür auszubilden, wieder an einem ständig sich wandelnden Markt teilzunehmen.

Auch vom Konzept des Eigentums legte Lippmann in seinem Buch eine eigene Auffassung dar. Zwar sprach er sich für Privateigentum aus, aber er hielt Eigentum nicht für ein naturgegebenes Recht, sondern Eigentum war für ihn eine Schöpfung des Rechts. Angeregt von der amerikanischen »institutionellen ökonomischen Theorie« – Lippmann hatte sich intensiv mit dem Werk von John R. Commons auseinandergesetzt – wollte er auch in diesem Punkt mit gewissen Dogmatismen des klassischen Liberalismus brechen. In seiner Kritik an William Blackstone, einem Juristen und typischen Vertreter des 18. Jahrhunderts, verwarf Lippmann gleich an mehreren Stellen die Idee eines absoluten Rechts auf Eigentum. Ihm zufolge ließ sich das Recht auf Eigentum durch Gesetze regulieren und entwickle sich nicht nur gemäß den Bedürfnissen des wirtschaftlichen Fortschritts, sondern auch gemäß den Bedürfnissen der sozialen Gerechtigkeit. Auf diesen Punkt legte er umso mehr Wert, als das dogmatische Festhalten an einem absoluten Recht auf Eigentum, wie es die »alten« Liberalen befürwortet hatten, im Volk einen starken Wunsch nach Kollektivismus und Dirigismus genährt hatte. Lippmann jedoch, auch darin wieder auf Mises und Hayek sich berufend, hielt diese »Lösungen« (Kollektivismus und Dirigismus) für wirkungslos und gefährlich. Seine größte Sorge war ein weltweiter Krieg, für den er in seiner Analyse Dirigismus und Protektionismus, also die Politik wirtschaftlicher Autarkie, vor allem in ihren totalitären Formen, verantwortlich machte.

Auf dem Kolloquium 1938 war, wie wir gesehen haben, die Furcht sogar noch größer geworden, dass der Liberalismus durch den stetigen Aufstieg der totalitären Staaten ganz ausgelöscht werden könnte. In seinem Eröffnungsvortrag erklärte Lippmann mit düsterem Realismus: »Denn die zeitgenössische Welt wird von der Tatsache beherrscht, dass alle Nationen sich gezwungenermaßen auf einen Krieg vorbereiten, der jeden Augenblick losbrechen kann.« In diesem Zusammenhang wird das große Interesse verständlich, das Lippmanns Buch geweckt hatte und in dem Rougier ein Echo seiner eigenen Schriften zu vernehmen meinte. Auch Rougier hatte in seinem wichtigen Buch *Les mystiques économiques*[52] eine Erneuerung des Liberalismus gefordert, wenn auch mit einer weniger prononcierten sozialen Komponente als Lippmann, obgleich er erklärte, dass ein reformierter Liberalismus den Schutz bedrohter Wirtschaftssektoren, wie zum Beispiel die kleinbäuerliche Landwirtschaft, die für die Nation als lebenswichtig erachtet werden, rechtfertigen könne. Mit seinen eigenen Auffassungen focht Rougier, wie Lippmann, gegen eine Reihe von

»mystiques« (Mythen), Trugbildern dogmatischer Rhetorik im Bereich der Ökonomie, und prangerte nicht nur den faschistischen Korporatismus und die sowjetische Planwirtschaft an, sondern auch den »alten« Liberalismus der französischen Physiokraten, mit ihrem irrigen Glauben an eine natürliche Ordnung, und den »Manchester«-Liberalismus der englischen Schule.

Im Gegensatz zu diesen Auffassungen plädierte Rougier für einen »aufbauenden« oder »konstruktiven Liberalismus« *(libéralisme constructeur)*: Demzufolge sollte man nicht länger an die *codes de la nature*, also eine spontane und natürliche Marktordnung, der physiokratischen Ökonomen glauben, sondern sich tatkräftig für einen *code de la route* einsetzen, eine »Straßenverkehrsordnung«, die aufmerksam die technologischen und anderen Veränderungen im Kapitalismus verfolgte und dadurch den Markt überwachte und stimulierte. Diese »Ordnung« sollte die Entscheidungen der Marktakteure nicht unmittelbar steuern, sondern vielmehr den Wechselwirkungen ihrer frei getroffenen Entscheidungen einen Rahmen geben. Rougier argumentierte, der »alte« Liberalismus des Laissez-faire sei fehlerhaft, gefährlich und befinde sich in einer Krise, verstehe er doch nicht die Gefahren der Monopolbildung und des sozialen Leids, das sie hervorrufen können. Wenn Rougier sich in seiner Kritik an Sozialismus, Kollektivismus und Dirigismus sowie in seiner Verteidigung des Markt-Preis-Mechanismus und seiner Befürwortung des Marktes den Ideen der Österreichischen Schule um Hayek und insbesondere Mises anschloss, dann tat er das, um, was den entschlossenen Umbau des Liberalismus betraf, über diese hinauszugehen.[53] Rougier war nicht nur akademischer Philosoph, sondern auch ein Intellektueller, der ein Umdenken der öffentlichen Meinung bewirken und die Wirtschaftspolitik Frankreichs in eine liberale Richtung umorientieren wollte angesichts der Folgen des – in seinen Augen – katastrophalen Experiments der Volksfront von 1936. So führte er also auch einen politischen und ideologischen Feldzug und bemühte sich, Einfluss auf die Presse zu nehmen. Das galt insbesondere für die Mitte-links angesiedelte, antikommunistische Tageszeitung *La République*. Ihre Herausgeber hatten der von Neosozialisten wie Marcel Déat propagierten »Wirtschaftsplanung« zunächst überaus wohlwollend gegenübergestanden. Aber in einer Reihe von Artikeln im Frühjahr 1938 ließen die Herausgeber von *La République* Schritt für Schritt Übereinstimmungen mit Rougiers Ideen erkennen,[54] und Rougier zählte sie zu seinen wichtigsten öffentlichen Unterstützern in der 1939 von ihm lancierten »Offensive des Neoliberalismus«.[55] Doch gingen seine Absichten über Frankreich hinaus, was in seinem Vorschlag, das Walter-Lippmann-Kolloquium zu veranstalten, zum Ausdruck kam.

Das alles trägt zu einem besseren Verständnis der Ursprünge des »Neoliberalismus« bei. Bei seiner Gründung im August 1938 hatte der Neoliberalismus zwei Hauptanliegen. Erstens unterstützten die Kolloquiumsteilnehmer den wirtschaftlichen und politischen Liberalismus und lehnten zentral gelenkte Systeme ab (in erster Linie natürlich den Kommunismus, Nationalsozialismus und Faschismus, daneben aber auch demokratische Staatsformen, die sich ihrer Ansicht nach auf solche Systeme beriefen). Zweitens sprachen sich die Teilnehmer für den Markt-Preis-Mechanismus als den Verteiler von Ressourcen in allen Bereichen der Wirtschaft aus. Darüber hinaus belegt das Kolloquium, dass der Neoliberalismus 1938 als Gedankengebäude weder staatlichen Interventionen in die Wirtschaft grundsätzlich ablehnend gegenüberstand noch – was insbesondere für Rüstow, aber auch für Rougier galt – einem »starken Staat«, der den Fortbestand der

Marktordnung garantierte.[56] Die partiellen Übereinstimmungen zwischen Rougier und den Deutschen in dieser Hinsicht sind aufschlussreich. Rüstow, der nach dem Machtantritt der Nazis ins Exil ging, beklagte den schwachen Staat, der von Einzelinteressen beherrscht werde und sich »in einen totalitären Staat mit Einheitspartei verwandelt« hatte.

Auch wenn eine derart scharfe Kritik am »Pluralismus« längst nicht von allen Teilnehmern geteilt wurde (diese Kritik ging vor allem von Rüstow und Röpke aus und bezog sich auf die Erfahrungen in Deutschland), gab es wenig grundsätzlichen »Anti-Etatismus« oder Bekenntnisse zur prinzipiellen Nichteinmischung des Staates unter den Teilnehmern. Eine Reihe der Franzosen sprach sich ebenfalls für ein gewisses Maß an staatlichem Eingreifen aus; Aron und Marjolin, die früher gemäßigt sozialistische Überzeugungen vertreten hatten und inzwischen von der Volksfrontregierung einigermaßen enttäuscht waren, waren Keynesianer. Die Anhänger des Laissez-faire, wie etwa der Österreicher Mises, waren eindeutig in der Minderheit. Und sogar Mises war kein »Antietatist« im strengen Sinne des Wortes. Sein Anti-Etatismus war rein ökonomisch. In seinem Buch *Liberalismus* hatte er bereits 1927 die These vertreten (und tat das auch noch 1938), dass »der Staat ein Zwangs- und Gewaltapparat« sei, dass »Liberalismus nicht Anarchismus ist noch irgendetwas mit Anarchie zu tun hat« und dass »der Anarchismus das wirkliche Wesen des Menschen missversteht«.[57] Nach Mises kam dem Staat eine unverzichtbare Rolle darin zu, das Privateigentum zu schützen und die Möglichkeit zur sozialen Kooperation zu garantieren. Doch sollte sein wirtschaftlicher Interventionsbereich streng begrenzt sein: Auf dem Gebiet der Wirtschaft war Mises ein entschiedener Kritiker eines jeden »Dritten Weges« und dessen, was er »Interventionismus« nannte.

Aber sein radikaler Antiinterventionismus wurde von den meisten Teilnehmern des Kolloquiums nicht geteilt.

Wie Mises unterstützte die Mehrheit der Teilnehmer den Markt-Preis-Mechanismus. Aber im Allgemeinen unterschieden sich ihre Anschauungen von ihm und waren mehr interventionistisch. Im Gegensatz zum »Manchester«-Kapitalismus oder dem Laissez-faire-Kapitalismus Herbert Spencers versuchten die Gründer des Neoliberalismus herauszufinden, *welche Typen staatlicher Intervention* mit dem Funktionieren des *Markt-Preis-Mechanismus* zu vereinbaren waren. Viele der Teilnehmer kritisierten ausdrücklich die Orthodoxie des »Manchester«-Liberalismus und des Laissez-faire, sowohl aus wirtschaftlichen wie aus sozialen Gründen. Der höchste mögliche Lebensstandard durch ständige ökonomische Anpassung aufgrund des Markt-Preis-Mechanismus sowie die Verteidigung der persönlichen Rechte gegen willkürliche Autorität – das waren, was man altmodische Überzeugungen des Liberalismus nennen könnte, die während des Kolloquiums ergänzt wurden durch ein gemeinsames Bekenntnis zu bestimmten Typen staatlicher Intervention – auf den Gebieten Sozialversicherung, öffentliche Dienste, Bildung, wissenschaftliche Forschung und Investitionen zum Zweck der Landesverteidigung, um das wirksame Funktionieren der Marktwirtschaft zu gewährleisten und erfolgreich auf soziale, spirituelle und soziale Forderungen – im Sinne sozialer Integration – reagieren zu können, die von den durch die antiliberalen Regime angezogenen Massen erhoben wurden.

Was das frühe neoliberale politische Denken an »Homogenität« aufzuweisen hatte, steckt in dem eben Aufgeführten. Das lässt Raum für ein großes Maß an Heterogenität. Diese Heterogenität war umso bemerkenswerter, als die Teilnehmer nicht nur aus verschiedenen Ländern stammten und verschiedenen Berufsgruppen angehörten, sondern auch, weil bestimmte Themen zu ganz unterschiedlichen Analysen Anlass gaben. So waren die Teilnehmer über Fragen wie die Ursachen von Monopolen, das Wesen des demokratischen politischen Systems, die Wechselwirkung zwischen Demokratie und Marktwirtschaft, die soziale Integration der einzelnen Menschen im fortgeschrittenen Kapitalismus, Massenpsychologie und die politische Rolle der Arbeiterklasse nicht einig und ebenso wenig darüber, wie man mit Arbeitslosigkeit umgehen sollte, die aus raschem Technologiewandel resultierte, mit der Landflucht, den Auswirkungen von Arbeitslosenunterstützung oder den wirtschaftlichen Dynamiken, die durch Investitionen in die Landesverteidigung freigesetzt wurden.

Das Kolloquium wirft auch Licht auf Thesen, die von frühen neoliberalen Theoretikern aufgestellt worden waren. Daraus erhellt, dass mindestens in einer wichtigen Hinsicht – der Unterstützung des Markt-Preis-Mechanismus in sämtlichen Bereichen der Wirtschaft – der frühe Neoliberalismus sowohl wirtschaftlich als auch sozial äußerst transformatorisch war. Und er war, zumindest in vielen Fällen, ausdrücklich antireaktionär und lehnte überkommene Systeme von Rang, Klasse und Privilegien generell ab. Das heißt nicht, dass sich unter den frühen Neoliberalen nicht auch konservative, elitäre und selbst autoritäre Neigungen gefunden hätten.[58] Unter den Franzosen galt das für Baudin, der das Salazar-Regime in Portugal bewunderte. Mises hatte als Berater des österreichischen Kanzlers Engelbert Dollfuß fungiert, der die Arbeiterbewegung zerschlagen hatte. Aber selbst in seinem Buch *Liberalismus*, in dem Mises den Faschismus dafür lobt, Europa vor der bolschewistischen Bedrohung geschützt zu haben, hatte er den den Faschismus »erfüllenden Glauben an die durchschlagende Wirkung der Gewalt« kritisiert und betont, »dass es nur eine Idee gibt, die sich dem Sozialismus wirksam entgegenstellen lässt, nämlich die des Liberalismus«[59]. Mises' Verteidigung des Faschismus war demnach Ausdruck einer Strategie des politischen Realismus und nicht einer tatsächlichen Anhängerschaft. Der Antisemitismus in Frankreich und überall in Europa, dessen Opfer er selbst geworden war, erschreckte ihn zutiefst.

Was Rougier betrifft, dem man ein geheimes Einverständnis mit der Regierung Pétain in Vichy vorgeworfen hat, weil er dessen Geheimabkommen mit Winston Churchill vom Sommer 1940 gebilligt hatte, und der bereits seit den 1920er-Jahren die egalitären Ideale der Demokratie mit großer Skepsis kommentiert hatte (eine Tendenz, die sich in den 1960er- und 1970er-Jahren in seiner Hinwendung zur extremen Rechten und zur »Nouvelle Droite« erneut zeigen sollte), so sollte man seinen Ansatz im Jahr 1938 eher im Bereich der pluralistischen, liberalen und demokratischen Modernität im Sinne einer parlamentarischen und konstitutionellen Demokratie verorten. Für Rougier bestand, wie auch für Mises, eine enge Verbindung zwischen wirtschaftlicher und politischer Freiheit, zwischen der Freiheit des Verbrauchers und der Freiheit des Wählers in einem demokratischen System. Im Übrigen waren viele der Teilnehmer am Lippmann-Kolloquium, zum Beispiel Aron, Lavergne, Polanyi und Lippmann selbst, ohne das leiseste Zögern Anhänger einer liberalen Demokratie.

Auf diesen Grundlagen aufbauend, schienen den meisten Teilnehmern die in einer vom Markt-Preis-Mechanismus gesteuerten Gesellschaft kontinuierlich vorzunehmenden Anpassungen geeignet und ausreichend, um die Auswirkungen überkommener Privilegien erheblich abzumildern, wenn nicht ganz aufzuheben, wenngleich auch hier bestimmte Unterschiede zwischen einzelnen Kolloquiumsteilnehmern nicht zu übersehen waren. So hatte

Röpke, ein Bewunderer des katholischen Soziologen Frédéric Le Play, Sorge, dass Reformen des Erbschaftsrechts Familien und kleinbäuerliche Betriebe in ihrem Bestand bedrohten, während Rüstow sich für eine konfiskatorische Erbschaftsbesteuerung aussprach, um dadurch den Erhalt unangemessener Familienprivilegien von einer Generation zur nächsten zu unterbinden.

In anderer Hinsicht, nämlich was die Unterstützung des *politischen* Liberalismus betraf, war der frühe Neoliberalismus deutlich weniger transformatorisch. Unter den Kolloquiumsteilnehmern herrschte große Sorge, dass die Massen entscheidende Prinzipien der Ökonomie nicht verstanden und daher in einem Zustand psychologischer Ratlosigkeit lebten, der sie für illiberale Alternativen empfänglich machte. Mehrere Teilnehmer, insbesondere Castillejo, Rougier, Marjolin und Baudin, äußerten erhebliche Bedenken gegenüber einer »Mehrheitsdemokratie« oder »sozialistischen Demokratie«. Diese Bedenken gingen über das emotionale, irrationale Verhalten der Massen in verschiedenen Ländern während der 1930er-Jahre hinaus und richteten sich gegen ein bestimmtes Verständnis des Begriffs »Demokratie« schlechthin.

Vielen Teilnehmern war nicht wohl bei dem Gedanken an eine »sozialisierende Demokratie« *(la démocratie socialisante)*; sie hielten es für erforderlich, dem demokratischen Prozess gewisse Grenzen zu setzen, um die Entstehung einer »sozialistischen Demokratie« zu verhindern, die von einer verlässlichen Rechtsordnung abgekoppelt wäre. Einige Teilnehmer, vor allem Castillejo, Rougier und Baudin, unterschieden zwischen einerseits einer, wie Rougier sie nannte, »liberalen Demokratie«, die einer konstitutionellen Kontrolle der Zentralgewalt und dem Schutz der traditionellen liberalen Individualrechte verpflichtet ist, und andererseits einer ungezügelten »sozialistischen Demokratie«, in der die Mehrheit nach Gutdünken schalten und walten kann und sich dazu auch berechtigt glaubt. Diese Form der Demokratie, so argumentierten sie, sei der Untergang sowohl für den politischen als auch den wirtschaftlichen Liberalismus.

Keiner der Teilnehmer machte den Vorschlag, das Wahlrecht einzuschränken oder die Demokratie abzuschaffen, um einer derartigen Entwicklung entgegenzuwirken, obgleich einige schweigende Teilnehmer (wie zum Beispiel Mercier) zu einem eher technokratischen Regierungssystem tendierten. Stattdessen scheint der Konsens darin bestanden zu haben, die ethische Erziehung und technische Bildung der Öffentlichkeit so weitgehend wie möglich zu fördern. Doch auch in diesem Punkt blieben beträchtliche Differenzen, die nicht verschwiegen werden sollten: So hatte sich Marlio in den 1930er-Jahren viel stärker für die Souveränität des Volkes – eingeschränkt allerdings durch eine stabile Rechtsordnung und ein System gegenseitiger Kontrollen – sowie die Ideale der Französischen Revolution – Freiheit, Gleichheit und Brüderlichkeit – ausgesprochen als Rougier. Marlios »Sozialliberalismus« war mithin etwas ganz anderes als der »konstruktive Liberalismus« Rougiers, der von eher demokratiefeindlichen Prämissen ausging. Auch in dieser Frage gingen die Auffassungen der frühen »Neoliberalen« auseinander und waren mehr oder weniger konservativ, liberal oder fortschrittlich, was aber Überschneidungen keineswegs ausschloss.[60]

Was ist neu am »Neoliberalismus«?

Was beim Lippmann-Kolloquium auf der Tagesordnung stand, war zugleich philosophisch, kulturell, politisch und programmatisch, aber auch ideologisch, denn es ging auch darum, herauszufinden, wie sich die Massen würden überzeugen lassen, zum

Liberalismus zurückzukehren, von dem sie aufgrund seines Laissez-faire und seiner Gleichgültigkeit gegenüber der sozialen Not abgerückt waren. Verschiedene Teilnehmer äußerten die Sorge, dass der Ruf des Liberalismus in den Augen der Öffentlichkeit dauerhaft befleckt sei, weil sie ihn unweigerlich mit dem Wirtschaftsliberalismus des 19. Jahrhunderts, mit und dem Nachtwächterstaat in Verbindung brachte. Insbesondere verwahrten sie sich entschieden gegen die Annahme, eine *Nichteinmischung des Staates* und ein *Unterlassen staatlicher Intervention in die Wirtschaft* seien von Natur aus gut.[61] In der Öffentlichkeit war die Ansicht weitverbreitet, dass der »Liberalismus« als Theorie Interventionen des Staates ablehne und sich für eine prinzipielle Nichteinmischung ausspreche, eine Wahrnehmung, die zu dem beklagenswerten Ruf des Liberalismus *insgesamt*, nicht nur dem seiner Manchester-Version, beigetragen hatte. Verschiedene Teilnehmer, insbesondere Lippmann und Rougier, aber auch Marlio, Marjolin und andere, distanzierten sich ausdrücklich von diesen Auffassungen und lehnten sowohl staatliche Nichteinmischung als auch eine A-priori-Kritik staatlicher Intervention ab.

Liberalismus, so argumentierte Mantoux, lasse sich nicht auf die Ideen libertärer Theoretiker des 19. Jahrhunderts wie etwa Charles Dunoyer und Herbert Spencer reduzieren. Die Tatsache, dass Liberalismus in der öffentlichen Meinung als mehr oder weniger synonym mit den Ideen Dunoyers und Spencers gelte, Theoretikern also, die sich gegen nahezu jede Form staatlicher Einmischung in wirtschaftliche Angelegenheiten ausgesprochen hatten, war für viele Staatsbürger Grund genug, den Liberalismus schlechthin abzulehnen, was Mantoux und auch Marjolin für eine Tragödie hielten. Der reformorientierte Geschäftsmann Detoeuf – der vor seiner Bekehrung zu den Ideen Lippmanns in einem Vortrag für die Gruppe X-Crise den »Tod des Liberalismus«, über den er nicht sonderlich traurig zu sein schien, verkündet hatte – äußerte Bedenken, ob die Bezeichnung »Liberalismus« nicht längst gleichbedeutend mit »Manchester-Liberalismus« sei, auch wenn die Teilnehmer »nicht alle Manchesterianer sind«. Der Unterschied bestand für Detoeuf darin, dass »in einigen von uns die Idee der Gerechtigkeit und die Idee der Freiheit nebeneinander existieren, was uns von Manchester-Liberalen unterscheidet«. Fälschlicherweise, so Detoeuf, sei die Doktrin des »Laissez-faire, Laissez-passer« zu einem »sakrosankten Dogma« geworden, das unbedingt vom Begriff des »Liberalismus« getrennt werden sollte.

Wie Mantoux und Detoeuf hob auch Condliffe – dessen Vorstellungen im Allgemeinen fortschrittlicher waren und der Mises mehrfach entschieden widersprach – den Unterschied zwischen dem Laissez-faire-Kapitalismus und dem Liberalismus hervor und sprach sich dagegen aus, Letzteren allein durch Ersteren zu definieren. Condliffe ging dabei so weit, das kapitalistische System des 19. Jahrhunderts als »in mehr als einer Hinsicht illiberal« zu bezeichnen. Während er feststellte, »Laissez-faire ist eine negative Philosophie«, sah er die Aufgabe für Neoliberale darin, »sie durch positive Maßnahmen sowohl ökonomischer wie politischer Art zu ergänzen«. Diese These verdient besondere Beachtung. In seinem Buch *The Good Society* hatte Lippmann nämlich eine ganz andere Auffassung vertreten, als er erklärte, Laissez-faire sei zunächst eine »revolutionäre politische Idee« gewesen, »um den anhaltenden Widerstand eigennütziger Interessen gegen die industrielle Revolution zu brechen«. Da Laissez-faire zu Beginn »zerstörerisch« und »revolutionär« die überkommenen Hindernisse hinweggefegt habe, sei es »nicht fähig, die öffentliche Politik des Staates zu leiten, nachdem die alte Ordnung einmal umgestürzt war«.[62] Doch auch Lippmann betonte die Notwendigkeit, über das bloße Laissez-faire hinauszugehen.

Rougier setzte sich für ein ganz ähnliches Verständnis dessen ein, wofür Laissez-faire ursprünglich gestanden habe, nämlich eine »Doktrin des Handelns«, deren Ziel es war, »das geltende System der Zünfte und Binnenzölle zu stürzen«. Erst *später* sei es »durch einen wirklichen Fehler zu einer Theorie des sozialen Konformismus und der Nichteinmischung des Staates« geworden, die die Teilnehmer des Kolloquiums verwerfen sollten. Lippmann und Rougier vertraten damit übereinstimmend die These, dass eine Gleichsetzung von Laissez-faire und Nichteinmischung des Staates oder staatlicher Passivität in Wirtschaftsfragen der ursprünglichen Bedeutung dieses Grundsatzes nicht gerecht werde. Staatliche Eingriffe mit dem Ziel, wirtschaftlichen Liberalismus zu ermöglichen, stünden vielmehr ganz klar in Übereinstimmung mit *der ursprünglichen Bedeutung des Laissez-faire-Prinzips*. Rougier lobte Lippmann dafür, dargelegt zu haben, dass »das liberale System nicht nur, wie im 18. Jahrhundert von zahlreichen Theoretikern einer ›Naturordnung‹ behauptet wurde, das Ergebnis einer spontanen, naturgegebenen Ordnung ist, sondern auch das Ergebnis einer Rechtsordnung, die gesetzlichen Interventionismus des Staates voraussetzt«.

Damit ist aber die ganze Bandbreite des neoliberalen Denkens, wie es auf dem Kolloquium zum Ausdruck kam, noch nicht angemessen dargestellt. So machte Marjolin zum Beispiel – der, daran sei erinnert, von diesem Zeitpunkt an die Ideen von Keynes in Frankreich bekannt machte und nicht lange zuvor noch ein Sozialist gewesen war – klar, dass für ihn die Hauptziele der neuen Bewegung darin bestünden, ein Maximum an sozialer Gerechtigkeit zu verwirklichen und Frankreich gegen Aggressionen von außen, insbesondere aus Deutschland, zu verteidigen. Das zweite Ziel, so betonte Marjolin, habe für ihn dabei Vorrang vor allen anderen. Außerdem kann man feststellen, dass für die neoliberalen Teilnehmer des Kolloquiums staatliche Intervention keineswegs im Widerspruch zum Liberalismus stand, sofern sie nicht dem Markt-Preis-Mechanismus zuwiderlief. Im Gegenteil, mehrere Teilnehmer betonten sogar, dass staatliche Intervention notwendig sei, *um das weitere Funktionieren der Marktordnung zu gewährleisten*. Ihrer Theorie zufolge war der Preismechanismus keine Einrichtung, die vor dem Staat besteht und der sich der Staat zu fügen hat. Vielmehr muss der Staat durch sein Handeln die Einrichtungen erst schaffen, die einen wirksam funktionierenden Markt-Preis-Mechanismus etablieren und erhalten. Rougier hob hervor, dass staatliche Interventionen »an und für sich weder gut noch schlecht sind«, sondern »nützlich oder schädlich je nachdem, welcher Gebrauch davon gemacht wird«. Staatliche Intervention sei nützlich, wenn sie darauf abziele, »freien Wettbewerb und Unternehmungsgeist wieder zu ermöglichen«, oder »wenn sie dazu führt, dass die blockierten Komponenten des wirtschaftlichen Gleichgewichts wieder freigesetzt werden«. Hingegen seien staatliche Interventionen »abscheulich«, wenn sie versuchten, den Markt-Preis-Mechanismus durch einen zentralen Wirtschaftsplan zu ersetzen. Ganz ähnlich erklärte auch Castillejo, »eine Intervention durch den Staat kann nicht a priori als gut oder schlecht bezeichnet werden«.

Es lässt sich für mindestens drei der Teilnehmer – Mises, Rueff und Hayek – eine nostalgische Perspektive auf den Wirtschaftsliberalismus der Epoche vor 1914 feststellen, aber von diesen drei sehnte sich nur Mises nach der *Zurückhaltung und Nichteinmischung des Staates* in die Wirtschaftssphäre zurück, die die Ordnung vor 1914 gekennzeichnet hatte.[63] Bereits 1927 hatte sich Mises in seinem Buch *Liberalismus* für den klassischen Liberalismus ausgesprochen. Sicherlich unterstützte er die Idee einer Modernisierung des Liberalismus und lehnte einen dogmatischen Anti-Etatismus ab – Liberalismus, so betonte er, sei nicht Anarchie –, aber er lobte Frédéric Bastiat und die Manchester-Schule und bedauerte, dass der klassische Liberalismus als »Manchester-Liberalismus« verurteilt werde. Hingegen kritisierte er John Stuart Mill als »großen Anwalt des Sozialismus«. Das alles sind Indizien dafür, dass Mises auch 1938 seinen Standpunkten treu geblieben war – Standpunkte, die von Lippmann und zahlreichen anderen Teilnehmern nicht geteilt wurden, wenn sie sich ausdrücklich gegen die Manchester-Schule aussprachen.

Im Gegensatz zu Mises und Rueff *verurteilten* eine Reihe der Kolloquiumsteilnehmer – vor allem Rüstow, aber auch Baudin, Mantoux und Detoeuf – den Wirtschaftsliberalismus der Vorkriegsepoche. Rüstow betonte den Unterschied zwischen denjenigen Teilnehmern, die dem »traditionellen« Liberalismus kritisch gegenüberstanden, und denen, die den Wirtschaftsliberalismus von vor 1914 grundsätzlich befürworteten. Rüstow selbst bezog eindeutig für den ersten Standpunkt Stellung und erklärte, er suche »die Verantwortung für den Niedergang des Liberalismus im Liberalismus selbst, und daher suchen wir die Lösung in einer grundlegenden Erneuerung des Liberalismus«. Ein Grund für diese Auffassung Rüstows war, »dass die praktischen Aussichten [für den Liberalismus] nahezu hoffnungslos wären, wenn die unerschütterlichen Repräsentanten des alten Liberalismus recht hätten«. Wenn die Anhänger des Bolschewismus, des Faschismus oder des Nationalsozialismus, so Rüstow mit unverhohlener Ironie, »nicht auf Moses und seine Propheten, Adam Smith und David Ricardo, gehört haben, wie werden sie dann Herrn von

Mises glauben?« In seinem privaten Briefwechsel mit Röpke bezeichnete er Mises als »paläoliberal«, seiner Auffassung nach das genaue Gegenteil eines richtig verstandenen Neoliberalismus.

Was ist ein Name?

Lippmann selbst hatte betont, wie wichtig es sei, einen guten Namen für einen erneuerten Liberalismus zu finden.[64] Aber wie sollte man diese neue Bewegung nennen, um sie ausdrücklich gegen den »traditionellen« Liberalismus abzugrenzen? Einige Teilnehmer, allen voran Rougier und Rüstow, setzten sich in diesem terminologischen Streit schließlich durch: »Neoliberalismus« wurde als Bezeichnung für einen erneuerten, gestärkten wirtschaftlichen und politischen Liberalismus offiziell angenommen.

Die alternativen Vorschläge, die auf dem Kolloquium debattiert wurden, sind allerdings aufschlussreich. So hatte Rougier zunächst von »konstruktivem Liberalismus«[65] und »positivem Liberalismus« gesprochen. Während des Kolloquiums hatte Baudin, geprägt vom korporatistischen und konservativen katholischen Denken, die Ansicht geäußert, die Mitglieder der neuen Bewegung würden »als Schüler von Bastiat, ja sogar von Yves Guyot oder von Molinari angesehen werden«. Ein Grund mehr, so Baudin, keinen neuen Namen zu wählen, der den Begriff »Liberalismus« enthielte. Baudin wünschte, die neue Bewegung im Kielwasser von Adam Smith, Jean-Baptiste Say und John Stuart Mill auf den Weg zu bringen und sie zu diesem Zweck »Individualismus« zu nennen. Dabei gingen Baudins Einwände gegen die Verwendung der Bezeichnung »Liberalismus« über dessen schlechten Ruf in der Öffentlichkeit hinaus, denn seiner Ansicht nach werde Liberalismus, »bis zum Äußersten vorangetrieben, zu Anarchismus«. Die neue Bewegung, die auf dem Kolloquium ins Leben gerufen werden solle, müsse danach »streben, den Einzelnen vor dem drohenden Griff der Masse zu retten«, und deshalb sei es erforderlich, dass sie sich von der Bezeichnung »Liberalismus« distanziere und die Bezeichnung »Individualismus« annehme. Baudin schrieb zu dieser Zeit viel über Individualismus, interessierte sich für aristokratischen Elitarismus – er war ein gründlicher Leser Friedrich Nietzsches – und lehnte die Mittelmäßigkeit der Massen entschieden ab. Rougier erwiderte darauf, dass »Individualismus« dem Anarchismus zu nahe komme, denn »der Anarchist nimmt das heilige Recht des Individuums in Anspruch, um damit die Freiheiten anderer Individuen in Gefahr zu bringen«. Ein solcher Mensch sei ausschließlich auf sich selbst und seine Eigeninteressen fixiert und deshalb »kein wahrer Liberaler«. Ein wahrer Liberaler respektiere die Rechte *aller Individuen*, die in einem politischen Gemeinwesen leben. So machte Rougier, nachdem er zunächst eher die Bezeichnung »konstruktiver Liberalismus« favorisiert hatte, sich schließlich die Bezeichnung »Neoliberalismus« zu eigen, die ihm vermutlich konsensfähiger schien.

Es gab noch weitere bemerkenswerte Vorschläge zur Namensgebung. So sprach sich Rueff für die Bezeichnung »linker Liberalismus« aus und merkte an, er sei »gegen das Wort ›Neo‹«, denn wenn es das Ziel sei, den Liberalismus wiederherzustellen, »dann sollten wir das auch … in der provokativsten möglichen Form so sagen«. Sein ganzes Leben hindurch betonte Rueff immer wieder die Notwendigkeit, die Massen vom Nutzen des Liberalismus für ihren Wohlstand und den sozialen Fortschritt zu überzeugen. Marlio, der wie Baudin durch ein katholisches Milieu geprägt war, fortschrittlichen Gedanken aber deutlich näher stand als dieser, sprach sich gegen Rueffs Vorschlag aus, die Bewegung »linken Liberalismus« zu nennen, weil das der Bewegung eine politische

Schattierung zu geben drohte und weil weder die politische Linke noch die politische Rechte jener Zeit sonderliche Bereitschaft zeigten, sich für den Markt-Preis-Mechanismus als dem ausschlaggebenden Verteiler der wirtschaftlichen Ressourcen einzusetzen. Marlio schlug daher vor, als Namen entweder »positiver Liberalismus«, »sozialer Liberalismus« oder den von Rüstow favorisierten »Neoliberalismus« zu verwenden. Was Röpke betrifft, so war er mit der Bezeichnung »Neoliberalismus« nie besonders glücklich und erklärte das auch öffentlich, beugte sich aber schließlich und benutzte ihn. Von den Österreichern nutzte Mises die Bezeichnung nur sehr selten, und das Gleiche galt für Hayek, der sie meist nur im Zusammenhang mit deutschen Liberalen verwendete. Bevor wir uns den tieferen Gründen für diese Meinungsverschiedenheiten zuwenden, ist es nützlich, uns einige der anderen wichtigen Kontroversen genauer anzusehen, in denen die ausgeprägte Heterogenität des Kolloquiums deutlich erkennbar wird.

»Der Mensch der Leidenschaft«

Das vernünftig kalkulierende Individuum ist ein Grundpfeiler vieler ökonomischer Modelle und hat in den letzten Jahrzehnten auch in den Bereichen der politischen Wissenschaft und selbst der Soziologie in mancher Hinsicht das Denken geprägt.[66] Die Denker des frühen Neoliberalismus allerdings hielten den Menschen durchaus nicht für ein höchst vernünftiges Wesen. Einige Teilnehmer des Kolloquiums sprachen sich sogar ausdrücklich gegen die Vorstellung eines kopfgesteuerten, vernünftig kalkulierenden Homo oeconomicus aus beziehungsweise erachteten es als notwendig, die deskriptiven Grenzen dieses Paradigmas zu überwinden, und drängten darauf, den Menschen der Leidenschaften, der Gefühle, den Menschen aus Fleisch und Blut wirklich ernst zu nehmen. Anstatt die Existenz dieses Menschen zu bestreiten, müsse man sich mit ihm auseinandersetzen. Das, so argumentierten sie, sei die Voraussetzung für den Fortbestand eines erneuerten Liberalismus.

So forderte Rougier dazu auf, »den Mann aus Fleisch und Blut sichtbar [zu] machen, mit seinen Leidenschaften und seinem beschränkten Verstand, der vom Herdentrieb beherrscht wird, mystischen Vorstellungen anhängt und nie imstande ist, die Folgen seines Handelns vorab zu kalkulieren«. Nur wenn man von diesem Menschen ausgehe, könnten Neoliberale die Begeisterung der Massen für illiberale politische Systeme und eine zentrale Planwirtschaft richtig bewerten. Nur wenn sie vom Menschen der Leidenschaften ausgingen, könnten Neoliberale Hoffnung haben, die illiberalen Bewegungen zu bekämpfen. Doch auch wenn der Mensch sich von seinen Leidenschaften mitreißen lasse, so argumentierten einige Kolloquiumsteilnehmer, sei er vernünftigen Argumenten und Debatten doch zugänglich, insbesondere im Rahmen einer ökonomischen Erziehung. Andere Teilnehmer hingegen waren skeptisch und vertraten die Auffassung, der Mensch – die Massen – habe durch die Weltwirtschaftskrise der 1930er-Jahre jede Orientierung und letztlich sogar die Fähigkeit zu vernünftigem Denken insgesamt verloren, mit schwerwiegenden Folgen für den politischen und wirtschaftlichen Liberalismus. Rougier verwies auf das Buch *Fragilité de la liberté et séduction des dictatures* (Zerbrechlichkeit des Friedens und Verführungskraft der Diktaturen) von Wladimir Drabovitch. Drabovitch war ein Schüler von Iwan Pawlow gewesen und zitierte ein Experiment, bei dem Pawlow Tiere absichtlich unterernährt hatte. Als Folge davon hätten die

Tiere »ihren Freiheitsinstinkt verloren und wurden passiv«. Das Gleiche sei nach dem Ersten Weltkrieg mit den Massen geschehen, als auch sie »im Streben nach Sicherheit ihren Freiheitsinstinkt verloren« und »leblos, herdenhaft und passiv geworden« seien, und weit entfernt davon, ihre Freiheit zurückerlangen zu wollen, »haben sie sich demjenigen anvertraut, der ihnen eine Kantine und eine Uniform versprochen hat«. »Die Massen«, so Rougier, »sind bereit, ihre Freiheit aufzugeben und sich dem Einen anzuvertrauen, dem Führer oder Messias, der ihnen Sicherheit verspricht.«

Michael Polanyi, Chemiker und Philosoph und Bruder von Karl Polanyi, sprach von einer »Bewusstseinsstörung, die unsere Zivilisation bedroht, die aus einem Zustand permanenter Ratlosigkeit *(perplexité)* herrührt«, einer Ratlosigkeit, in der die Gesellschaft »immer mehr zu heftiger Unruhe tendiert«. Individuen suchten einen Sinn und Zweck für ihr Handeln und seien zutiefst frustriert, weil die »unsichtbare Hand«, die sie im System der Marktwirtschaft leite, unsichtbar bleibe. Das Fehlen eines eindeutigen, sinnvollen Zwecks mache sie ratlos und verwirrt, im Unterschied zu dem klaren, zweckgerichteten Handeln, das in zentral gesteuerten Systemen von ihnen verlangt werde. Anders als liberale Systeme scheinen zentral gelenkte Regime zudem auf ein eindeutiges, erreichbares Ziel hinzuarbeiten. Als Folge davon leide beim Individuum in der Marktwirtschaft »sein soziales Bewusstsein und verfällt in Ratlosigkeit darüber, worin seine sozialen Aufgaben bestehen«. Bei der Suche nach einem tieferen Sinn des Handelns in der liberalen Wirtschaftsordnung enttäuscht, wendet sich der Mensch illiberalen Bewegungen zu, die klares, zielgerichtetes Handeln versprechen. In gleicher Weise argumentierte auch Marlio, dass der Einzelne, der »sich sehr geschwächt fühlt«, bereit sei, Reichtum für Sicherheit zu opfern, aber »um sich sicher zu fühlen, muss er jemanden haben, der ihm Sicherheit gibt, und das kann nur ein totalitäres Regime sein, das Zwang oder Überzeugungskraft anwendet«. Auch in diesem Punkt differierte die Position, die Mises vertrat. Sicherlich, so Mises, gebe es bei den Massen »einen Hang zur Grausamkeit, zu Rachsucht und sogar Sadismus«, die sich die Führer der totalitären Staaten mit großem Geschick zunutze zu machen wüssten. Aber während Röpke, Rüstow und Marjolin zum Beispiel die Ursachen für diese Desorientierung im Versagen des traditionellen Kapitalismus und Liberalismus erblickten, machte Mises dafür vor allem antiliberale Intellektuelle verantwortlich. Das Thema des »Aufstands der Massen« gegen den Kapitalismus, das Rougier und andere Teilnehmer von Ortega y Gasset aufgegriffen hatten, gefiel Mises überhaupt nicht, wenn es bedeuten sollte, dass die Massen ein Recht hätten, gegen den historischen Kapitalismus, dieses in seinen Augen überaus nutzbringende System, zu revoltieren.

Die soziologische Kritik von Röpke und Rüstow

Die Mehrheit der Teilnehmer lehnte, wie gesagt, den vor 1914 favorisierten wirtschaftlichen Liberalismus der gezielten Nichteinmischung ab, aber Röpke und Rüstow unternahmen darüber hinaus eine eingehende soziologische und konservative Kritik des traditionellen Wirtschaftsliberalismus. Beide hatten Deutschland als politisch Verfolgte verlassen müssen, und beide lebten zur Zeit des Kolloquiums im Exil, Rüstow in der Türkei, Röpke in der Schweiz, nachdem er sein Denken in Istanbul im Austausch mit seinem Freund Rüstow weiterentwickelt hatte; beide waren in engem Kontakt geblieben. Die beiden Freunde hatten lange und eingehend über die ökonomischen und politischen Krisen der 1920er- und 1930er-Jahre nachgedacht und sollten nach dem Krieg als bekannte »Ordoliberale« großen Einfluss ausüben. Doch im markanten Unterschied zu den Mitgliedern der um Walter Eucken (der den Ordoliberalismus in Deutschland begründet hatte) gruppierten Freiburger Schule teilten Röpke und Rüstow in wirtschaftlichen Fragen zwar weitgehend deren Ideen, erachteten soziologische Überlegungen jedoch als mindestens ebenso wichtig wie die rechtlichen und verfassungsmäßigen Anliegen, die den Freiburger Theoretikern des ökonomischen Konstitutionalismus so wichtig waren.[67]

In Vorbereitung auf das Kolloquium ließen Rüstow und Röpke ein Thesenpapier kursieren, in dem sie die Notwendigkeit einer Transformation der akademischen Nationalökonomie darlegten, um so soziologischen und philosophischen Gesichtspunkten, von denen das Funktionieren der Wirtschaft abhängt, gerecht zu werden.[68] In ihren Beiträgen zum Kolloquium brachten sie diesen Standpunkt nun zum Ausdruck. So warnte Röpke die Kollegen, vor »der Politik der neuen Konjunktur: der Politik wirtschaftlicher Autonomie, der Politik eines wirtschaftlichen Nationalismus in Verbindung mit Planwirtschaft und Autarkie«. Von entscheidender Bedeutung sei es, so Röpke, »nicht den Irrtum zu begehen, die Existenz des Proletariats in der Gesellschaft als Tatsache zu akzeptieren«.

Die Frage für Neoliberale sei, *welche* politischen Maßnahmen am besten geeignet sind, um diese schädliche soziologische Tendenz durch einen Ansatz des Handelns zu bekämpfen anstatt durch einen Laissez-faire-Ansatz. In seinen späteren Schriften entwickelte Röpke diese Thesen weiter und unternahm eine soziologische

Kritik der *Proletarisierung* und *Vermassung* der Gesellschaft, in der jeder vernünftige menschliche Maßstab verloren gehe und der Mensch sich zutiefst entfremdet fühle. So sind soziale und geistige Integration – mehr als eine Einkommensumverteilung – das zentrale Anliegen dieser Kritik des »alten« Liberalismus. In gleichem Sinne legte Rüstow dar, dass der Mensch nicht vom Brot der Wirtschaft allein lebe, sondern seine Zufriedenheit sich auch aus anderen Quellen speise. Er betonte, der Mensch brauche *Einheit* weit mehr als *Freiheit*. Soziologisch, so Rüstow, sei der Markt »zu einem völlig atomisierten Bereich geworden, in dem es keinerlei vitale Integration gibt«. Diesen »Mangel an vitaler Integration« suchten die Menschen auszugleichen, fänden aber keine Kompensation dafür und würden sich in ihrer Verzweiflung »wie Durstende noch auf die schmutzigsten Pfützen stürzen«. Dieser Mangel an Integration lasse sich jedoch »weder durch Lohnsteigerungen noch durch Begrenzungen der Arbeitszeiten kompensieren«. Auf dem Spiel stehe die Vitalintegration des Menschen, die Verwurzelung seines Lebens auf dem Land und in der Natur. Rüstow erklärte, dass die Theorie der Marktwirtschaft im Wesentlichen richtig sei, der Liberalismus aber an seinen unzureichenden soziologischen Konzepten kranke und »die zentrale Rolle vitaler irrationaler Bedürfnisse ignoriert und vernachlässigt [hat], insbesondere das der Integration des Menschen«. Die »atomisierte liberale Wirtschaftsordnung« kritisierte Rüstow folgendermaßen: »Das besondere Wesen der Marktwirtschaft besteht darin, dass in ihrem Kern alle irrationalen, spontanen, menschlichen Beziehungen zwischen den Interessenten eliminiert sind – im Gegensatz zu dem, was in den auf religiöse und ethische Prinzipien gegründeten Bruderschaften der korporatistischen Wirtschaft des Mittelalters galt. Das hat dazu geführt, dass der Markt zu einem völlig atomisierten Bereich geworden ist, in dem es keinerlei vitale Integration gibt. Das Funktionieren des Wirtschaftssystems leidet darunter keineswegs, sondern ist eher davon abhängig.« Es war diese »Vitalintegration«, die so viele Menschen als Folge der Wirtschaftsentwicklung vor 1914 eingebüßt hatten, mit dem Ergebnis, dass sie entfremdet und proletarisiert worden waren. Er habe, so Rüstow, dieses Problem auf dem Kolloquium zur Debatte gestellt, damit die neue Bewegung dem in ihrer Formulierung einer Strategie zum Schutz des Liberalismus gegen den Anstieg der illiberalen Flut Rechnung tragen könnte.

Es ist bezeichnend, dass Rüstows Vortrag eine der hitzigsten Debatten während des Kolloquiums auslöste. Mises bestritt entschieden die These, dass die Bauern früher glücklicher oder stärker »vital integriert« gewesen seien als die modernen Industriearbeiter, und hielt dem entgegen: »Herr Rüstow entspricht der romantischen Anschauung, wenn er behauptet, der Bauer sei zufriedener als der Fabrikarbeiter.« Rüstow entgegnete, »die polemischen Anspielungen des Herrn von Mises in Bezug auf die Landflucht berühren mich nicht.« Doch mit Ausnahme von Mises' scharfem Widerspruch stieß die soziologische Kritik der ungenügenden Integration der Individuen im Liberalismus bei den meisten übrigen Teilnehmern weder auf sonderliche Ablehnung noch auf Zustimmung. Baudins Reaktion zeigte eine gewisse Unterstützung, aber er warnte Rüstow auch: »Das Bedürfnis nach Einheit macht nicht Einheitlichkeit erforderlich; in diesem Punkt ist der Streit zwischen Platon und Aristoteles noch immer aktuell!« Man kann vermuten, dass anderen Teilnehmern, etwa Aron oder Marjolin, die von den Deutschen formulierten »romantischen« Sorgen hinsichtlich des Kapitalismus sehr fernstanden.[69] Aron jedenfalls blieb später weder mit Röpke noch mit Rüstow in Verbindung, obgleich er Germanist war und in Deutschland gelebt hatte. Er zog den Dialog mit anderen deutschsprachigen Liberalen wie etwa Karl Popper vor.

Pluralismus und der Staat

Die von Röpke und Rüstow auf dem Kolloquium vorgetragene »soziologische Kritik« des traditionellen Wirtschaftsliberalismus unterscheidet sich von der Kritik des *Pluralismus*, die sie ebenfalls darlegten. Rüstow führte aus, im klassischen Wirtschaftsliberalismus seien die Regeln des Marktes »als naturgegebene, göttliche Gesetze angesehen [worden], und man sprach ihnen den gleich hohen Rang und sogar die gleiche Allgemeingültigkeit zu wie denen der Mathematik«. Unter diesem Gesichtspunkt brauchte man »nichts weiter zu tun, als die Hindernisse aus dem Weg zu räumen, die die Unvernunft und Dummheit der Menschen gegen ihre wohltuende Wirkung aufgerichtet hatten«. Dem hielt Rüstow entgegen, dass die Marktwirtschaft tatsächlich »auf ganz bestimmten institutionellen Bedingungen beruht, die von Menschen geschaffen und freiwillig erhalten werden«, und dass ein solches System nur funktionieren und Bestand haben könne, »wenn ein starker und unabhängiger Staat die strikte Einhaltung dieser Bedingungen garantiert«. Der erneuerte, reformierte Liberalismus, wie Rüstow ihn sich vorstellte, war nicht ein Liberalismus der Nichteinmischung, sondern ein Liberalismus, in dem ein – im richtigen Verständnis – starker unabhängiger Staat über den partikularistischen, potenziell destabilisierenden Interessengruppen stand und die notwendigen Bedingungen garantierte, damit die Marktordnung Bestand haben konnte.[70] Wo dem Staat die erforderliche Stärke fehle, »kann er den vereinten Angriffen der Interessengruppen nicht länger widerstehen«. Im Pluralismus »wird der Staat von den habgierigen Egoisten zerrissen«. Jeder dieser habgierigen Egoisten »entreißt der Macht des Staates ein Stück für sich selbst und beutet es für seine eigenen Zwecke aus ... ausgehend von der Prämisse, dass jede Interessengruppe das Recht hat, sich selbst zu einem Stück des Kuchens zu verhelfen«.[71] Unter derartigen Umständen könne weder der politische noch der wirtschaftliche Liberalismus überleben. Hier finden sich die Anliegen, die Rüstow bereits vor seiner Flucht aus Deutschland im Hinblick auf die »Kartellisierung« der Wirtschaft formuliert hatte. Für ihn bedeutete »Pluralismus« – eine zusammen mit dem Gildensozialismus zum Teil aus England importierte Kategorie – eine bekannte Gefahr, die zur Zerstörung der Wirtschaft und des politischen Systems in seinem Heimatland beigetragen und damit den Weg für den Nationalsozialismus bereitet hatte.[72] Die übrigen Teilnehmer des Kolloquiums teilten seine Kritik an einer prinzipiellen Nichteinmischung des Staates weitgehend, nicht unbedingt aber seine Kritik am Pluralismus – jedenfalls lässt sich im Text der Mitschrift kein Beleg dafür finden, dass die anderen Teilnehmer (mit Ausnahme von Röpke) Rüstows grundsätzlicher Kritik am Pluralismus gefolgt wären. Aron zumindest hat den »Pluralismus« stets verteidigt. Es ist deutlich, dass dieses Problem unmittelbar im Zusammenhang mit der Krise der Weimarer Republik zu sehen ist.[73] In der langen Geschichte des deutschen soziologischen Liberalismus und des Ordoliberalismus spielt es eine herausragende Rolle.

Die Verantwortung des Staates

Anders als viele seiner Kollegen sah Rueff das Hauptproblem bei den Eliten und ihrem Verständnis der Ökonomie und nicht bei den Massen. Die Lösung für eine schlechte Wirtschaftspolitik, so Rueff, bestand in ökonomischer Aufklärung, Bildung, Überzeugungsarbeit und insgesamt einer aufgeklärten politischen Führung. Rueff war überzeugt, dass »die meisten Politiker glauben, sie tun ihre Pflicht und verbessern den Wohlstand ihrer Bevölkerung, wenn sie zu Maßnahmen greifen, die zum genauen Gegenteil dessen führen, was sie beabsichtigt hatten.« Allerdings äußerte sich Rueff vorsichtig optimistisch, was die zukünftige Politikgestaltung betraf: »An dem Tag, an dem sie in aller Klarheit erkennen, was die Folgen ihrer Interventionen sind, wird das politische Problem, wenn nicht völlig, dann doch weitgehend gelöst sein.« Castillejo widersprach Rueffs Beurteilung, indem er erklärte, »wenn sich ein hoher Grad an Kompetenz und politischer Macht in denselben Leuten verbindet, dann wird das Ergebnis weder Liberalismus noch Demokratie sein, sondern eine Diktatur«. Demokratie, so argumentierte Castillejo, der zutiefst erschüttert war von der politischen Tragödie Spaniens, sei nur möglich »dank der Dummheit der Kabinettsminister«.

Die unterschiedlichen Ansichten der Teilnehmer zum Wesen des Staates wurden im Zusammenhang der Diskussion über Monopole deutlich. Wie Rueff vertrat auch Mises die Auffassung, dass Kartelle und Monopole nicht eine Folge des Wirtschaftsliberalismus *an sich* seien, sondern vielmehr das Ergebnis staatlicher Privilegien, staatlicher Protektion und des Entstehens kleiner nationaler Märkte aufgrund des Zerfalls der bis 1914 bestehenden internationalen Ökonomie. Widerspruch kam von den Teilnehmern, die später als »Ordoliberale« bezeichnet werden würden – Rüstow und Röpke, auch wenn man sie vielleicht besser als Theoretiker eines »soziologischen Liberalismus« bezeichnen sollte – und die sich vehement für eine wachsame Anti-Trust-Rolle des Staates aussprachen. So stellte Rüstow fest, es sei »nicht der Wettbewerb, der den Wettbewerb zum Erliegen bringt«, sondern »die geistige und moralische Schwäche des Staates, der zunächst seine Pflichten als Polizist des Marktes verkennt und vernachlässigt, dadurch den Wettbewerb ausarten lässt und schließlich seine Rechte von Raubrittern missbrauchen lässt, um damit diesem aus den Fugen geratenen Wettbewerb den Todesstoß zu versetzen«. Nur ein starker Staat, so betonte er, könne über dem Kleinkrieg der privaten Interessen stehen und das Funktionieren der Marktordnung garantieren. Das schließe auch die Überwachung von Monopolbildungen und Kartellen ein sowie die entschlossene Intervention, um den Wettbewerb zu schützen.

In dieser für Liberale entscheidenden Frage war Rueff nicht immer einer Meinung mit Rüstow und Röpke – wenngleich er in den folgenden Jahren vor allem mit Letzterem sowohl persönlich als auch intellektuell mehr und mehr Gemeinsamkeiten entwickelte – und argumentierte, es sei weit weniger die *Schwäche* des Staates als seine *Unwissenheit*, die ihn dazu verleite, den Forderungen der privaten Interessen nachzugeben, die als »allgemeine Interessen« dargestellt würden, tatsächlich dem Allgemeinwohl aber schadeten. Würden die Funktionäre des Staates die Grundsätze der Ökonomie richtig verstehen, und ferner verstehen, was das öffentliche Interesse verlange, dann, so sagte Rueff voraus, ließe sich das Übermaß an schädlicher Wirtschaftspolitik deutlich reduzieren. Diese Stellungnahmen machen deutlich, dass das Kolloquium kein Zusammentreffen unkritischer Geister und schon gar kein Ort des allgemeinen Konsenses in puncto Wirtschaftsliberalismus war.

Die Schlüsselfrage des frühen neoliberalen Denkens

Obgleich Rueff in der Frage der Namensgebung Rüstow und anderen unterlegen war, gelang es dem französischen Ökonomen und leitenden Staatsbeamten doch, die entstehende Bewegung mit einer Leitfrage zu versehen. Damit verhalf Rueff dem Neoliberalismus zu einem bestimmten Fokus und einer überaus unterschiedlichen, heterogenen geistigen Bewegung zu einer gewissen Kohärenz. In seiner Einführung zu Rueffs Vortrag über die soziale Frage hatte Rougier gefragt, ob der Liberalismus »in der Lage [ist], seine sozialen Aufgaben zu erfüllen«, ob er »grausam« sei oder nicht und welche Formen von Intervention mit dem Markt-Preis-Mechanismus vereinbar seien. Rueffs wichtigster Beitrag zur Ausbildung des neoliberalen Denkens liegt in einer Erwiderung auf einen kritischen Kommentar von John Condliffe zu seiner Kritik an der englischen Arbeitslosenversicherung: »Selbstverständlich muss sich der Staat der Lehre als Aufgabe annehmen und, um das zu tun, Steuern erheben. Das wirkliche Problem ist das der Grenzen des Intervenierens im liberalen Staat. Welche Formen der Intervention sind mit dem Markt-Preis-Mechanismus vereinbar?« Rueffs klar formulierte Frage konzentrierte die Aufmerksamkeit der Kolloquiumsteilnehmer auf diesen Punkt, und Walter Lippmann griff begeistert auf, was er »die Kernthese von Herrn Rueff« nannte, und erklärte in seinem Schlussvortrag ausdrücklich: »Der wirtschaftliche Liberalismus geht als fundamentale Prämisse davon aus, dass nur der Preismechanismus der freien Märkte eine Organisation der Produktion ermöglicht, die den bestmöglichen Gebrauch von den Produktionsmitteln erlaubt und die Bedürfnisse der Menschen, wie sie tatsächlich empfunden werden und nicht, wie eine Zentralbehörde sie in ihrem Namen festlegt, maximal befriedigt … *Das in dieser Weise skizzierte System entspricht der Kernthese, die Herr Rueff über den Markt-Preis-Mechanismus als hauptsächlichem Regulator vorgetragen hat.*«

Lippmann bekannte sich wiederholt in seinem Schlussvortrag zur staatlichen Intervention in bestimmten Bereichen – darunter die soziale Absicherung, Kern der »Agenda des Liberalismus« in *The Good Society* –, solange der Mark-Preis-Mechanismus respektiert werde. In seiner Erwiderung erklärte Rueff, »ich stimme dem Text von Herrn Lippmann vollkommen zu«, und fügte hinzu, dass er diese Politik »für eine linksliberale Politik halte, weil sie den am meisten benachteiligten Klassen das größtmögliche Maß an Wohlstand zu verschaffen sucht«. Das war es dann auch, was er unter einem »linken Liberalismus« verstand: ein Liberalismus, der sich dem Wohlstand der Massen verpflichtet.

Die Teilnehmer stimmten Lippmann auch darin zu, dass eine auf Basis des Markt-Preis-Mechanismus organisierte Wirtschaft »nicht die Verwendung eines Teils des Nationaleinkommens, der damit dem individuellen Verbrauch entzogen wird, für kollektive Zwecke ausschließt. Ein liberaler Staat«, so Lippmann, »kann und muss einen Teil des Nationaleinkommens in Form von Steuern abschöpfen, um die dadurch erhobene Summe der kollektiven Finanzierung von Landesverteidigung, Sozialversicherung, sozialen Diensten, Bildung und Forschung zuzuwenden.« Und diese Entscheidungen, so betonte er, müssten Gegenstand transparenter demokratischer Debatten sein.

Damit ist der streitbare Konsens der frühen neoliberalen Theoretiker umrissen, auch wenn dieser Konsens, wie Baudin später einräumte, nicht leicht herzustellen war. Gegen Ende des Kolloquiums warf Condliffe, dessen Standpunkt sich als sehr reformistisch beschreiben lässt, die Frage auf, ob nicht die Schlusserklärung dem alten Liberalismus noch zu nahe stehe. Rüstow – der sich hitzige Wortgefechte mit Mises geliefert und den Widerspruch so zugespitzt hatte, dass das Kolloquium geteilt sei in diejenigen, die den Liberalismus von Grund auf zu verändern wünschten, und diejenigen, die ihn eigentlich so aufrechterhalten wollten – wies darauf hin, dass nach wie vor bestimmte Meinungsunterschiede bestehen blieben, zum Beispiel in Bezug auf die Bedeutung von »Staat« und »Gesellschaft«. Der Konsens zielte darauf ab, die Divergenzen nicht zu vertiefen, und Rougier erklärte, die von ihm befürchtete »Spaltung« habe sich in »Harmonie« verwandelt.

Die ausgeprägten Meinungsverschiedenheiten, die auf dem Kolloquium sichtbar geworden waren, bestanden in den folgenden Jahrzehnten zwischen den unterschiedlichen Denkströmungen fort. Einige der Teilnehmer bekannten sich nicht einmal zur Bezeichnung »Neoliberalismus«. Aron zum Beispiel, der als Flüchtling in den 1940er-Jahren in der Zeitung *France Libre* den von Mises und Hayek abgelehnten Beveridge-Plan verteidigte, verwendete sie nicht; und ebenso wenig, am anderen Ende des Spektrums, Hayek, der allerdings einige wichtige Lehren aus diesem Kapitel zog, noch weniger tat es Mises, der einer »Revision« des klassischen Liberalismus ohnehin abgeneigt war. Rougier, Baudin, Marlio und Rüstow aber machten sich den Begriff zu eigen, und über den Namen selbst hinaus fanden auch die »neoliberalen« Ideen Verbreitung, insbesondere in Deutschland, aber auch in Frankreich und Italien – vermittelt durch Luigi Einaudi und Carlo Antoni, die beide Röpke nahestanden –, während die »neoliberale« Revolution, die Großbritannien und die Vereinigten Staaten in den 1970er- und 1980er-Jahren erlebten, diesen früh-neoliberalen Gedanken nicht vollkommen entsprach.[74] Es stimmt, dass der junge Milton Friedman nach dem Zweiten Weltkrieg vorübergehend die Bezeichnung »Neoliberalismus«[75] aufgriff, und zwar zum Teil in ihrer Bedeutung aus den 1930er-Jahren, aber in den 1960er- und 1970er-Jahren ging er zu einer Verteidigung des klassischen Liberalismus über, der weit entfernt war von dem auf dem Walter-Lippmann-Kolloquium diskutierten »revidierten Liberalismus«; den Begriff »Neoliberalismus« benutzte er da längst nicht mehr. Generell ist festzustellen, dass diejenigen, die heutzutage als »Neoliberale« bezeichnet werden, häufig einem Freihandels- und Marktradikalismus das Wort reden, der meilenweit entfernt ist von den verschiedenen Versionen eines »Dritten Weges«, wie sie in den 1930er-Jahren diskutiert worden waren.

Dennoch bildete das Lippmann-Kolloquium den Ausgangspunkt für eine bemerkenswerte Entwicklung, die schließlich in dem, was man die Soziologie intellektueller Netzwerke nennen könnte, ihren greifbaren Niederschlag fand, nämlich in der Einrichtung des Centre International d'Etudes pour la Rénovation du Libéralisme (CIRL) in Paris, auch wenn es aufgrund des Krieges und der deutschen Besatzung nur eine vorübergehende Erscheinung blieb. Mit der Gründung der Mont Pèlerin Society im Jahr 1947 ergab sich dann für die geistige Bewegung des »Neoliberalismus« eine Verschiebung des Kräftegleichgewichts, denn während die Franzosen nun deutlich schwächer vertreten waren, machten die Amerikaner ihren enormen Einfluss geltend, insbesondere die »Chicago«-Schule um den jungen Milton Friedman, während die Führung vor allem von Röpke und Hayek übernommen wurde.[76]

Fazit: Die Schwierigkeiten der Interpretation

Der Stellenwert des Lippmann-Kolloquiums, sein geistiges Erbe und seine theoretische Bedeutung sind noch immer umstritten. Von Anfang an hat das Kolloquium zu den verschiedensten Interpretationen Anlass gegeben. Die einen waren überrascht, wie geringfügig die Erneuerung des Liberalismus ausgefallen war;[77] andere glaubten, eine Verbindung zum katholizistischen Korporatismus zu erkennen,[78] während wieder andere die Spannungen zwischen den »sozialen« und den eher traditionellen Liberalen bemerkten.[79] Manche meinten auch, das Kolloquium habe in vielen Bereichen deutliche Tendenzen zum Keynesianismus gezeigt, was einige Teilnehmer noch nachträglich veranlasste, ihre Ablehnung der Theorien von Keynes und einer keynesianischen Wirtschaftspolitik entschieden zum Ausdruck zu bringen.[80]

Die vorliegende Übersetzung der Mitschrift des Kolloquiums gibt den Lesern die Möglichkeit, sich ein eigenes Urteil zu bilden. Unser Ziel ist es nicht, hier eine gültige Interpretation festzulegen. Selbst wenn absolute »Neutralität« eine Fiktion ist, bleibt es unser Ziel, der Forschung und Diskussion Material zur Verfügung zu stellen, unter anderem auch durch die Ergänzung dieser Einleitung um eine Reihe von intellektuellen und soziologischen Kurzporträts der Teilnehmer. Zum Schluss möchten wir nun noch einige methodologische Überlegungen anfügen. Eine Interpretation des Lippmann-Kolloquiums, so scheint uns, birgt verschiedene Risiken. Die erste Gefahr besteht darin, das Kolloquium in einer »teleologischen« Perspektive als eine »Saat« zu verstehen, die nach einigen Jahrzehnten der Reifung in den 1980er-Jahren nahezu geradlinig in den Programmen von Reagan und Thatcher oder dem

»Konsens von Washington« des Weltwährungsfonds und der Weltbank zur Blüte gekommen sei.

In ähnlicher Weise wäre es zweifellos völlig übertrieben, im Lippmann-Kolloquium eine Art Vorahnung des Davoser Weltwirtschaftsforums zu erkennen, wie manche das getan haben,[81] wenn man sich vor Augen führt, wie sehr die Soziologie, der historische Kontext und die Substanz der Ideen sich voneinander unterscheiden. Andererseits ist die Feststellung gewiss angebracht, im Lippmann-Kolloquium zumindest teilweise eine Vorahnung dessen zu erblicken, was von 1947 an in der Mont Pèlerin Society als internationale akademische Organisation von »Liberalen« im kontinentaleuropäischen Verständnis des Begriffs auf den Plan trat. Es wurde bereits gesagt, dass sich in der Mont Pèlerin Society eine Reihe von Hauptakteuren des Lippmann-Kolloquiums zusammenschlossen, darunter Hayek, Röpke, Rüstow, Rueff und Baudin. Andere Teilnehmer jedoch verschwanden aus diesem Zusammenhang, so etwa Castillejo, Condliffe und Marjolin. Was Rougier betraf, so machte ihn der Verdacht, in den 1940er-Jahren mit dem Vichy-Regime kollaboriert zu haben, für ein Jahrzehnt nach Kriegsende zur *Persona non grata*. Vor allem jedoch ist festzustellen, dass Lippmann 1947 zwar der Mont Pèlerin Society als Mitglied beitrat, an ihrer Arbeit jedoch nie teilnahm und schließlich aus dieser Gruppe ausschied, um in der Folge die Politik der Präsidenten John F. Kennedy und Lyndon B. Johnson zu unterstützen, die von Mitgliedern der Mont Pèlerin Society generell abgelehnt wurde. Was die philosophische und ökonomische Ausrichtung der Mont Pèlerin Society betraf, war sie mit der des Lippmann-Kolloquiums also keineswegs deckungsgleich. Das lag zunächst daran, dass Hayek auf ihre Ausrichtung großen Einfluss nahm, und wurde dann noch deutlicher, als die Amerikaner aus dem Chicagoer Kreis um Milton Friedman eine immer größere Rolle darin spielten. In den 1960er-Jahren stand die Mont Pèlerin Society kurzzeitig unter der Leitung von Bruno Leoni, einem italienischen Schüler der Österreichischen Schule und Freund sowohl von Hayek als auch von Milton Friedman, der Auffassungen vertrat, die dem Libertarismus von Murray Rothbard viel näher standen als dem »sozialen Liberalismus« von Marlio. So verschwanden die Tendenzen zu einem »Dritten Weg« aus der Mont Pèlerin Society, nicht zuletzt unter dem Einfluss der Foundation for Economic Education (FEE) und, auf britischer Seite, dem Institute of Economic Affairs (IEA).

Die von einigen für wesentlich plausibler erachtete Verbindung des Lippmann-Kolloquiums zum europäischen gemeinsamen Markt[82] bedarf zumindest einer Differenzierung: Zwar hatten mehrere Anhänger eines föderalen Europas mit markwirtschaftlichem Wettbewerb tatsächlich am Kolloquium teilgenommen, darunter Rueff, der, wie Rougier und Maurice Allais, den europäischen gemeinsamen Markt als »institutionalisierten Markt« positiv bewertete. Andere Teilnehmer jedoch, zum Beispiel Bernard Lavergne,[83] gehörten zu den schärfsten Kritikern einer europäischen Einigung, während wieder andere in der Folge entweder zu Befürwortern des föderalen Europas oder (wie etwa Aron) zu dezidierten »Euroskeptikern« wurden. Selbst der Deutsche Röpke, der mitunter als einer der Väter des gemeinsamen Marktes bezeichnet wurde (der Einfluss des ordoliberalen Denkens auf bestimmte Aspekte der europäischen Integration, insbesondere die Wettbewerbspolitik, ist unbestreitbar), bewertete die Verträge von Rom 1957 skeptisch und äußerte sich gelegentlich sogar offen ablehnend dazu. Gegen Ende seines Lebens ging Röpke – sonst stets ein Anhänger des europäischen Föderalismus, solange dieser im liberalen Sinn verstanden wurde – dann sogar so weit, die Idee eines »Europas der Nationen«, wie sie von Charles de Gaulle favorisiert wurde, zu verteidigen.[84] Bemerkenswert ist in diesem Zusammenhang auch Röpkes Einfluss auf Ludwig Erhards Ablehnung der Römischen Verträge, der sie für nicht liberal genug hielt, weil sie aus seiner Sicht voller Protektionismus und dirigistischer Gefahren steckten. Die deutsche Zustimmung zu den Verträgen ging auf Bundeskanzler Konrad Adenauer zurück, der sie aus politischen Gründen befürwortete. Zu den Römischen Verträgen vertrat Röpke folglich einen ganz anderen Standpunkt als etwa Marjolin, einer der Architekten der Verträge, aber gemeinsam mit Jean Monnet auch einer der Befürworter einer französischen Wirtschaftsplanung, die Röpke entschieden ablehnte. Auch Rueff und Rougier unterstützten die Römischen Verträge. In den 1960er-Jahren dann schlug Marjolin die Idee einer flexiblen Wirtschaftsplanung oder *programmation* vor, die von Röpke und vielen deutschen Ordoliberalen strikt abgelehnt wurde. Unter den französischen Teilnehmern am Lippmann-Kolloquium stieß Marjolin damit auch bei Rougier und Rueff auf Widerstand.[85]

Die zweite Gefahr bei einer Interpretation des Kolloquiums besteht darin, es lediglich als ein Zusammentreffen von »antikeynesianischen«, orthodoxen Liberalen zu verstehen, in dem sich der Kampf gegen den Keynesianismus, den die Mont Pèlerin Society später führen sollte, bereits abzeichnete.[86] Sowohl Marjolin als auch Aron erklärten in späteren Jahren, erheblich von Keynes' Ideen beeinflusst worden zu sein, wobei Aron insbesondere auf seine Meinungsverschiedenheit zu Rueff in diesem Punkt hinwies.[87] Ein weiterer Kolloquiumsteilnehmer, Marlio, hatte Keynes ungefähr zur Zeit des Kolloquiums in einem Buch als den gedanklich am weitesten »entwickelten« Liberalen dargestellt, und Michael Polanyi – ungeachtet der Tatsache, dass er mit Hayek ungefähr ab dieser Zeit in einer von gegenseitiger Wertschätzung geprägten Arbeitsbeziehung stand – hatte die *Allgemeine Theorie* bereits bei ihrem Erscheinen 1936 begeistert aufgenommen und sogar einen Film gedreht, um die Ideen von Keynes weiterzuverbreiten. Lippmann schließlich hatte seinem Freund Keynes in *The Good Society* Anerkennung gezollt. Natürlich zählten zu den Teilnehmern 1938 auch entschiedene Gegner von Keynes, darunter vor allem Mises, Hayek, Mantoux, Rueff und Röpke. Das zeigt, dass es auf dem Kolloquium keinen Konsens über die keynesianische Revolution geben konnte, während er dann in der Mont Pèlerin Society durchaus bestand.

Die dritte Gefahr besteht darin, in dem Kolloquium eine Versammlung nachgiebiger Intellektueller zu sehen, die eine vorgegebene ideologische Linie abgesegnet hätten und ihr gefolgt seien. Dem war aber nicht so, denn das Kolloquium, wie die Mitschrift belegt, war ein Forum für offene und zum Teil hitzige Debatten und den Austausch sehr unterschiedlicher geistiger, philosophischer und wirtschaftspolitischer Anschauungen, Beleg einer tiefen Heterogenität, auch wenn es stimmt, dass am Schluss ein Konsens erzielt wurde, der nicht bloß ein Formelkompromiss war, sondern eindeutig die Richtung wies für eine Erneuerung des Liberalismus. Die vierte Gefahr, eng verknüpft mit den bereits genannten, besteht darin, das Kolloquium als Versammlung von Ideologen zu betrachten, die sich willentlich zum Sprachrohr des »Großkapitals« und seiner Interessen machten. Was die Kolloquiumsteilnehmer wollten, waren Marktpreise und politischer Liberalismus, während in den 1930er-Jahren viele Industrielle Protektionismus und verschiedene korporatistische Maßnahmen favorisierten. Richtig ist, dass zu den Teilnehmern auch Männer aus der Wirtschaft zählten, zum Beispiel Marcel Bourgeois, ein rechtsgerichteter Geschäftsmann, der den Verlag Librairie de Médicis unterstützte. Aber Unternehmer waren auf dem Kolloquium eine kleine Minderheit, und zudem waren sie längst nicht alle einer Meinung: Auguste Detoeuf etwa setzte sich im Bereich der Politik für Ideen ein, die für die damalige Zeit recht fortschrittlich waren, und insgesamt entsprach sein Persönlichkeitsprofil in keiner Weise dem der amerikanischen Unternehmer, die den *New Deal* ablehnten, oder dem ihrer britischen Kollegen, die damals eine Gegenoffensive gegen vergleichbare Ideen vorbereiteten.[88]

Schließlich besteht auch die Gefahr, das Lippmann-Kolloquium als ausschließlich mit ökonomischen Fragen befasste Veranstaltung einzuschätzen, wo doch eine ganze Reihe seiner Teilnehmer (Castillejo, Aron, Polanyi, Rougier, um nur einige zu nennen) vor allem um den Fortbestand des *politischen* Liberalismus und die mit ihm verbundenen Persönlichkeitsrechte besorgt waren, angesichts des Aufkommens illiberaler Ideologien überall auf der Welt. Vermutlich alle der am Kolloquium Beteiligten verknüpften den politischen mit dem wirtschaftlichen Liberalismus. Vielen ging es um die Verteidigung der Demokratie in ihren politischen, rechtlichen, wirtschaftlichen kulturellen und geistigen Formen. Dabei hatten sicherlich nicht alle die gleiche Vorstellung von Demokratie; manche pflegten ein eher konservatives, wenn nicht sogar autoritäres Demokratieverständnis. Einige wenige, wie Baudin in seiner Bewunderung für Salazars Herrschaft in Portugal, sympathisierten sogar mit autoritären Regimen. Aber, wie man den Eröffnungsvorträgen von Rougier und Lippmann entnehmen kann, ging es allen in erster Linie um den befürchteten Tod der liberalen Demokratien. Und wenn manche durchaus Bedenken hinsichtlich gewisser Exzesse der Volkssouveränität und der sie vermeintlich verkörpernden Führer äußerten, blieben die Teilnehmer doch in ihrer großen Mehrheit Anhänger der parlamentarischen Demokratie. Das ist auch der Grund, weshalb uns in jüngster Zeit vorgebrachte Interpretationen dieses Kolloquiums als Heimstatt einer radikal »antidemokratischen« Offensive – wie von gewissen Autoren, die sich dabei vielleicht allzu schnell auf Michel Foucault berufen haben, jüngst vorgetragen[89] – irrig erscheinen, nämlich als Ergebnis einer allzu teleologischen Sichtweise. Sicherlich kann man hervorheben, dass diese neoliberalen Denker »elitär« waren, aber das war in der Geschichte des Liberalismus nichts Neues und galt damals zudem auch für viele Befürworter einer fortschrittlich-technokratischen Politik. Und eine Analyse, die – mit Hinweis auf Foucault – im Lippmann-Kolloquium die theoretische Grundlegung für den »antidemokratischen Albtraum« einer »neoliberalen Gesellschaft« sehen will, in der es nur um Profitmaximierung geht, scheint uns völlig aus dem Zusammenhang gerissen. Wie wir gesehen haben, war die von der großen Mehrheit auf dem Lippmann-Kolloquium geäußerte Sorge die über eine unüberbrückbare Kluft zwischen dem Liberalismus und den Massen und deren Konsequenzen: Totalitarismus, Autarkiepolitik und Krieg. Und es wurde dort, wie bereits gesagt, außerdem gefordert, dass der Mensch aus Fleisch und Blut und Leidenschaften wieder ins Blickfeld gerückt werden müsse und nicht bloß der Homo oeconomicus, wenn man die Massen überzeugen wollte. Was immer man davon halten mag, entspricht das jedenfalls nicht einer Darstellung des Lippmann-Kolloquiums als dogmatische Apologie einer »Individuen als Unternehmer«-Doktrin. Sicherlich kann man das Lippmann-Kolloquium auf viele Weisen interpretieren, aber manche Interpretationen sind weniger fundiert als andere.

Es ist folglich wichtig, den historischen Kontext und den Diskurszusammenhang zu berücksichtigen, auch wenn sich damit die

Bedeutung dieses an Potenzial und Verzweigungen so reichen Ereignisses nicht erschöpfen lässt. Das Kolloquium zeigt liberale Denker in einem Augenblick der besonderen Verletzlichkeit des Liberalismus. Aufgrund des historischen Kontextes sind das Kolloquium und die daran anknüpfenden Debatten nicht nur für die Analyse des *wirtschaftlichen* Liberalismus von Bedeutung, sondern für die des Liberalismus überhaupt. Der Kontext der 1930er-Jahre, insbesondere der damals unmittelbar drohende Krieg, war nicht der gleiche wie jener der zweiten Hälfte der 1940er-Jahre, als das erste Treffen der Mont Pèlerin Society abgehalten wurde, und erst recht nicht der gleiche wie in den 1970er- und 1980er-Jahren, als Reagan und Thatcher ihre Programme in die Tat umsetzten. Aber auch ohne allzu teleologische Sichtweise können wir im Lippmann-Kolloquium auch Erwartungen dessen erkennen, was in der Geschichte des Neoliberalismus zu einem späteren Zeitpunkt passieren sollte: Hayek und Röpke gründeten die Mont Pèlerin Society auch mit dem Gedanken an das Lippmann-Kolloquium, und es ist allgemein bekannt, wie der deutsche Liberalismus – im Hinblick auf die europäische Einigung insbesondere der Ordoliberalismus, mehr jedenfalls als der von Röpke und Rüstow favorisierte »soziologische Liberalismus« – die Geschichte Deutschlands und Europas bis heute beeinflusst. Wie die meisten historischen Ereignisse sollte das Lippmann-Kolloquium sowohl im Rahmen seiner Zeit und damit den besonderen Problemen seiner Epoche betrachtet werden, aber auch in längerfristiger Perspektive im Kontext der historischen Entwicklung des Neoliberalismus, für die das Kolloquium zweifellos ein wichtiger Schritt war, selbst wenn er sich nicht nur auf diesen Nenner bringen lässt. Jeder Leser möge das selbst beurteilen.[90]

Im Jahr 1957 finden wir auf einem Kolloquium im belgischen Seebad Ostende, das vom Centre Hymans, einer Denkfabrik der belgischen Liberalen Partei veranstaltet wurde, erneut Rougier, Rueff und Allais unter den Teilnehmern. Der erste von ihnen stellte seinem eigenen »Neoliberalismus« den »Paläoliberalismus« von Mises gegenüber. Der zweite plädierte wieder für einen erneuerten Liberalismus und wies dabei darauf hin, dass seit der Veranstaltung des Lippmann-Kolloquiums die sozialen Bedürfnisse gewachsen seien und Liberale das berücksichtigen sollten, wobei aber stets die freie Marktordnung und der Preismechanismus garantiert sein müssten. Der dritte, Allais, machte den Vorschlag, die auf dem Lippmann-Kolloquium formulierten Ideen zu aktualisieren, und wies darauf hin, dass das Treffen 1938 die grundlegenden Individualrechte nicht klar und präzise genug definiert habe und ebenso wenig die Notwendigkeit eines pluralistischen Systems gegenseitiger Kontrollen, um die liberale Demokratie prosperieren zu lassen.[91] Allais' Thesen, die eine klare Präferenz für einen »dritten Weg« erkennen lassen, der nun *planisme concurrentiel* (wettbewerbsfähige Planung) genannt wurde und damit – auf einem durchaus liberalen Fundament – echten Liberalismus mit echtem Sozialismus vereinigen sollte, konnten in der Mont Pèlerin Society kaum mit Unterstützung rechnen, und in der Folge immer weniger. Worin sich diese drei Erben des »Neoliberalismus« der 1930er-Jahre jedoch einig waren, das war die Überzeugung, dass der Liberalismus nach wie vor einer Erneuerung bedurfte, um die Krise seiner Glaubwürdigkeit *und* seiner Leistungsfähigkeit zu überwinden.

Mehr als sieben Jahrzehnte, nachdem es abgehalten wurde, regt das Lippmann-Kolloquium die Leser in vielerlei Hinsicht zum Nachdenken an. Die damals von den Neoliberalen untersuchten

Fragen – das Wesen der Marktordnung, ihre institutionellen Voraussetzungen, die Art der staatlichen Verantwortung, der Umgang mit raschem technologischem Wandel, die Kluft zwischen den Massen und den Eliten – sind Fragen, die uns noch heute beschäftigen. Bei der Analyse des Lippmann-Kolloquiums bietet sich ein »kontextueller« Ansatz an. Die Fragen, die damals die liberalen Denker umtrieben, bleiben, selbst wenn sie auf einen bestimmten historischen Zusammenhang verweisen, den es in Erinnerung zu rufen gilt, von hoher Relevanz, lange noch, nachdem sie von ihnen erörtert wurden. Zu einer Zeit, da sich die akademischen und politischen Debatten zunehmend auf den internationalen Neoliberalismus, den deutschen Ordoliberalismus und die Krise des Neoliberalismus konzentrieren, ist es mehr denn je angezeigt, zu den Ursprüngen der sogenannten neoliberalen Lehre zurückzukehren.

KAPITEL 2

Teilnehmer des Kolloquiums

Raymond Aron (1905–1983) war ein französischer Philosoph und Soziologe, der die öffentlichen Debatten in Frankreich über viele Jahrzehnte hinweg maßgeblich mitgestaltete. Als Liberaler hegte Aron schon früh Bewunderung für John Maynard Keynes,[92] und sein Aufsatz »Bemerkungen über die Objektivität der Sozialwissenschaften« legt Zeugnis ab von seinem deutlich von Keynes geprägten Hintergrund.[93] In seiner Jugend wurde Aron von gemäßigten Liberalen wie etwa Elie Halévy, »radikalen« Republikanern wie zum Beispiel dem Soziologen Célestin Bouglé und verschiedenen Sozialisten beeinflusst. Wie Emile Durkheim und sein Doktorvater Bouglé ging Aron zur Fortsetzung seiner sozialwissenschaftlichen Ausbildung in den frühen 1930er-Jahren nach Deutschland, zunächst nach Köln und von 1931 bis 1933 dann nach Berlin, wo er mit Entsetzen den Aufstieg der Nationalsozialisten zur Macht erlebte. Als Soziologe interessierte sich Aron naturgemäß vor allem für die Arbeiten von Wilhelm Dilthey und Max Weber, aber in seinem ersten Buch, *Die deutsche Soziologie der Gegenwart*[94], setzte er sich auch mit den Beiträgen von Franz Oppenheimer auseinander, einem frühen Theoretiker des »liberalen Sozialismus«.[95]

Obgleich Aron ein Anhänger der Volksfront war und sich in seiner Doktorarbeit 1938 selbst als »Sozialist« bezeichnete, kritisierte er (wie seine Freunde Robert Marjolin und Roger Auboin) die Wirtschaftspolitik der Volksfrontregierung in einem Beitrag in der *Revue de métaphysique et de morale*.[96] Die Wahl dieser Zeitschrift – die im politischen Spektrum eindeutig links angesiedelt war – begründete er später mit seiner damaligen Sorge, er könnte sonst die von der Rechten an der Volksfront geübte Kritik noch verstärken. Während des Krieges war Aron bis zur Befreiung Frankreichs Herausgeber des Magazins *France Libre* in London. Im Gegensatz zu Hayek, Röpke und anderen »Neoliberalen« unterstützte Aron öffentlich den von William Beveridge vorgeschlagenen Plan zum Aufbau sozialer Sicherungssysteme in Großbritannien und erklärte, dass er sich etwas Vergleichbares für Frankreich wünsche. Zu dieser Zeit stand er auch in Verbindung mit Pierre Laroque, dem Begründer des französischen Sozialversicherungssystems.[97]

In der gemeinsam mit Jean-Paul Sartre und Maurice Merleau-Ponty herausgegebenen linksgerichteten Zeitschrift *Les Temps Modernes* sprach sich Aron 1945 in seinem Aufsatz »La chance du socialisme« für eine Synthese der Doktrin der britischen Labour-Bewegung mit dem Gaullismus aus. Bald darauf allerdings brach Aron mit der Redaktion von *Temps Modernes*, und seine beharrliche Opposition gegen das sowjetische System nach dem Krieg isolierte ihn unter französischen Intellektuellen.[98] Aron ging immer mehr auf Distanz zum Sozialismus und bekannte sich offen als ein den gaullistischen und rechten Kreisen nahestehender Liberaler. Im Jahr 1955 erfolgte seine Berufung auf einen Lehrstuhl für Soziologie an der Sorbonne, die aufgrund der Kritik einiger seiner Kollegen an seiner Tätigkeit als Autor für die rechtsgerichtete Tageszeitung *Le Figaro* knapp ausfiel. Und im Jahr 1970 wurde er dann an das renommierte Collège de France auf den Lehrstuhl für Soziologie der modernen Zivilisation berufen. Unter den zahlreichen Veröffentlichungen trug ihm vor allem sein 1955 erschienenes Werk *L'opium des intellectuels* (dt. *Opium für Intellektuelle*, 1957) – eine Kritik an zeitgenössischen Intellektuellen und deren überschwängliche Sympathien für den Marxismus und Verehrung der »Revolution« schlechthin – großes Ansehen ein. Aron schrieb Bücher über Themen der Soziologie, der Geschichte und der Politik und betätigte sich daneben jahrzehntelang als freier Publizist für die Tageszeitung *Le Figaro* und später das Nachrichtenmagazin *L'Express*.

Roger Auboin (1891–1974) war ein französischer Ökonom, der von 1938 bis 1958 als Generaldirektor der Bank für Internationalen Zahlungsausgleich amtierte. Er schrieb Bücher und Aufsätze zu Themen der Volkswirtschaftslehre und der Geldpolitik, insbesondere *Twenty Years of International Cooperation in the Monetary Sphere* (1958) und *Les vraies questions monétaires à l'épreuve des faits* (1973). Auboin sprach sich für eine Zusammenarbeit der einzelnen Staaten aus, um ein wirksames Funktionieren des internationalen Währungssystems zu gewährleisten.

Wie andere Teilnehmer des Lippmann-Kolloquiums aus Frankreich – darunter Raymond Aron und Robert Marjolin – war Auboin der Volksfrontregierung *(Front populaire)* gegenüber 1936 günstig eingestellt, ehe er seine Kritik an ihrer Wirtschaftspolitik im internationalen Zusammenhang formulierte. Auboin war Beamter und Finanzfachmann und gehörte kurzzeitig der Regierung Camille Chautemps an, ehemals Staatsminister der Volksfront, der Léon Blum im Juni 1937 als Premierminister ablöste und bis März 1938 im Amt blieb. In dieser neuen Regierung von gemäßigt »radikaler« Ausrichtung unter Führung eines Mannes, der gewiss kein »Marktfundamentalist« war,[99] übernahm Auboin für kurze Zeit die Leitung des Generalsekretariats des Internationalen Komitees für Nationalökonomie, das dem Finanzministerium beigeordnet war und damit an die Stelle des Ministeriums für Nationalökonomie der Volksfrontregierung trat. In seinen Aufsätzen aus jener Zeit, vor allem für die von Louise Weiss herausgegebene proeuropäische Zeitschrift *L'Europe nouvelle*, setzte er sich für einen »praktischen Liberalismus« ein, der für maßvolle ökonomische und soziale Eingriffe im Rahmen einer marktwirtschaftlichen Ordnung stand.[100] Es hat nicht den Anschein, als sei er zum Zeitpunkt des Kolloquiums von diesen Grundüberzeugungen, wenn überhaupt, nennenswert abgerückt.

Louis Baudin (1887–1964) lehrte von 1923 bis 1937 Ökonomie an der Universität Dijon, anschließend Rechtswissenschaft an der Universität Paris. Baudin stand dem sozialen Katholizismus nahe, seine Anschauungen waren liberal, konservativ, elitär und korporatistisch geprägt. Nach dem Lippmann-Kolloquium nahm er wiederholt für sich in Anspruch, den Begriff »Neoliberalismus« geprägt zu haben, und machte seinen Einfluss auf Daniel Villey geltend, der ein Mitglied des Centre International d'Etudes pour la Rénovation du Libéralisme war, einer neoliberalen Gruppierung, für deren Gründung das Kolloquium den Anstoß gegeben hatte. In seinem 1937 erschienenen Buch *L'Utopie soviétique* prangerte Baudin die Tyrannei und die Lügen des Kommunismus an und warf ihm generelles Versagen vor.[101] Demgegenüber favorisierte er eine korporatistische Doktrin als geeignet, dem Marxismus und seiner Anziehungskraft auf Arbeiter entgegenzuwirken.[102] In seinen Vorlesungen zur Geschichte der Nationalökonomie und zum Individualismus in den 1930er- und 1940er-Jahren zeigte er immer deutlicher seine Bewunderung für einen von Nietzsche bestimmten extremen Elitarismus sowie für den sozialen Katholizismus eines Frédéric Le Play, Anschauungen, die er mit liberalen, gegen staatlichen Dirigismus gerichteten wirtschaftlichen Überzeugungen verband. Beinahe zeitgleich mit dem Lippmann-Kolloquium schrieb Baudin 1938 ein Vorwort für die französische Übersetzung von Lionel Robbins' Buch *Economic Planning and International Order*, das Louis Rougier zufolge den Geist des »Neoliberalismus« prägnant zum Ausdruck brachte. Auch Baudin sah in Robbins' Buch den Ausdruck eines »erneuerten Liberalismus«.

In seinen eigenen Büchern sprach sich Baudin außerdem für liberale Positionen in der Währungspolitik aus, hob kritisch die Gefahren einer Hyperinflation hervor und plädierte für eine Rückkehr zum Goldstandard.[103] Unter dem Vichy-Regime, das den Korporatismus zum Modell seiner Gesellschaftsordnung erklärte, schrieb Baudin ein Vorwort für *La doctrine corporative* von Maurice Bouvier-Ajam, das Zeugnis ablegte vom komplexen Wesen seines Liberalismus. Eine der Merkwürdigkeiten in seinen Anschauungen ist Baudins lange anhaltende Bewunderung für den autoritären portugiesischen Staatschef António de Oliveira Salazar, von dem er in seinem Werk *L'aube d'un nouveau libéralisme* (1953) behauptete, er verkörpere in ökonomischen Fragen genau jene »neoliberalen« Ideen, für die er, Baudin, auch eintrete. Nach dem Krieg wurde Baudin in die Pariser Académie des sciences morales et politiques gewählt. Auch spielte Baudin, der mit Wilhelm Röpke korrespondierte, als einer ihrer Vizepräsidenten eine bedeutende Rolle in der Mont Pèlerin Society, selbst wenn er, anders als Jacques Rueff und Bertrand de Jouvenel, nicht zu ihrer Eröffnungssitzung im Jahr 1947 eingeladen wurde und anfänglich mit dieser Organisation in keiner Verbindung stand. In Frankreich war Baudin eine akademische Persönlichkeit von großem Einfluss: So wurde er 1946 zum Präsidenten der Société d'économie politique gewählt und leitete von 1955 bis 1964 die Association Française de Science Economique. Obgleich er ursprünglich mit der Bezeichnung »Neoliberalismus« nicht glücklich war, tat er nach dem Krieg viel, um den Begriff zu verbreiten.[104] Für Baudin bezeichnete Neoliberalismus einen Typus von sozialem »Individualismus«, der für die Gewährleistung von wirksamem Wettbewerb auf den Märkten einen starken Staat voraussetzte und auf den Erhalt des sozialen Gefüges baute. Das ausgesprochen elitäre Weltbild dieses Bewunderers von Nietzsche und Le Play grenzte ihn im Übrigen deutlich ab von denjenigen Liberalen, die es eher mit der Demokratie hielten.

Marcel Bourgeois war ein französischer Industrieller und Mitglied des Komitees der Chemischen Industrie in Frankreich. Bourgeois, ein Geschäftsmann mit Sympathien für die Rechte, spielte als Förderer eine entscheidende Rolle beim Aufbau des Verlagshauses Librairie de Médicis, in dem die Werke von Liberalen wie Walter Lippmann, Friedrich August von Hayek, Fritz Machlup und Ludwig von Mises in französischer Übersetzung erschienen. Mit Marie-Thérèse Génin, der Verlagsleiterin von Médicis, war er befreundet. Bourgeois gehörte zum ultrarechten Spektrum der französischen Politik und unterstützte sogar die offen faschistische Parti Populaire.

José Castillejo (1877–1945) war ein spanischer Jurist. An der Universität Madrid hatte er vorübergehend eine Professur für Römisches Recht inne, machte sich aber einen Namen als Fachmann für Erziehungswesen. Castillejo, ein Schüler des Philosophen Francisco Giner de los Ríos – ein in Spanien hoch angesehener Pädagoge, der das liberale und soziale Denken dort tief prägte –, bekleidete unter anderem das Amt eines Permanenten Sekretärs der Junta para Ampliación de Estudios e Investigaciones Científicas (Vereinigung zur Förderung der Studien und wissenschaftlichen Forschung), einer »öffentlichen, aber unabhängig verwalteten Stiftung, die Stipendien an Studenten und Lehrer für Auslandsstudien vergab und die wissenschaftliche Forschung in Spanien förderte«.[105] Er war Mitglied der Internationalen Kommission für geistige Zusammenarbeit beim Völkerbund in Genf und setzte sich dort für eine antinationalistische Erziehung im Geschichtsunterricht ein. Sein »Liberalismus«, geprägt von seinen pädagogischen Interessen und der politischen Tragödie Spaniens, unterschied sich wesentlich sowohl vom klassischen wie vom zeitgenössischen Wirtschaftsliberalismus. Noch vor dem Lippmann-Kolloquium hatte Castillejo seine politischen Anliegen in seinem Buch *War of Ideas in Spain: Philosophy, Politics and Education* dargelegt.[106] In der Folge nahm er keinen Anteil an der neoliberalen Bewegung, zu der er schon zuvor Distanz gehalten hatte.

John Bell Condliffe (1891–1981) wurde im australischen Melbourne geboren und kam mit 13 Jahren nach Neuseeland. Im Ersten Weltkrieg war er als Soldat der New Zealand Expeditionary Force in Belgien stationiert und wurde bei Ypern schwer verwundet. Condliffe lehrte Ökonomie an der Universität Canterbury in Neuseeland, bevor er sich 1931 der Abteilung Wirtschaft im Generalsekretariat des Völkerbundes anschloss. Von 1931 bis 1937 war er Mitglied des Wirtschaftsinformationsdienstes beim Völkerbund. In seinem Buch *International Commerce and Peace*, das 1938 von der Internationalen Kommission für geistige Zusammenarbeit veröffentlicht wurde, warnte er vor den Gefahren, die dem Weltfrieden durch wirtschaftlichen Nationalismus und Autarkiebestrebungen drohten. In den späten 1930er-Jahren wechselte Condliffe an die London School of Economics (LSE), machte sich aber die Ideen des Wirtschaftsliberalismus nicht im gleichen Maß zu eigen wie einige seiner Kollegen aus dem Kreis um Lionel Robbins. Bei vielen Gelegenheiten brachte er vielmehr seine Wertschätzung des Liberalismus, wie er von Keynes vertreten wurde, zum Ausdruck, was ihn in den 1930er-Jahren in deutlicher Distanz zu Cannan, Hayek und Robbins erscheinen ließ.[107] Wie Hayek gehörte Condliffe zum Lehrkörper der LSE und wurde zum Lippmann-Kolloquium in seiner Funktion als Dozent an der LSE eingeladen, zählte aber weder zu Hayeks Anhängern, noch war er mit ihm befreundet. Selbst sein Verhältnis zu Robbins, einem Freund Hayeks, war nicht ohne Spannungen, und so stand er aufgrund seiner unkonventionellen Auffassungen und Überzeugungen an der LSE einigermaßen isoliert da. Im Jahr 1939 folgte er einem Ruf an die Universität von Kalifornien in Berkeley, wo er bis 1958 einen Lehrstuhl für Ökonomie innehatte.[108] Unter seinen Werken, in deren Mittelpunkt stets der Welthandel stand, sind vor allem *The Reconstruction of World Trade: a Survey of International Economic Relations* (1941) und *The Commerce of Nations* (1951) zu nennen.

Auguste Detoeuf (1883–1947) war ein französischer Geschäftsmann aus der elektrotechnischen Industrie. In den 1920er-Jahren machte er bei der Compagnie Française Thomson-Houston (CFTH) Karriere und saß im Verwaltungsrat von mehr als 20 Elektrounternehmen, ehe er zum Vorsitzenden der Alsthom-Gruppe (heute bekannt als Alstom) aufstieg. Nach dem Vorbild des amerikanischen Unternehmens General Electric machte er sich für Strategien der industriellen Rationalisierung stark. In den 1920er-Jahren setzte er sich für Lohnerhöhungen für die Belegschaften ein, und in den 1930er-Jahren galt sein Interesse mehr und mehr den Arbeitsbedingungen sowie wirtschaftlichen Fragen von gesamtgesellschaftlicher Bedeutung in Frankreich. So lud Detoeuf die Philosophin Simone Weil in die Werkstätten von Alsthom ein, um dort für ihre kritischen Studien der Fabrikarbeit zu recherchieren. Ende der 1930er-Jahre verteidigte Detoeuf verschiedentlich das schwedische Modell der Verhandlungen zwischen Geschäftsleitung und Belegschaft und lobte die Volksfront in Frankreich für Maßnahmen zur Verkürzung des Arbeitstages sowie für die Einführung wöchentlicher Ruhezeiten und des bezahlten Urlaubs.[109] Dennoch blieb Detoeuf ausdrücklich auf Distanz zum französischen Sozialismus und suchte vielmehr, der Welt der Industrie neue Wege zu bahnen. In einem Vortrag vor der Gruppe X-Crise, einem Zusammenschluss von Absolventen der Ecole Polytechnique in Paris, erklärte er 1936 angesichts neuer Produktionsstrukturen und der Krise des Kapitalismus den Liberalismus für »tot«.[110] In seinem 1938 veröffentlichten Buch *Construction du syndicalisme* plädierte er für starke, aber nicht politisierte Gewerkschaften mit Beitrittspflicht sowie für eine Reihe politischer Maßnahmen, darunter einen Mindestlohn, eine Garantie gegen Arbeitslosigkeit und ein System der Alterssicherung und der Absicherung gegen Arbeitsunfähigkeit. Auf seiner Suche nach einem dritten Weg zwischen Liberalismus und Marxismus tendierte Detoeuf zur Zeit des Lippmann-Kolloquiums mehr und mehr dazu, den Liberalismus zu rechtfertigen, ohne jedoch seinen früheren Anliegen der industriellen Rationalisierung und der Sozialpolitik abzuschwören. Louis Rougier erklärte 1939, bei

Gelegenheit der von ihm ausgerichteten Konferenz über »Die Offensive des Neoliberalismus« habe er Detoeuf dadurch überzeugt, dass er ihm Lippmanns Buch gab. Rougier sprach sogar von einer »Bekehrung« Detoeufs zum Liberalismus, denn *The Good Society* sei die »Bibel des Liberalismus«. Aber Detoeufs »Liberalismus«, der stark geprägt war von seinen praktischen Erfahrungen der Unternehmensführung in Frankreich – und darin dem »Sozialliberalismus« eines Louis Marlio eng verbunden –, wahrte eine deutliche Distanz sowohl zur Österreichischen Schule wie auch zum deutschen »Ordoliberalismus«.

Friedrich August von Hayek (1899–1992) wurde in Wien geboren und studierte dort Rechts-, Wirtschafts- und Sozialwissenschaften. Hayek entstammte dem Bildungsbürgertum und zeigte bereits früh große intellektuelle Neugier. Nachdem er in seiner Jugend einen Hang zum Sozialismus zeigte, wandte er sich unter dem Einfluss von Ludwig von Mises, dessen Seminare in Wien er besuchte, davon ab. Ohne direkt ein Schüler von ihm zu sein, arbeitete er mit Mises insbesondere bei der Untersuchung der Konjunkturzyklen zusammen. Doch geriet er nicht nur durch Mises unter den Einfluss der Österreichischen Schule. Denn sein erster und wichtigster Lehrer war Friedrich von Wieser gewesen, ein untypischer Vertreter der Österreichischen Schule, da er eine Zeit lang dem englischen Fabianismus nahestand. Vor allem aber wurde Hayek nachhaltig vom ökonomischen und methodologischen Denken Carl Mengers geprägt, dessen Werke er später in London herausgab.[111] Im Jahr 1931 wurde Hayek eingeladen, an der London School of Economics als Dozent zu lehren.[112] Obgleich die offizielle Einladung dazu von William Beveridge ausging, hatte höchstwahrscheinlich Lionel Robbins den Vorschlag gemacht, Hayek einzuladen.[113] Robbins, der 1930 ebenfalls an Ludwig von Mises' »Privatseminar« teilgenommen hatte, war ein marktorientierter Ökonom, der gegen übermäßige staatliche Eingriffe in die Wirtschaft und deren zentrale Lenkung wie gegen die Theorien von Keynes ganz allgemein Stellung bezog. Innerhalb der LSE war er recht isoliert, denn dort dominierten damals die Ideen von Beatrice und Sidney Webb (die 1895 die LSE im sozialistischen und technokratischen Geiste gegründet hatten), von Harold Laski, einem erklärten Sozialisten, und von Beveridge selbst, der für sich zwar in Anspruch nahm, ein »Liberaler« zu sein, sich aber dennoch für ein erhebliches Maß an staatlicher Einflussnahme auf die Wirtschaft aussprach. So war die »österreichische« Auffassung der Ökonomie an der LSE nur von marginaler Bedeutung. Hayek wurde 1932 zum Professor berufen und lehrte bis 1950 an der LSE. Das gab ihm die Gelegenheit, den Einfluss der Auffassungen, für welche die Webbs und Beveridge standen und die er für irrig und gefährlich erklärte, aus erster Hand zu studieren.[114]

In London hielt Hayek 1936 Vorlesungen über Erkenntnistheorie, »Economics and knowledge«[115], die er rückblickend als bahnbrechend für seine intellektuelle Laufbahn einschätzte.[116] Parallel dazu entwickelte er, gemeinsam mit Mises, seine Kritik der Planwirtschaft weiter und gab dazu 1935 ein Buch mit dem Titel *Collectivist Economic Planning* heraus. Der Band enthielt einen einschlägigen Aufsatz von Mises, der sich darin gegen die sozialistische Planwirtschaft aussprach, die, wie er behauptete, jede Form der Wirtschaftsrechnung unmöglich mache,[117] daneben auch Beiträge des Niederländers Nicolaas Gerard Pierson – eines der Wegbereiter der technischen Kritik des Sozialismus –, des Deutschen Georg Halm und des Italieners Enrico Barone.[118]

Im April 1938, kurz vor der Veranstaltung des Lippmann-Kolloquiums, hatte Hayek einen Aufsatz mit dem Titel »Freedom and the economic system« in der *Contemporary Review* veröffentlicht. Darin nahm er die Hauptthesen seines Buches *The Road to Serfdom* vorweg, die sich gegen jede Form von sozialistischem Kollektivismus und sozialistischer Planwirtschaft wandten, weil sie wirtschaftlich ineffizient und für die Freiheit schädlich seien.[119] In dieser Phase verloren Hayek und Robbins den Kampf gegen Keynes und die Keynesianer. Auf die 1936 von Keynes vorgelegte *General Theory* antwortete Hayek zunächst nicht, weil er hoffte, dass er mit seinem damals in Arbeit befindlichen Hauptwerk, *The Pure Theory of Capital*, den Sieg davontragen würde. Aber als das Buch 1941 erschien, erwies es sich als ein Fehlschlag, selbst in Hayeks Augen. (Auf Deutsch legte er es erst 1972 unter dem Titel *Die Theorie komplexer Phänomene* vor.) Nachdem er 1938 britischer Staatsbürger geworden war und aus Sorge über die von ihm ausgemachten sozialistischen und dirigistischen Tendenzen in der LSE wollte er im Rahmen seiner Möglichkeiten das Seine zu den Kriegsanstrengungen beitragen. Daraus erwuchs *The Road to Serfdom*, 1944 veröffentlicht, in dem er die Bedrohung der Freiheit durch ein Übermaß an zentraler Wirtschaftslenkung darstellte.[120]

Hayek kritisierte die zentrale Wirtschaftsplanung nicht nur im Hinblick auf ihre mangelnde wirtschaftliche Leistungsfähigkeit, sondern auch, weil eine Planwirtschaft ein großes Reservoir an menschlichem Wissen schlicht nicht zur Kenntnis nehme.[121] Nicht allein in den Marktpreisen komme dieses dezentrale Wissen zum Ausdruck, sondern auch in Bräuchen, gesellschaftlichen Werten und selbst in der menschlichen Sprache, die allesamt Kenntnisse und Einsichten enthielten, die durch zentral erstellte

Pläne nicht zu ersetzen seien[122] und eine Art spontaner Ordnung darstellten.[123] Obgleich Hayek den Dogmatismus des Laissez-faire in *The Road to Serfdom* kritisierte,[124] hielt er diese Kritik knapp und verteidigte dafür in aller Ausführlichkeit die klassische englische Tradition des Liberalismus.

In seinen Schriften übte Hayek insbesondere Kritik am Rationalismus, den er in den Werken von Francis Bacon und René Descartes, dem Saint-Simonismus, dem Positivismus und so weiter zu erkennen meinte, und verurteilte den aus seiner Sicht katastrophalen Einfluss der französischen Ingenieurschule, der Pariser Ecole Polytechnique.[125] Dazu veröffentlichte er in den 1940er-Jahren zahlreiche Aufsätze, die er später in seinem Buch *The Counter-Revolution of Science* (dt. *Mißbrauch und Verfall der Vernunft*) versammelte.

Die Veröffentlichung einer gekürzten Fassung von *The Road to Serfdom* durch das populäre Magazin *Reader's Digest* in den Vereinigten Staaten bescherte ihm unerwarteten Ruhm. Dadurch kam er in Kontakt mit amerikanischen Geschäftsleuten, die für Freihandel und gegen die Politik des *New Deal* eintraten, Mitglieder der Foundation for Economic Education (FEE) waren und ihn und seinen Kollegen Wilhelm Röpke und William Rappard 1947 bei der Gründung der Mont Pèlerin Society unterstützten. Nachdem er zunächst zum Tooke Professor of Economic Science and Statistics an der London School of Economics berufen worden war, lehrte er ab 1950 als Professor für Sozialwissenschaft und Ethik im Auftrag des Committee on Social Thought an der Universität Chicago. Seine Kandidatur für eine Aufnahme in die Fakultät für Ökonomie an der Universität Chicago wurde jedoch abgelehnt.[126] Dennoch kam es, auf der Grundlage gegenseitiger intellektueller Unabhängigkeit, im Rahmen der Mont Pèlerin Society zu einer von der FEE unterstützten Zusammenarbeit mit verschiedenen seiner Kollegen aus Chicago, insbesondere mit Milton Friedman. In den 1950er- und 1960er-Jahren beschäftigte sich Hayek mehr und mehr mit nicht ökonomischen Themen. So hielt er am Claremont College in Kalifornien Vorlesungen, die in der Folge die Manuskriptgrundlage für Teile seines 1960 veröffentlichten Werkes *The Constitution of Liberty* wurden (parallel dazu hielt Milton Friedman Vorlesungen, die in sein Werk *Capitalism and Freedom* münden sollten, und Bruno Leoni, ein weiteres bedeutendes Mitglied der Mont Pèlerin Society, veranstaltete eine Vorlesungsreihe mit dem Titel »Freiheit und Recht«).[127] Hayek kritisierte in seinem Buch jede Form unbeschränkter staatlicher Autorität und willkürlicher staatlicher Gewalt, sprach sich jedoch ausdrücklich für Rechtsstaatlichkeit im Zusammenhang mit Privateigentum aus und warnte vor den Gefahren, die seiner Ansicht nach mit dem Begriff der »sozialen Gerechtigkeit« verbunden waren. Im Jahr 1974 wurde Hayek der Nobelpreis für Wirtschaftswissenschaften verliehen, nachdem er ein Jahr zuvor den ersten Band seines dreiteiligen Werkes *Law, Legislation and Liberty* (1973, 1976, 1979; dt. *Recht, Gesetzgebung und Freiheit*) vorgelegt hatte. Dieses Werk markierte eine bemerkenswerte Abkehr von den in *The Constitution of Liberty* vertretenen Thesen, vor allem im Hinblick auf sein Verständnis von Recht und Ordnung. Der Titel seiner Rede aus Anlass der Überreichung des Nobelpreises, »The Pretense of Knowledge« (Die Vortäuschung von Wissen), brachte seine epistemologischen Grundüberzeugungen, die er, durch alle Entwicklungen hindurch, seit den 1930er-Jahren vertreten hatte, auf den Punkt.

Leider ist von seinen Beiträgen zum Lippmann-Kolloquium so gut wie nichts erhalten geblieben. In einer der wenigen aufgezeichneten Bemerkungen bringt er das wachsende soziale Ressentiment unter den Massen ursächlich mit dem zunehmenden staatlichen Interventionismus und Dirigismus in Verbindung, der die Massen eine Veränderung ihrer Lage erhoffen und erwarten lasse. Diese These wurde von den reformfreundlicheren Teilnehmern des Lippmann-Kolloquiums nicht geteilt.

Michael Heilperin (1909–1971) war ein aus Polen gebürtiger Währungsökonom. Seine akademische Ausbildung an der Universität Genf schloss er 1931 mit einer Promotion bei William Rappard ab,[128] der zu diesem Zeitpunkt in Genf an der Universität und am Institut des Hautes Etudes Internationales (Hochschulinstitut für internationale Studien) unterrichtete. Seit den 1930er-Jahren beschäftigte sich Heilperin vorwiegend mit Fragen der Währungsökonomie und Geldpolitik.[129] Nachdem er weitere Studien als Postgraduierter an der LSE absolviert hatte, wurde er 1935 als Assistenzprofessor an das Genfer Hochschulinstitut für internationale Studien berufen, wo er bis 1938 unterrichtete.[130] In Genf schloss er Freundschaft mit Ludwig von Mises, auf dessen Einfluss auch Heilperins volkswirtschaftliche und währungsökonomische Überzeugungen zum Teil zurückgingen, ebenso wie seine Kritik am wirtschaftlichen Nationalismus. Auf diesem Feld arbeitete er auch verschiedentlich für den Völkerbund. Kurz nach dem Lippmann-Kolloquium veröffentlichte Heilperin sein Buch *International Monetary Economics* (1939), in dem er die Bedeutung einer internationalen Währungsordnung auf der Grundlage einer Koordination der nationalstaatlichen Geldpolitik herausarbeitete.[131] Von 1941 bis 1945 war er als Assistenzprofessor für Ökonomie am Hamilton College in New York und kehrte im Jahr 1953 an das Hochschulinstitut für internationale Studien in Genf zurück, wo er bis 1964 als Professor für internationale Ökonomie lehrte.[132] In dieser Phase setzte er seine Forschung zu Fragen des Welthandels und der Währungspolitik fort, deren Ergebnisse er in *The Trade of Nations* (1952) und *Studies in Economic Nationalism* (1960) vorstellte. Heilperin sprach sich darin für eine Rückkehr zum Goldstandard als Garant der internationalen Währungsordnung aus. Er war außerdem ein Bewunderer des Liberalismus, wie ihn Jacques Rueff vertrat.[133]

Bruce Hopper (1892–1973) war ein Experte für die Sowjetunion. Im Ersten Weltkrieg hatte Hopper 29 Kampfeinsätze für die 96th Air Squadron der US-Streitkräfte in Europa geflogen. Nach seiner Demobilisierung 1919 blieb er in Frankreich und studierte an der Sorbonne in Paris sowie in Oxford. Sein Universitätsstudium schloss er 1930 mit einer Promotion an der Universität Harvard ab, wo er anschließend bis zu seiner Pensionierung 1961 als Professor für Politikwissenschaft und internationale Angelegenheiten lehrte.[134] *The Good Society* – das Buch, das im Mittelpunkt des Kolloquiums stand – hatte Hopper vorab im Manuskript gelesen und Lippmann seine Kommentare dazu mitgeteilt. Hopper hielt zahlreiche Vorträge und Vorlesungen zu Fragen der internationalen Beziehungen, häufig zu Themen im Zusammenhang mit der Sowjetunion, von denen einige später in Buchform veröffentlicht wurden (so zum Beispiel *Pan Sovietism: The Issue Before America and the World*, 1931). In seiner Zeit als Professor in Harvard galt Hopper als charismatischer Lehrer, der unter anderem die Abschlussarbeit des jungen John F. Kennedy betreute und auf dessen Denken einen gewissen Einfluss ausübte.

Bernard Lavergne (1884–1975) war einer der bedeutendsten Schüler des Nationalökonomen Charles Gide und der protestantisch geprägten genossenschaftlichen Schule von Nîmes. Lavergne, der sich gern auf den vormarxistischen Sozialismus der sozialistischen Vereine berief, sollte dem Liberalismus im Lauf seiner Karriere allerdings mit mehr Wohlwollen gegenüberstehen als sein Lehrer Gide. Nachdem er 1921 gemeinsam mit Gide die *Revue des études coopératives* ins Leben gerufen hatte, machte er sich als Herausgeber und Autor darin rasch einen Namen auf dem Gebiet der sozialen und »solidarischen« Ökonomie. In den 1930er-Jahren zählte Lavergne zu den Ersten, die den Begriff »neoliberal« verwendeten, um damit eine – in seinen Augen positive – Tendenz zu bezeichnen, die auf eine Annäherung und letztlich einen Kompromiss zwischen der liberalen und der interventionistischen Denkschule hinauslief. Den traditionellen Liberalismus des 19. Jahrhunderts lehnte Lavergne ab, weil er ihn für antietatistisch und letztlich antisozial hielt, und betrachte mit Sorge die zunehmende Tendenz zum Monopolismus und der Bildung von Kartellen und Trusts und deren ungesunde Nähe zum Staatsapparat. Seine Ansichten zu diesen Fragen wurden insbesondere von seiner aufmerksamen Beobachtung der Debatten in Deutschland über eine zunehmende Beherrschung des Wirtschaftslebens durch Kartelle beeinflusst. Aus seiner Beunruhigung über den Aufstieg von Faschismus und Nationalsozialismus und seiner entschiedenen Ablehnung des Kommunismus und mehr noch des Stalinismus heraus sprach er sich für eine Rückkehr zu einem gemäßigten Liberalismus aus.[135] Trotz seiner Differenzen mit Rougier – zum Beispiel in ihren unterschiedlichen Auffassungen vom Protestantismus – nahm Lavergne dessen Forschungen zur »ökonomischen Mystik« und der Krise des Liberalismus positiv auf.[136] Wie andere Befürworter einer genossenschaftlichen Wirtschaftsordnung stand Lavergne Monopolen und großen Wirtschaftskonzernen grundsätzlich misstrauisch gegenüber, was unter anderem seine Befürwortung eines gemäßigten Liberalismus als Antwort auf die totalitäre Bedrohung erklärt.

In seinem 1938 publizierten Werk *Essor et décadence du capitalisme* (Aufstieg und Niedergang des Kapitalismus), das ungefähr zeitgleich mit der Veranstaltung des Lippmann-Kolloquiums herauskam, schrieb Lavergne, dass er einen reformierten Kapitalismus einem totalitären Kommunismus, in dem die Bildung von Gewerkschaften verboten sei, vorziehe. Im selben Jahr verteidigte Lavergne die »genossenschaftliche Ordnung« als »Kapitalismus ohne Kapitalisten«, in dem die »sozialen Vorzüge des Staats als Unternehmer mit dem geschäftlichen Nutzen und den Methoden des privaten Unternehmertums« sich mischten.[137]

Walter Lippmann (1889–1974) war ein amerikanischer Publizist, Journalist und Kommentator, der sich mit vielen Themen, darunter die Meinungsforschung, befasste. Während seines Collegestudiums betätigte er sich als sozialistischer Aktivist und gründete das Magazin *The New Republic*, das zu einem der wichtigsten Foren der Linken für die Verbreitung progressiver Ideen werden sollte, von denen er sich später jedoch zum Teil wieder distanzierte. Er veröffentlichte eine Reihe von Büchern, darunter *Public Opinion*, *The Phantom Public* und *The Good Society*. Nachdem er in seiner Jugend durch William James unter den Einfluss des pragmatischen Denkens gekommen war und sich anschließend gründlich mit der akademischen Volkswirtschaftslehre, wie sie in den Vereinigten Staaten insbesondere von John R. Commons vertreten wurde, beschäftigt hatte, entwickelte sich Lippmanns politisches

Denken weiter. Hatte er sich zunächst gegen Roosevelt als »unqualifizierten« Bewerber um die Präsidentschaft ausgesprochen, unterstützte er später dessen Kandidatur gegen Hoover und einige Jahre lang auch Roosevelts Programm des *New Deal*.

Mitte der 1930er-Jahre allerdings sah er den *New Deal* und progressive Ideen insgesamt mit immer kritischeren Augen, ohne deshalb jedoch zu einem Denker der »Rechten« zu werden.[138] Seit den 1920er-Jahren war er ein guter Freund von Keynes, dessen Beiträge er in *The New Republic* herausbrachte und dem er in *The Good Society* ausdrücklich Anerkennung zollte. Doch zeigte sich Lippmann 1937 auch gegenüber der von Hayek und Mises vorgebrachten Kritik an einer Planwirtschaft aufgeschlossen. So belegt die positive Bezugnahme sowohl auf Keynes als auch auf die Österreichische Schule, dass die Botschaft von *The Good Society* erheblich komplexer ist als oft zugegeben wird.

Lippmann zeigte sich darin als entschiedener Befürworter der Arbeitsteilung, der Marktwirtschaft und der Rechtsstaatlichkeit, kritisierte jedoch den zeitgenössischen Kapitalismus ebenso wie die alten Dogmen des Laissez-faire und prangerte die Liberalen des 19. Jahrhunderts in Bezug auf das soziale Leid als »unmenschlich« an. Stattdessen plädierte er für ein »Programm des Liberalismus«, das politische Maßnahmen wie progressive Besteuerung und spürbare Steuern auf privilegien- oder monopolbasierten Grundbesitz beinhalten sollte.

Lippmann lässt sich daher ideologisch nur schwer einordnen, zumal er seine Ansichten im Lichte neuer Umstände durchaus zu ändern wusste.[139] So schrieb er, der immerhin im Mittelpunkt des nach ihm benannten Kolloquiums gestanden hatte, während des Krieges an Rougier, dass der Kampf für den Liberalismus für ihn keine Priorität mehr habe und er sich deshalb auch nicht dem

Centre d'études pour la renovation du liberalisme (CIERL) anzuschließen wünsche. Inzwischen zählte er auch wieder zu den Unterstützern Roosevelts. Nach dem Krieg wurde Lippmann Mitglied der Mont Pèlerin Society, nahm aber an ihren Aktivitäten keinen Anteil und verließ die Gruppe schließlich wieder, nachdem er bereits jahrelang keinen Mitgliedsbeitrag mehr entrichtet hatte. Die Publikation von Hayeks *The Constitution of Liberty* im Jahr 1960 nahm er trotz ihrer positiven Bezugnahme auf ihn mit wenig Begeisterung auf. Politisch oszillierte seine Loyalität nach wie vor, und so unterstützte er sowohl Kennedys Politik der »New Frontier« wie auch Johnsons Konzept der »Great Society« – ohne in dieser Unterstützung einen Widerspruch zu erkennen zu seinen zuvor in *The Good Society* dargelegten Ansichten –, während er gleichzeitig Johnsons Politik des verstärkten militärischen Engagements in Vietnam kritisierte.

Etienne Mantoux (1913–1945), Sohn von Paul Mantoux, war ein französischer Ökonom, der gemeinsam mit William Rappard (der, ebenfalls zum Lippmann-Kolloquium eingeladen, aber verhindert, später die treibende Kraft bei der Gründung der Mont Pèlerin Society war) das Hochschulinstitut für Internationale Studien in Genf leitete. Der junge Etienne Mantoux verfasste eine der ersten bedeutenden Kritiken von Keynes' Analyse der wirtschaftlichen Auswirkungen des Versailler Vertrages[140] sowie der von Keynes ausgelösten Revolution der Ökonomie im Allgemeinen[141]. In Frankreich brachte ihn diese frühzeitige Opposition zu Keynes in die Nähe zu Charles Rist, einem Ökonomen der vorhergehenden Generation. Wie seine Freunde Raymond Aron und Robert Marjolin – die anders als er die Revolution des Keynesianismus unterstützten – war Mantoux in seinem Denken von dem gemäßigt liberalen Historiker Elie Halévy Halévy beeinflusst, der mit großer Sorge die drohende Gefahr des Totalitarismus beschrieben hatte.[142] Ideologisch nur schwer einzuordnen, beschäftigte Mantoux vor allem der Aufstieg illiberaler Regime zur Macht in den 1920er- und 1930er-Jahren. Der ökonomische Liberalismus fand seine volle Unterstützung. Kurz vor Kriegsende starb er bei Gefechten in Deutschland. Hayek bewunderte ihn vor allem wegen seiner energischen Kritik an Keynes, und als zwei Jahre nach Kriegsende die Mont Pèlerin Society gegründet wurde, erklärte Hayek, Mantoux würde gewiss eine Schlüsselrolle darin gespielt haben, wäre er noch am Leben.

Robert Marjolin (1911–1986) war ein französischer Ökonom, der in seiner Jugend mit dem genossenschaftlichen Sozialismus sympathisierte und Mitglied des sozialistischen Planungszirkels Révolution constructive war, zu dem auch Claude Lévi-Strauss gehörte.[143] In den 1930er-Jahren war Marjolin Mitarbeiter von Charles Rist. Rist hatte sich mit den Jahren immer mehr zu einem Liberalen entwickelt und stand insbesondere den Ideen von Keynes ablehnend gegenüber, während Marjolin sich offen als Keynesianer bezeichnete. Zu dieser Zeit verfolgte er auch die Politik Roosevelts mit Interesse, und zwar sowohl in wirtschaftlicher wie in politischer Hinsicht.[144] Wie sein Freund Raymond Aron arbeitete er für das von Célestin Bouglé geleitete Centre de documentation sociale, das der Ecole Normale Supérieure angeschlossen war.[145] Und wie Aron war auch Marjolin zunächst Anhänger der Volksfront in Frankreich, ehe er deren Wirtschaftsprogramm kritisierte, weil er es angesichts der militärischen Bedrohung durch das Deutsche Reich für gefährlich hielt.[146] Damals neigte Marjolin wie Aron zum Sozialismus, und so war es auch noch, als das Lippmann-Kolloquium stattfand. Auf dem Gebiet der ökonomischen Theorie interessierte er sich sehr für den erneuerten Liberalismus, wie er von Keynes vertreten wurde. Noch vor dem Zweiten Weltkrieg war Marjolin »zu einem Keynesianer geworden, nachdem er die *General Theory* gelesen hatte«.[147] Auch seine 1941 veröffentlichte Dissertation war durch Keynes' Theorien angeregt worden.[148] Auf politischer Ebene galt seine größte Sorge dem heraufziehenden Krieg. Wie Auguste Detoeuf und Roger Auboin schrieb er in den 1930er-Jahren Beiträge für das proeuropäische Magazin *L'Europe nouvelle*, in denen er oft vor der deutschen Gefahr warnte. Marjolin blieb dem Keynesianismus treu, obgleich er aus seinen liberalen Überzeugungen keinen Hehl machte, und spielte nach dem Krieg neben Jean Monnet eine führende Rolle bei der Umsetzung der französischen Wirtschaftsplanung und vor allem beim Aufbau der Europäischen Wirtschaftsgemeinschaft. So nahm er 1957 an den Verhandlungen über die Verträge von Rom teil und amtierte von 1958 bis 1967 als Europäischer Kommissar. Zuvor war er von 1948 bis 1955 Generalsekretär der Organisation für europäische wirtschaftliche Zusammenarbeit gewesen.

Louis Marlio (1878–1952) war ein Technokrat und Geschäftsmann aus Frankreich, der beim Lippmann-Kolloquium eine Schlüsselrolle spielte und auch im Anschluss daran maßgeblich Anteil hatte an den daraus resultierenden Entwicklungen, insbesondere dem Aufbau des Centre International d'Etudes pour la Rénovation du Libéralisme, für das er die Antrittsvorlesung im Musée Social hielt. In Managementkreisen und darüber hinaus machte Marlio die theoretischen Konzepte von »Sozialliberalismus« und »Neoliberalismus« bekannt. Anders als Aron, Mantoux und Marjolin stand Marlio, als Direktor der Compagnie des produits chimiques et électrométallurgiques d'Alais et de la Camargue, dem akademischen Milieu der Universitäten fern. Obgleich er selbst eher liberal eingestellt war, bewunderte er gemäßigt sozialistische Staatsmänner wie Aristide Briand, der für eine internationale Rechtsordnung und eine europäische Integration eintrat. Aber Marlio war auch stark von der katholischen Sozialkultur geprägt und interessierte sich zunächst für den Korporatismus, ehe er um die Zeit des Lippmann-Kolloquiums zu ihm auf Distanz ging. Anders als die meisten französischen und deutschen Neoliberalen hatte Marlio keine grundsätzlichen Einwände gegen Absprachen innerhalb von Branchen, für die er sich sogar ausdrücklich starkmachte (zum Beispiel in seinem Buch *Les ententes industrielles internationales* von 1931), und ebenso wenig gegen bestimmte Formen von Kartellen. Ab Mitte der 1930er-Jahre setzte sich Marlio unermüdlich für den von ihm so genannten Sozialliberalismus ein.[149] Und wenngleich diese Art von Liberalismus weder sozialistisch noch sozialdemokratisch war (und auch nicht von Roosevelts *New Deal* inspiriert, den Marlio mehrfach kritisierte), sprach sich Marlio doch für Verhandlungen der Sozialpartner und für staatliche Eingriffe in die Wirtschaft aus, außerdem für Sozialversicherungen, eine Umverteilung der Einkommen, ein soziales Sicherungsnetz sowie für eine progressive Besteuerung und eine Steuer auf Grundeigentum, um diese Maßnahmen zu finanzieren.[150] Sein Eintreten für die Freiheit des Marktes von staatlichem Dirigismus wurde mithin durch all diese Korrektive deutlich gemäßigt, was auch erklärt, weshalb er bei vielen Gelegenheiten seine Vorliebe für den Begriff »sozialer Liberalismus« anstatt »Neoliberalismus« zum Ausdruck brachte, obwohl er letzteren dennoch verwendete.

Marlio blieb dem Geist des sozialen Katholizismus treu und gab, wenn es um Einkommenssicherung für Arbeiter und organisierte Solidarität ging, einem dezentralen und in Teilen »korporatistischen« System den Vorzug vor einem staatlich gelenkten System, auch wenn seine Vorstellungen weit entfernt waren vom Faschismus oder dem korporativen Modell eines Salazar, wie es Baudin befürwortete. Ab den 1930er-Jahren sprach Marlio mit großem Respekt von den Beiträgen, die Keynes geleistet hatte, ohne deshalb zu einem »Keynesianer« zu werden. In seiner eigenen Darstellung des Lippmann-Kolloquiums nahm er für sich in Anspruch, dabei eine Schlüsselrolle gespielt zu haben – obwohl tatsächlich Rougier für die Organisation des Kolloquiums verantwortlich gewesen war –, und nannte kurioserweise William Beveridge, den Vater des britischen Wohlfahrtsstaates, als einen der wichtigsten Teilnehmer, obwohl Beveridge überhaupt nicht dabei gewesen war.[151] Während des Krieges, den Marlio im Exil in New York verbrachte, ergänzte er sein Plädoyer für einen »sozialen Liberalismus« durch ein Plädoyer für Gleichheit und Brüderlichkeit als Werte der Französischen Revolution.[152] Seine Ideen fanden wegen des sozialen Charakters des von ihm vertretenen Liberalismus den Beifall des »neo-thomistischen« katholischen Moralphilosophen Jacques Maritain. Als Befürworter einer weltweiten Friedensorganisation nahm Marlio, der sich stets als Bewunderer der von Aristide Briand unternommenen Anstrengungen für Frieden und europäische Integration geäußert hatte, 1942 an der Seite von Alexis Leger und Richard von Coudenhove-Kalergi (einem Aktivisten der paneuropäischen Einigungsbewegung) an einer öffentlichen Gedenkveranstaltung zu Ehren von Briand teil. Auch nach dem Krieg wurde Marlio nicht müde, für seinen »sozialen Liberalismus« und vor allem eine internationale Rechtsordnung zu streiten, und schrieb zu diesem Zweck ein dickes Buch über die Bedrohung durch Atomwaffen.[153] Auch wenn er nach seinem Tod schnell in Vergessenheit geriet, war er doch eine wichtige Figur in der etwas nebulösen Gruppe der französischen »Neoliberalen«: So hielt er nicht nur die offizielle Abschlussrede auf dem Lippmann-Kolloquium, sondern eröffnete auch mit einer weiteren Rede das Centre International d'Etudes pour la Rénovation du Libéralisme. Und schließlich war er es auch, der darauf bestand, das CIRL am Musée Social anzusiedeln, einer Institution von zentraler Bedeutung für reformorientiertes und »soziales« Denken in Frankreich.[154]

Ernest Mercier (1878–1955) war ein rechtsgerichteter Industrieller mit ausgeprägter Sympathie für technokratische Ansätze, der sich für die wirtschaftliche und gesellschaftliche Modernisierung Frankreichs einsetzte. Wenngleich Mercier die »marxistischen« Tendenzen der Volksfrontregierung stets bedauerte, plädierte er doch für ein Mehr an sozialem Bewusstsein und sozialer Verantwortlichkeit aufseiten der Arbeitgeber.[155] Im Jahr 1936 sprach er sich für ein Bündnis von Frankreich mit der Sowjetunion aus, um mit der Bedrohung durch Deutschland fertigzuwerden,[156] ein Vorschlag, der viele seiner Kollegen in den Unternehmensspitzen schockierte; sie warfen ihm dabei allzu große Nachsichtigkeit im Hinblick auf die sowjetische Wirtschaftspolitik vor.[157] In Wahrheit hatte Mercier natürlich nichts mit dem kommunistischen Wirtschaftsmodell am Hut: Er war ein französischer Technokrat, der ein gewisses Maß an Liberalismus akzeptierte und mitunter ebenso einen gewissen Grad an autoritärer Lenkung befürwortete. Es gibt keinen Hinweis darauf, dass sich an diesen Ansichten zum Zeitpunkt des Lippmann-Kolloquiums etwas Wesentliches geändert hatte. Wie Detoeuf und selbst Marlio war auch Mercier weit entfernt vom Liberalismus der Österreicher Hayek und Mises.

Ludwig von Mises (1881–1973) war ein Ökonom, der bekannt geworden ist für seine Beiträge zur Theorie der Konjunkturzyklen, zur Debatte über eine sozialistische Wirtschaftsrechnung in den 1920er-Jahren[158] sowie zur Methodologie der Österreichischen Schule der Nationalökonomie. In Lemberg im damaligen Österreich-Ungarn geboren, studierte Mises an der Universität Wien. Obgleich er von den Ideen der liberalen Nationalökonomen Eugen von Böhm-Bawerk – einem frühen Kritiker des Marxismus, dessen Student er war – und Carl Menger beeinflusst wurde, formulierte Mises seine eigene Theorie der Ökonomie und des methodologischen Individualismus, einschließlich einer utilitaristischen Dimension, in dem von ihm vertretenen Liberalismus. Mises' zwischen 1920 und 1934 in seinem Büro in der Wiener Handelskammer veranstaltetes »Privatseminar« (mit dem er eine von Böhm-Bawerk begründete Tradition wieder ins Leben rief) wurde zum Ort der geistigen Auseinandersetzung auf höchstem fachlichem Niveau, mit der die wissenschaftliche Erneuerung der Österreichischen Schule gelang. Mises hatte zudem 1926 ein Institut zur Erforschung der Konjunkturzyklen gegründet, dessen Leitung er dem jungen Hayek, der in der Folge seine Konjunkturtheorie weiterentwickelte, übertrug. Von den Teilnehmern am Lippmann-Kolloquium hatte neben Hayek auch Alfred Schütz Mises' Wiener Privatseminar besucht.[159]

Mises' wissenschaftliche Beschäftigung mit den Konjunkturzyklen ging einher mit seiner entschiedenen Kritik am Sozialismus sowie an staatlichen Eingriffen ins Wirtschaftsleben und am Nationalismus. In der Debatte über eine sozialistische Wirtschaftsrechnung in den 1920er-Jahren vertrat Mises die These, dass die Funktion der Marktpreise sich nicht wirksam durch ein Wirtschaftssystem ersetzen lasse, das den Markt-Preis-Mechanismus außer Kraft setzte.[160] Von Mises hielt die Marktpreise für unerlässlich und unersetzlich bei der Verteilung knapper Wirtschaftsressourcen. Und in seinen Augen gab es keinen »dritten Weg« zwischen dem auf Privateigentum fußenden Liberalismus und dem auf Kollektiveigentum basierenden Sozialismus. Mises hielt den »Interventionismus« einer Planwirtschaft jeglicher Form, auch wenn sie flexibel vorging, für eine gemäßigte Form von Sozialismus, der stets Gefahr lief, in Totalitarismus auszuarten, von seiner mangelnden wirtschaftlichen Leistungsfähigkeit abgesehen.

Mises schrieb zahlreiche Bücher zur Verteidigung des wirtschaftlichen Liberalismus, darunter *Die Gemeinwirtschaft* (1922), *Liberalismus* (1927) und *Human Action* (1949). In *Liberalismus* vertrat er die These, dass dem Faschismus das Verdienst zukomme, die bolschewistische Bedrohung Europas abgewendet zu haben, warnte aber, der Faschismus werde zwangsläufig »eine endlose Reihe von Kriegen hervorrufen […], die die ganze moderne Gesittung vernichten müssen«. Nicht der Faschismus, sondern allein der Liberalismus biete eine Lösung für das Problem des Sozialismus, argumentierte er. Unter den Teilnehmern des Lippmann-Kolloquiums war Ludwig von Mises derjenige, der sich am stärksten für die Verteidigung eines reinen Wirtschaftsliberalismus gegen alle staatlichen Interventionen einsetzte. Wie viele der anderen Teilnehmer war er äußerst beunruhigt über den Aufstieg des Nationalsozialismus und die Gefahr eines heraufziehenden Krieges. Bereits 1931 hatte er in Deutschland vor kommenden Katastrophen gewarnt. Adolf Hitlers Machtübernahme bewog ihn 1934 zur Annahme eines Rufes als Professor für internationale

Wirtschaftsbeziehungen am Hochschulinstitut für Internationale Studien in Genf. In dieser Phase arbeitete er an der ersten Version seines später als *Human Action* veröffentlichten Werkes *Nationalökonomie. Theorie des Handelns und Wirtschaftens*, die 1940 erschien. Vier Jahre später erschien bei der Yale University Press *Omnipotent Government: The Rise of the Total State and Total War*, eine Kritik des Etatismus und des Nationalsozialismus,[161] die zeigt, wie Mises in seiner theoretischen Arbeit auch auf tagespolitische Ereignisse reagierte.

Das Schicksal der Akademiker, die durch den Nationalsozialismus bedroht wurden – eine Gruppe, zu der Mises selbst gehörte –, machte ihm in den 1930er-Jahren große Sorgen. Wie William Beveridge sich erinnerte, hatte Mises ihm und Lionel Robbins bei einem Treffen in einem Wiener Kaffeehaus eine in einer Tageszeitung abgedruckte Liste von Professoren vorgelesen, die aus politischen Gründen oder aufgrund der NS-Rassegesetze aus ihren Ämtern an deutschen Universitäten entfernt worden waren.[162] Ihre gemeinsame Empörung darüber führte bald danach zum Aufbau des Academic Assistance Council in Großbritannien, einer Organisation zur Unterstützung von Akademikern, die zur Flucht vor der Verfolgung durch die Nationalsozialisten gezwungen waren. Wie Hayek war Mises besorgt über die Zukunft Österreichs angesichts der Bedrohung durch das nationalsozialistische Deutschland, und aufgrund seiner jüdischen Wurzeln bedeutete das für ihn auch eine persönliche Gefährdung. Im März 1938 gelang ihm, wenige Tage vor dem Einmarsch deutscher Truppen, die Flucht aus Österreich in die Schweiz. Nach dem erfolgten »Anschluss« fahndete die Gestapo nach ihm und beschlagnahmte bei einer Hausdurchsuchung seinen gesamten Besitz einschließlich seiner Manuskripte und Korrespondenz. Mehr als zwanzig Kisten mit

Dokumenten wurden konfisziert und verschwanden; erst 1991 wurden sie in Moskau wieder aufgefunden.[163]

Mit Unterstützung von Louis Rougier gelang es Ludwig von Mises 1940, gemeinsam mit seiner Frau unter einigen Schwierigkeiten über Frankreich, Spanien und Portugal in die Vereinigten Staaten auszureisen. Vor seiner Flucht ins Exil vermochte er noch, seine *Nationalökonomie* in Genf zur Veröffentlichung zu bringen, eine Zusammenfassung der Lehren der Österreichischen Schule, die weithin als sein *Opus magnum* angesehen wird. In den Vereinigten Staaten, wo seine wirtschaftliche und berufliche Lage, trotz der Unterstützung durch eine Reihe von Geschäftsleuten und Intellektuellen, stets prekär blieb, schrieb Mises zahlreiche Bücher und Aufsätze und leitete von Kriegsende bis 1969 an der Universität New York ein Seminar, das von vielen Anhängern des Libertarismus besucht wurde, darunter Murray Rothbard. In seinen detailliert geschilderten *Erinnerungen* (1978), die mit seiner Flucht aus Europa 1940 enden, erwähnt Mises das Lippmann-Kolloquium ebenso wenig wie Lippmann selbst oder Rougier, obgleich das Kolloquium nur zwei Jahre zuvor stattgefunden und Rougier ihm die erforderlichen Ausreisepapiere verschafft hatte.

André Piatier (1914–1991) war ein Statistiker und Ökonom, der in den 1930er-Jahren für die Internationale Kommission für geistige Zusammenarbeit beim Völkerbund arbeitete und nach dem Krieg am Institut National de la Statistique et des Etudes Economiques, der französischen Statistikbehörde. In einer Buchbesprechung, die Piatier kurze Zeit nach dem Lippmann-Kolloquium veröffentlichte, besprach er als Sammelrezension vier Bücher: Ludwig von Mises' *Gemeinwirtschaft*, *Les mystiques économiques* von Louis Rougier, Walter Lippmanns *The Good Society* und *La* *doctrine corporative* von Maurice Bouvier-Ajam. Die ersten drei dieser Bücher nannte Piatier darin die tragenden Säulen der »neoliberalen«, »neuen Schule« des ökonomischen Denkens.[164] Und er wies darauf hin, dass Lippmanns Vorschläge zu einer steuerlichen Korrektur von Einkommensunterschieden »nicht weit entfernt sind von den Ideen des Sozialisten [und Ökonomen Adolph] Wagner«. In seinen Schriften aus dem zeitlichen Umfeld des Lippmann-Kolloquiums zeigte sich Piatier durchaus nicht als orthodoxer Anhänger des »freien Marktes«, und zweifellos war er auch später keiner. Nach der Veröffentlichung einer Studie zu Währungskontrollen im Dritten Reich[165] publizierte er eine Studie über Steuerhinterziehung[166], ein bahnbrechendes Werk, in dem er sich mit dem wirtschaftlichen Ausmaß von Steuerbetrug und den Gegenmaßnahmen auseinandersetzte. Weit entfernt davon, ein Plädoyer für den klassischen Liberalismus zu sein, kam in dem Buch vielmehr ganz klar Piatiers Anliegen einer Umverteilung zum Ausdruck.[167] So entzieht sich der Liberalismus Piatiers einer einfachen Einordnung.

Michael Polanyi (1891–1976) war ein ungarischer Chemiker, Philosoph und Universalgelehrter. Er entstammte einer jüdischen Familie und studierte Medizin, Physik und vor allem Chemie, zunächst in Budapest und später in Berlin. Er war der jüngere Bruder des Wirtschaftshistorikers Karl Polanyi, mit dem er, trotz ihrer tief greifenden Meinungsverschiedenheiten über Sozialismus, Planwirtschaft und Liberalismus, zeitlebens in engem Gedankenaustausch blieb. Während Karl Polanyi sich bereits in den 1920er-Jahren gegen die Thesen liberaler Ökonomen wie Mises bezüglich der Unmöglichkeit sozialistischer Planwirtschaft ausgesprochen hatte, entwickelte sich Michael zu einem radikalen

Kritiker der Planwirtschaft, räumte jedoch in den 1930er- und 1940er-Jahren die Stichhaltigkeit einiger der von Roosevelt, aber insbesondere von Keynes vorgeschlagenen Eingriffe ein. Polanyi hatte zunächst eine klassische Laufbahn als Naturwissenschaftler eingeschlagen und Ende der 1920er als Professor für Chemie am Kaiser-Wilhelm-Institut in Berlin gelehrt, verließ aber 1933 Deutschland und folgte einem Ruf auf den Lehrstuhl für physikalische Chemie an der Viktoria-Universität in Manchester (die heutige Universität Manchester), den er bis 1948 innehatte. Anschließend wechselte er die Fachrichtung und übernahm nunmehr eine Professur für Sozialwissenschaften ohne Lehrverpflichtung. Seine späteren Jahre verbrachte er als Fellow am Merton College in Oxford, wobei seine Forschungsinteressen nun der Philosophie und der Epistemologie galten.[168] Politisch war er ein Anhänger der liberalen Demokratie und ein entschiedener Gegner des Sowjetkommunismus, nicht zuletzt auch dessen Politisierung der Naturwissenschaften (zum Beispiel den Lyssenkoismus).[169]

Ab 1910 veröffentlichte Polanyi eine Vielzahl von wissenschaftlichen Aufsätzen für Fachzeitschriften, und seine erste Buchveröffentlichung erfolgte 1935 mit *U.S.S.R. Economics*, gefolgt von *The Contempt of Freedom: The Russian Experiment and After* im Jahr 1940.[170] Polanyi hatte zwischen 1928 und 1932 Reisen in die Sowjetunion unternommen und stand den wirtschaftlichen Experimenten dort äußerst kritisch gegenüber, weil seiner Auffassung nach alle Erfolge, die dabei etwa erreicht würden, mit außerordentlich hohen Kosten für sämtliche Einrichtungen des zivilisierten Lebens verbunden seien.[171] Nach dem Krieg wurde Polanyi ein enger Freund von Raymond Aron, mit dem zusammen er dem Kongress für kulturelle Freiheit angehörte, eine in Paris ansässige antikommunistische Kulturorganisation. Außerdem war er gemeinsam mit Hayek in der Mont Pèlerin Society aktiv. Mit ihm trat Polanyi in engen Gedankenaustausch, insbesondere zu Fragen der Epistemologie, auch wenn sie in ihrer Einschätzung von Keynes nicht übereinstimmten.[172] Hingegen war sein Verhältnis zu Wilhelm Röpke – ebenfalls Teilnehmer des Lippmann-Kolloquiums – eher gespannt.[173] Eine ganze Reihe von Polanyis Schriften – wie etwa *Personal Knowledge* (1958) und *The Tacit Dimension* (1966) – beschäftigt sich mit der Erkenntnistheorie sowie mit grundlegenden Fragen aus Wissenschaft und Politik, wie zum Beispiel *The Logic of Liberty* (1951).[174]

Stefan Possony (1913–1995) war ein Ökonom und Analytiker der internationalen Sicherheitspolitik. In Wien geboren, studierte er Geschichte und Nationalökonomie an der dortigen Universität. Nach der Annexion Österreichs durch das Deutsche Reich im März 1938 floh er in die Tschechoslowakei. Nachdem die deutschen Truppen im Oktober 1938 auch Teile der Tschechoslowakei besetzten, floh er weiter nach Frankreich, wo er als Berater des französischen Außenministeriums und der Streitkräfte fungierte. Im selben Jahr veröffentlichte Possony *Tomorrow's War: Its Planning, Management and Cost*, ein Buch, von dem Louis Rougier Notiz nahm. Obgleich es sich um keine allgemeine Abhandlung der politischen Ökonomie handelte, erklärte Possony, dass darin »vor allem darauf hingewiesen wird, dass das Wirtschaftsleben noch nie von staatlicher Einmischung frei gewesen ist und es auch niemals sein wird« und dass »selbst der extremste ›Liberalismus‹ mit Eingriffen durch den Staat rechnet«.[175] In dem Werk, das schon kurz darauf bei Médicis in französischer Übersetzung herausgebracht wurde, plädierte Possony für eine enorme Steigerung der Verteidigungsausgaben zur Finanzierung der Produktion von Panzern und anderen Fahrzeugen, die gebraucht würden, um einen Krieg zu gewinnen. Als dieser Krieg dann tatsächlich eintrat, sollte er Possonys Leben, wie auch das anderer Teilnehmer des Lippmann-Kolloquiums, völlig auf den Kopf stellen.

Unmittelbar nach dem deutschen Einmarsch in Frankreich gelang es Possony mit knapper Not, über Spanien und Portugal in die Vereinigten Staaten zu fliehen. Im Zweiten Weltkrieg diente er als Nachrichtenoffizier in der U.S. Navy. Nach dem Krieg lehrte er an verschiedenen Universitäten und arbeitete gleichzeitig weiterhin als Berater in militärischen Angelegenheiten für diverse Politiker. Im Jahr 1961 nahm Possony einen Ruf an die Hoover Institution der Universität Stanford an, und Anfang der 1980er-Jahre fungierte er als Berater von Ronald Reagan bei dessen später als »Star Wars«-Programm bezeichneten Initiative zur strategischen Verteidigung.[176]

Wilhelm Röpke[177] **(1899–1966)** war ein deutscher Nationalökonom, der sich vor allem mit Problemen der Sozial- und Wirtschaftsphilosophie beschäftigte. In seiner Jugend setzte sich Röpke für einen humanitären und pazifistischen Sozialismus ein, brach aber schon bald mit seinen früheren Überzeugungen und bekannte sich zu klassisch liberalen und sogar konservativen Anschauungen. Das Erlebnis des Ersten Weltkriegs war das bestimmende Trauma seines Lebens und seiner wissenschaftlichen Tätigkeit: Im letzten Kriegsjahr als Rekrut des Prinz-Albrecht-Regiments in Hannover mobilisiert, geriet er mit seiner Abteilung bei Douai im Norden Frankreichs beim Überqueren eines von Leichen übersäten Feldes in feindliches Feuer. Auch Ernst Jünger gehörte zu diesem Regiment. Während Jünger dem Kriegserlebnis in seinem Buch *In Stahlgewittern* eine nationalistische Deutung abzugewinnen wusste, wandte sich Röpke vorübergehend einem sozialistisch gefärbten Pazifismus zu, um von dort zu einem Liberalismus überzugehen, den er zu erneuern suchte.

Röpke studierte Rechts- und Staatswissenschaft in Göttingen, Tübingen und Marburg. Als junger Wissenschaftler wurde er Mitglied der Deutschen Demokratischen Partei (DDP) und setzte sich für eine demokratische, liberale Republik und gegen nationalistische Tendenzen ein. Nach seiner Habilitation wurde er 1924 als jüngster deutscher Professor an die Universität Jena berufen. Röpke galt damals als einer der bedeutendsten politischen Ökonomen der jungen Generation und wurde verschiedentlich von den Regierungen der Weimarer Republik zurate gezogen, wie Deutschland aus seiner Wirtschaftskrise herauskommen könne.[178] Unverkennbar war Röpke früh von Ludwig von Mises' Kritik an Sozialismus und Planwirtschaft beeinflusst worden, ebenso wie später von der Freiburger Schule. Aber Röpke erarbeitete sich eine ganz eigene Position. So wurde er 1931 in die von Reichskanzler Heinrich Brüning berufene Regierungskommission aufgenommen, die Lösungsvorschläge für die Behebung der Massenarbeitslosigkeit erarbeiten sollte. Entgegen seinen marktwirtschaftlichen und wirtschaftsliberalen Überzeugungen kam Röpke jedoch zu dem Ergebnis, dass eine derart schwerwiegende Krise einen Eingriff des Staates erforderlich machte, um die Wirtschaft wieder anzukurbeln. Diese Empfehlungen sind mitunter als protokeynesianisch bezeichnet worden; jedenfalls bedeuteten sie einen Bruch mit der liberalen Orthodoxie jener Zeit. Und bis Mitte der 1930er-Jahre war Röpke denn auch positiv gegenüber Keynes eingestellt und schrieb Beiträge für das von diesem herausgegebene *The Economic Journal*. Ab 1936 allerdings sah er, trotz der unbestrittenen Verdienste der keynesianischen Theorie, darin auch eine potenzielle Gefahr, wie er Gottfried Haberler anvertraute.[179]

Röpkes Liberalismus war nicht »keynesianisch«, und mit der Zeit neigte er mehr und mehr dazu, Keynes' Thesen zu verwerfen, beginnend mit seiner Ablehnung der *General Theory*. Zum Zeitpunkt des Lippmann-Kolloquiums schätzte Röpke die Wirkung des Kenyesianismus auf den Westen als negativ ein, wobei diese Opposition auch mit seinen konservativen philosophischen Überzeugungen zu tun hatte. Aufgewachsen im protestantisch geprägten ländlichen Milieu, beschäftigte Röpke die Stellung des Menschen in einer atomisierten »Massengesellschaft« mehr und mehr.[180] Als ausgesprochener Kritiker des Nationalsozialismus lehnte er es ab, den Treueeid auf das neue Regime zu schwören, und ging 1933 ins Exil, zunächst in die Türkei.

Vier Jahre später folgte er dann einem Ruf an das Hochschulinstitut für Internationale Studien in Genf, wo er häufig mit Mises und Rappard zu tun hatte. Wie seine Freunde entsetzte ihn die damals über den liberalen Demokratien schwebende Gefahr ebenso wie die Politik des Appeasement gegenüber Hitler.[181] Während des Krieges beschäftigte er sich mit dem Niedergang des Liberalismus und dessen Ursachen und veröffentlichte dazu mehr politisch denn ökonomisch ausgerichtete Arbeiten, darunter *Die Gesellschaftskrisis der Gegenwart* (1942), *Civitas Humana: Grundfragen der Gesellschafts- und Wirtschaftsreform* (1944) und *Internationale Ordnung – heute* (1945).

Nach dem Zweiten Weltkrieg entschied sich Röpke, nicht nach Deutschland zurückzukehren, und äußerte sich bewundernd über das föderale Staatswesen und die bürgerliche und religiöse Kultur der Schweizer. Während des Krieges war er eingeladen worden, in den Vereinigten Staaten eine Lehrtätigkeit aufzunehmen, aber das Missfallen, das ihm sein Aufenthalt in den Vereinigten Staaten 1926/27 als Stipendiat der Rockefeller Foundation bereitet hatte, bewog ihn, das Angebot abzulehnen.[182] So blieb er in der Schweiz und fungierte von dort aus als Berater des bundesdeutschen Wirtschaftsministers und späteren Bundeskanzlers Ludwig Erhard.[183] In den 1950er-Jahren wurden seine Stellungnahmen wirtschaftlich immer liberaler und insgesamt noch konservativer als zuvor, wobei er stets – wie etwa in *Jenseits von Angebot und Nachfrage* (1958) – die moralischen und wirtschaftlichen Voraussetzungen der freien Marktkonkurrenz betonte.

Röpke gilt als Schlüsselfigur der »ordoliberalen« Denkschule, auch wenn sein »soziologischer Liberalismus« ihn von der geistigen Orientierung orthodoxerer Vertreter des Ordoliberalismus wie etwa Walter Eucken unterscheidet; auf den Aufbau einer sozialen Marktwirtschaft in der Bundesrepublik Deutschland hatte er entscheidenden Einfluss.[184] Als Gründungsmitglied der Mont Pèlerin Society wurde er gemeinsam mit Hayek sowie den Schweizern Albert Hunold und William Rappard zu einer ihrer tragenden Säulen, trat aber nach einem Streit mit Hayek und anderen über die Orientierung der Gesellschaft 1961 aus.[185] Röpkes in den 1960er-Jahren geäußerte Ansichten zu sensiblen Fragen im Zusammenhang mit der Rassendiskriminierung – zum Beispiel seine Verteidigung der Apartheid-Politik der südafrikanischen Regierung – bleiben höchst umstritten. Über die Jahre pflegte er intensive Beziehungen zu neoliberalen und konservativen Kreisen. Dazu zählten auch Russell Kirk und William Buckley, der einflussreiche Begründer der *National Review*, beide wichtige Persönlichkeiten der konservativen Bewegung in den Vereinigten Staaten der Nachkriegszeit.

Louis Rougier (1889–1982) war ein Philosoph, der an verschiedenen Universitäten Frankreichs lehrte und zahlreiche Bücher zu Philosophie, Geschichte und Erkenntnistheorie schrieb. In der Geschichte der französischen Philosophie ist er vor allem als »Botschafter« des Wiener Kreises des Logischen Empirismus bekannt und machte sich einen Namen als Pionier auf diesem Gebiet, als er 1935 in Paris einen Kongress veranstaltete, der als bedeutende Zusammenkunft in die Annalen der Disziplin einging. Rougier war auch an ökonomischen Fragen sehr interessiert.[186] Obgleich Rougier in seinen politischen Überzeugungen sehr konservativ und elitär war und in seinen frühen Schriften Kritik an der Demokratie übte, hielt er sich von faschistischen und korporatistischen Tendenzen fern. Vielmehr pflegte er eine Freundschaft mit dem liberalen Antifaschisten Guglielmo Ferrero, dem er auch dabei half, aus Italien zu fliehen.[187] In den frühen 1930er-Jahren steigerte sich Rougiers Interesse für die Sowjetunion und er unternahm 1932 eine Reise in die UdSSR. Über seine Erfahrungen dort legte er – zu einer Zeit, als das sowjetische Experiment einer Planwirtschaft von Linken weltweit und auch in Frankreich mit Sympathie verfolgt wurde – einen äußerst kritischen Bericht vor und wiederholte diese Kritik bei vielen Gelegenheiten, sein Antikommunismus war dabei unverkennbar. Er war überzeugt, dass eine zentral gesteuerte Planwirtschaft langfristig die Leistungsfähigkeit einer liberalen Marktwirtschaft nicht erreichen könne, hielt die Sowjetunion außerdem für ein politisches System, das die Freiheit zerstörte.[188] Insbesondere in seinem Buch *Les mystiques économiques: comment l'on passe des démocraties libérales aux états totalitaires* (Ökonomische Mystik oder Wie aus liberalen Demokratien totalitäre Staaten werden), das auf eine Vortragsreihe am Genfer Hochschulinstitut zurückging und unmittelbar vor dem

Lippmann-Kolloquium 1938 veröffentlicht wurde, setzte er sich für einen »konstruktiven Liberalismus« ein, den er dem »liberalen Sozialismus« und ebenso dem traditionellen Liberalismus des Laissez-faire gegenüberstellte.[189] Das System, das ihm vorschwebte, beschrieb Rougier so: »Weder Kommunismus noch Faschismus, [sondern] eine Rückkehr zum konstruktiven Liberalismus, was eine, im Rahmen ihrer Machtbefugnisse, starke Regierung zur Voraussetzung hat, die imstande ist, den vereinigten Interessen und den Forderungen der Massen im Innern zu widerstehen und den Diktaturen im Ausland die Stirn zu bieten«.[190] Ein gewisses Maß an staatlicher Intervention werde dabei erforderlich sein, argumentierte Rougier, um den Liberalismus zu retten. Als Walter Lippmann 1938 Paris auf der Durchreise besuchte, schlug Rougier vor, aus Anlass der Veröffentlichung der französischen Ausgabe von *The Good Society* bei Médicis ein Abendessen ihm zu Ehren zu veranstalten. Lippmann und Rougier waren einander vor dem Kolloquium noch nicht begegnet, und Lippmann scheint Rougier gegenüber zunächst misstrauisch gewesen zu sein. Während des Krieges wurde Rougier von Philippe Pétain mit einem »Geheimauftrag« nach London entsandt, dessen Umstände bis heute ungeklärt sind. Durch diese Episode machte Rougier sich, was seine akademische Stellung, aber auch seinen geistigen Einfluss betraf, ausgesprochen angreifbar. Seine Mitarbeit in Pétain nahestehenden Kreisen sowohl während des Krieges als auch danach kompromittierte darüber hinaus sein geistiges Erbe und, ganz praktisch, die Möglichkeit, sich an liberalen Organisationen wie der Mont Pèlerin Society aktiv zu beteiligen, in die man ihn erst ein Jahrzehnt nach der Gründung aufnahm. Nach dem Krieg zeigte sich Rougier als entschiedener Gegner von General de Gaulle und lehnte dessen Gründung der Fünften Republik ebenso ab wie die

Politik der Dekolonialisierung in Algerien. In den 1960er-Jahren näherte sich Rougier rechtsextremen Kreisen immer stärker an und wurde zu einem engen Vertrauten von Alain de Benoist, dem Vordenker der »Neuen Rechten«, die Rougiers Werk für sich reklamierte. Diese Entwicklung seines Denkens hinderte Rougier jedoch nicht daran, gute Beziehungen zu französischen Liberalen zu pflegen, die er schätzte und mit denen er befreundet war, etwa mit Jacques Rueff und Maurice Allais.

Jacques Rueff (1896–1978) war ein prominenter Ökonom und Regierungsbeamter. Im Ersten Weltkrieg diente Rueff vier Jahre lang an der Westfront und stieg dabei vom einfachen Kanonier zum Leutnant auf.[191] Nach dem Krieg studierte er bei dem liberalen Ökonomen Clément Colson und schlug danach eine Beamtenlaufbahn ein, in der er vom Generalinspekteur im Finanzministerium (1923) und einem Sitz im Wirtschafts- und Finanzausschuss des Völkerbundes zum Finanzattaché an der französischen Botschaft in London und Schatzmeister im Finanzministerium bis zum Vizegouverneur der Bank von Frankreich (1939/49) aufstieg. In den 1920er-Jahren trat Rueff in wirtschaftlichen wie sozialen Fragen für liberale Ideen ein und kritisierte unter ökonomischen Aspekten das System (und das Prinzip) der Arbeitslosenversicherung.[192] Er verfügte über einigen Einfluss in politischen Kreisen, während der 1920er-Jahre vor allem solchen rechts von der Mitte. In den Jahren 1926/27 war er Berater im Regierungskabinett von Raymond Poincaré und ebenfalls für Pierre-Etienne Flandin – der als einer der Ersten den von Rueff nicht sehr geschätzten Begriff »Neoliberalismus« verwendete – und für Pierre Laval beratend tätig. Gleichzeitig unterstützte Rueff aber auch den früheren Sozialisten Aristide Briand, der von 1929 an die Grundlagen für eine europäische Wirtschaftsunion schuf, die in gewisser Hinsicht den späteren gemeinsamen europäischen Markt vorwegnahm.

Als während der Weltwirtschaftskrise viele seiner Freunde Zweifel am Liberalismus äußerten, bekräftigte Rueff ausdrücklich sein Vertrauen in ihn.[193] Für Rueff machte die Krise des Kapitalismus nicht automatisch eine tief greifende Revision des Systems erforderlich, auch wenn er selbst sich für eine, allerdings nach seinen Vorstellungen ganz anders geartete, Erneuerung des Liberalismus einsetzte.[194]

Nach dem Krieg übte Rueff verschiedene Ämter aus, darunter das eines Richters am Gerichtshof der Europäischen Gemeinschaft für Kohle und Stahl (Montanunion). Die Verträge von Rom, mit denen 1957 ein gemeinsamer europäischer Markt geschaffen wurde, begrüßte er als Schaffung eines »institutionalisierten Marktes«, mit dem »neoliberale« Ideen, wie er sie verstand, realisiert wurden.[195] Märkte, so Rueff dazu, seien stets absichtlich geschaffene Einrichtungen, die nicht unvermittelt entstünden und auch nicht entstehen konnten. Viele Jahre lang unterrichtete Rueff außerdem leitende Staatsbeamte in den Grundlagen der Ökonomie. Als enger Berater von Charles de Gaulle war Rueff nach dessen Rückkehr an die Macht 1958 der Architekt des Reformpakets, mit dem die französische Wirtschaft und die Finanzen wieder in Ordnung gebracht werden sollten.

Auf dem Gebiet der Geldtheorie trat Rueff durchgehend sowohl für den klassischen (vor 1914 geltenden) Goldstandard – in seinen Augen eine ausgesprochen wichtige Einrichtung, eine Idee, die nicht von allen Neoliberalen geteilt wurde – als auch für ein freies Funktionieren des Markt-Preis-Mechanismus ein.[196] In seinem Hauptwerk *L'ordre social* betonte Rueff, dass die Sozialordnung, die Märkte und die Währungsordnung *keine* spontan entstehenden oder natürlichen Erscheinungen seien. Vielmehr müssten diese Formen künstlicher Ordnung durch absichtsvolle Einrichtung erst eigens geschaffen werden.[197] Ab den 1930er-Jahren machte sich Rueff jahrzehntelang bei vielen Gelegenheiten für den von ihm so genannten linken Liberalismus stark: Demnach konnte der Staat finanzielle Unterstützung für die Armen leisten, Infrastrukturprojekte in Angriff nehmen und für eine Umverteilung der Einkommen sorgen, solange solche Ausgaben nicht durch Haushaltsdefizite oder unzulässige Methoden der Geldmengensteuerung wie etwa eine Inflationspolitik finanziert wurden. Für Rueff waren die *Methoden*, derer der Staat sich für seine Eingriffe in die Wirtschaft bediente, weitaus wichtiger für die Stabilität der Wirtschafts- und Sozialordnung als das *Ausmaß* dieser staatlichen Interventionen. Liberalismus war für Rueff, der einen grundsätzlichen Verzicht auf staatliche Eingriffe ablehnte, »nicht ein Grad des Regierens, sondern eine Methode des Regierens«[198]. Den Begriff »libéralisme de gauche« (linker Liberalismus) verstand er – der zweifellos kein Mann der Linken war, sondern hauptsächlich mit Politikern der gemäßigten Rechten, europäischen Föderalisten und Gaullisten Umgang pflegte – als Auftrag, die Gewerkschaften und die Welt der Arbeiter vom Wert neoliberaler Ideen zu überzeugen.

Obwohl Rueff nicht am Eröffnungstreffen der Mont Pèlerin Society teilnahm, war er von Anfang an ein Mitglied dieser Gruppe und unterhielt als solches Briefwechsel sowohl mit Hayek als auch – und vor allem – mit Röpke, mit dem er eng befreundet war und einen regen Gedankenaustausch pflegte,[199] auch wenn die beiden sich über die europäische Integration nicht einig waren.[200]

Alexander Rüstow201 (1885–1963) war ein deutscher Ökonom und Soziologe. In seiner Jugend sozialistischen und vorübergehend sogar kommunistischen Idealen anhängend (und zwar erheblich stärker als sein Freund Röpke), entwickelten sich seine Anschauungen allmählich in Richtung eines Liberalismus, den er selbst als »Neoliberalismus« oder als »liberalen Interventionismus« bezeichnete. Rüstow entstammte einer preußischen Offiziersfamilie und studierte in Göttingen, München und Berlin Altphilologie, Philosophie, Mathematik und Nationalökonomie. Im Ersten Weltkrieg diente er vier Jahre lang als Leutnant der Reserve beim Artilleriekorps und arbeitete danach in der Weimarer Republik zunächst als Ministerialbeamter im Wirtschaftsministerium, wo er als Referent zuständig war für die Pläne zu einer Verstaatlichung der Kohleindustrie im Ruhrgebiet.[202] Sein Studium hatte ihn mit sozialistischem Gedankengut, insbesondere des »religiösen Sozialismus« von Paul Tillich, wie auch mit pazifistischen und feministischen Ideen in Berührung gebracht, und er wurde schon früh durch die Schriften des Soziologen und Ökonomen Franz Oppenheimer geprägt, dessen Theorie eines »liberalen Sozialismus« auf Röpkes Suche nach einem »dritten Weg« großen Einfluss ausübte, ebenso wie auf den jungen Ludwig Erhard, der bei Oppenheimer promovierte und Röpke dabei kennenlernte. In Oppenheimers Seminar kam Rüstow auch in Kontakt mit Adolf Löwe (wie Rüstow ein Soziologe und Ökonom), Eduard Heimann und Gerhard Colm, die zu seinen engsten Freunden wurden[203] und von denen einige dem an Tillichs religiösem Sozialismus orientierten Berliner »Kairos-Kreis« angehörten.[204] Nach dem Krieg löste sich Rüstow jedoch zunehmend von diesen Verbindungen und bekannte sich angesichts der wirtschaftlichen und politischen Lage in Deutschland, vor allem der Zerrissenheit der Sozialdemokratie und des Einflusses der industriellen Lobbygruppen auf die staatliche Politik, ab 1924 mehr und mehr zum Liberalismus und engagierte sich unter anderem im Bund für freie Wirtschaftspolitik. Wie Röpke war auch Rüstow mit Ludwig von Mises' Werk vertraut und seit seiner Tätigkeit im Wirtschaftsministerium auch persönlich mit diesem bekannt. Aber obgleich er die Kritik des liberalen Österreichers an sozialistischen und dirigistischen Wirtschaftssystemen teilte, hing Rüstow eher dem ordoliberalen Denken der Freiburger Schule an und teilte ganz entschieden deren vehemente Ablehnung einer kartellmäßigen Organisation der Wirtschaft.[205] Diese Ablehnung wurde zum Ausgangspunkt für Rüstows Suche nach einer neuen Form von Liberalismus. So kam es bei einer Sitzung des Vereins für Sozialpolitik im Jahr 1932 zu einem Schlagabtausch Rüstows mit dem großen alten Mann der Nationalökonomie, Werner Sombart, in dessen Verlauf Rüstow die Marktwirtschaft – wenn auch nicht die alte Marktwirtschaft des Laissez-faire – gegen Sombarts Kritik verteidigte.[206] Als entschiedener Gegner des Nationalsozialismus emigrierte Rüstow 1933 in die Türkei und vertiefte im türkischen Exil seine Freundschaft mit Röpke, den er seit den 1920er-Jahren kannte. In der Zeit des Exils entstand auch Rüstows Hauptwerk *Ortsbestimmung der Gegenwart*, eine universalhistorische Kulturkritik, die Fragen der Wirtschaftstheorie in einem größeren Zusammenhang mit solchen der Rechts- und Sozialwissenschaft, aber auch der Ethik und der Religion behandelte. Darin sprach er sich für wirtschaftlichen Liberalismus und Marktpreise aus, forderte aber zugleich einen starken und tätigen Staat, um eine funktionierende Marktordnung zu gewährleisten, zum Beispiel durch eine wirksame Kontrolle der Marktteilnehmer, um die Entstehung von Monopolen und vergleichbare Gefahren für das Funktionieren des Marktes abzuwehren. Um eine wirkliche Chancengleichheit aller Staatsbürger zu erreichen, sprach sich Rüstow – ganz im Gegensatz zu Röpke und anderen ordoliberalen deutschen Wirtschaftstheoretikern – auch für eine Erbschaftssteuer mit hoher Progression aus, um nicht wirtschaftliche Vorteile von einer Generation auf die nächste zu vererben.[207] Noch vor Ende des Krieges publizierte Rüstow 1945 das Buch *Das Versagen des Wirtschaftsliberalismus als religionsgeschichtliches Problem*, in dem er – ganz im Geiste Rougiers – seine Kritik am alten Laissez-faire-Liberalismus erneuerte und für einen »liberalen Interventionismus« eintrat, der in seinen Augen dem wahren »Neoliberalismus« entspricht – ein Begriff, den er, anders als Röpke, im positiven Sinne verwendete, um damit seine Anschauungen zu beschreiben.[208]

Rüstow gilt als wichtiger Vertreter der »ordoliberalen« Denkschule, die nach dem Krieg die Wirtschaftspolitik in der Bundesrepublik Deutschland maßgeblich bestimmte.[209] Doch gehörte er wie sein Freund Röpke nicht persönlich zur Freiburger Schule, und der von ihm propagierte »soziologische Liberalismus« war längst nicht so stark an staats- und verfassungsrechtlichen Maßstäben orientiert wie der Ordoliberalismus.[210] Nach seiner Rückkehr aus der Türkei – wo er im Rahmen der Notgemeinschaft der Deutschen Wissenschaft vielen jüdischen und politisch verfolgten Akademikern dabei geholfen hatte, vor den Nationalsozialisten zu fliehen – wurde er ab 1950 in Westdeutschland zum wichtigsten Befürworter der »sozialen Marktwirtschaft« und saß, als emeritierter Professor der Universität Heidelberg, der Aktionsgemeinschaft Soziale Marktwirtschaft vor, die die Bundesregierungen unter Adenauer und Erhard beriet. Wie Röpke war er für einige Jahre Mitglied der Mont Pèlerin Society und trat dort, ohne viel Erfolg, für seine Standpunkte ein, ehe er die Gesellschaft Anfang der 1960er-Jahre wieder verließ.

Alfred Schütz (1899–1959) war ein österreichischer Soziologe, dessen Arbeitsfelder die Rechts- und Sozialwissenschaften waren. In den 1920er-Jahren studierte Schütz in Wien Philosophie, Soziologie und Jura und wurde mit Ludwig von Mises bekannt. In den 1930er-Jahren war Schütz Bankier, wurde aber nach dem »Anschluss« Österreichs aufgrund seiner jüdischen Abstammung gezwungen, seinen Posten aufzugeben, und emigrierte 1939 in die Vereinigten Staaten, wo er zunächst als Berater für das Office of Economic Warfare tätig war und ab 1943 Soziologie und Sozialpsychologie an der New School for Social Research unterrichtete.[211] Seine wissenschaftlichen Beiträge zum Pragmatismus und zur Phänomenologie hatten großen Einfluss auf die Sozialwissenschaft, insbesondere in den Vereinigten Staaten; der bis heute gültige Ansatz der Ethnomethodologie wurde von ihm grundlegend vorbereitet. Es ist nicht zutreffend, Schütz als »neoliberalen« oder gar »liberalen« Denker zu bezeichnen, aber seine methodologischen und politischen Beiträge zu den gesellschaftswissenschaftlichen Debatten im zerrissenen Europa der 1930er-Jahre, insbesondere sein einschlägiges Werk *Der sinnhafte Aufbau der sozialen Welt* von 1932, machen seine Teilnahme am Lippmann-Kolloquium nachvollziehbar.

Marcel van Zeeland (1898–1972), ein Belgier, studierte in Mons und an der Katholischen Universität von Leuven sowie an der Universität Princeton in den Vereinigten Staaten, ehe er als leitender Beamter in die Bank für Internationalen Zahlungsausgleich eintrat. Nicht zu verwechseln mit seinem Bruder Paul, dem belgischen Staatsmann und, von 1935 bis 1937, Premierminister von Belgien, wurde Marcel van Zeeland 1954 für seine Verdienste in den Adelsstand erhoben. Zum Lippmann-Kolloquium wurde er eingeladen, um dort seine in *Révision des valeurs* dargelegten Thesen zu vertreten – ein von Rougier sehr geschätztes Werk.[212] Obgleich das Buch anonym veröffentlicht worden war, galt es allgemein als Zusammenfassung der politischen und ökonomischen Ideen, die Paul van Zeeland unter dem Eindruck der Wirtschaftskrise der 1930er-Jahre und des Aufstiegs der rechtsextremen »Rexisten«-Bewegung in Belgien als Vorschläge für eine neue Art von Wirtschaftspolitik ins Gespräch gebracht und damit auch Rougiers Interesse geweckt hatte. Erstmals in diesem Kontext tauchte der Begriff »Neoliberalismus« auf, noch ehe er in Frankreich verwendet wurde. Nach Auffassung van Zeelands musste sich der Liberalismus erneuern, indem er interventionistische, soziale und ethische Überlegungen aufgriff und sich zu eigen machte. In diesem Sinn stand van Zeelands Denken prototypisch für das allgemeine Vorhaben einer »Revision« des Liberalismus, wie Rougier sie forderte, weshalb es nur folgerichtig war, van Zeeland einzuladen.

Weitere Eingeladene

Zu den Personen, die ebenfalls zum Lippmann-Kolloquium eingeladen wurden, an einer Teilnahme aber verhindert waren oder die Einladung ausschlugen, gehörten der italienische Ökonom Luigi Einaudi, der niederländische Historiker Johan Huizinga, der Amerikaner Tracy Kittredge für die Rockefeller Foundation, der frühere italienische Premierminister Francesco Saverio Nitti, der spanische Philosoph José Ortega y Gasset, der Schweizer Diplomat und Gelehrte William Rappard, der italienische Ökonom Umberto Ricci, der französische Ökonom Charles Rist, der britische Ökonom Lionel Robbins und der französische Ökonom Henri Truchy.[213]

TEIL II

ÜBERSETZUNG DES WALTER-LIPPMANN-KOLLOQUIUMS

KAPITEL 3

Vorwort und Vorträge zur Eröffnung des Walter-Lippmann-Kolloquiums

Vorwort von Louis Rougier

Die Idee zum Walter-Lippmann-Kolloquium wurde durch die Bedeutung und den Erfolg ausgelöst, den das Werk *The Good Society* dieses berühmten amerikanischen Publizisten gehabt hat, das in französischer Übersetzung unter dem Titel *La cité libre* von der Librairie de Médicis herausgebracht worden ist. Die wesentlichen Thesen dieses Buches entsprachen – und bekräftigten auf überraschende Weise – Ideen, wie sie ungefähr zur gleichen Zeit und ganz unkoordiniert in anderen Werken formuliert wurden, von Autoren, die im Allgemeinen einander nie begegnet waren, sich mit ganz verschiedenen Themen beschäftigten und sehr unterschiedlichen geistigen Milieus angehörten.[214] Diese nicht vorbereitete Übereinstimmung, dieser nicht aufeinander abgestimmte Gleichklang steckte den Rahmen ab für eine Doktrin, die von manchen als »konstruktiver Liberalismus«, von anderen als »Neokapitalismus« bezeichnet wurde und für die inzwischen der Begriff »Neoliberalismus« sich durchgesetzt zu haben scheint.

Der Autor eines der erwähnten Bücher, welcher zugleich der Verfasser dieser Zeilen ist, ergriff daraufhin die Initiative, diese so unterschiedlichen Autoren, ihre Kollegen und Freunde an einem Tisch zusammenzubringen zu dem Zweck, im Rahmen einer Diskussion die vernichtende Kritik, die am Kapitalismus geübt worden war, zu erörtern und den Versuch zu machen, die Doktrin, die Bedingungen für die Schaffung und die neuartigen Aufgaben eines wahren Liberalismus zu definieren. Das war der Ursprung des Walter-Lippmann-Kolloquiums, das vom 26. bis zum 30. August 1938 am Institut International de Coopération Intellectuelle (ICI; Internationales Institut für geistige Zusammenarbeit) in Paris abgehalten wurde.

Dieses Kolloquium führte zur Gründung des Centre International d'Etudes pour la Rénovation du Libéralisme (Internationales Zentrum für die Erneuerung des Liberalismus), dessen Hauptsitz sich im Musée Social in Paris befindet.

Ursprünglich war nicht vorgesehen, einen Tagungsbericht des Kolloquiums, das praktisch ohne Vorbereitung in wenigen Tagen zustande gekommen war, zu veröffentlichen. Das ist der Grund, weshalb nur die in französischer und deutscher Sprache gehaltenen Redebeiträge annähernd vollständig stenografisch festgehalten wurden, nicht aber die Beiträge auf Englisch.[215] Trotz dieses Mangels erwiesen sich die Debatten bei anschließender Lektüre als so interessant und aufschlussreich, dass sie es verdienen, der Öffentlichkeit auch in dieser gekürzten Form mitgeteilt zu werden.

Was diese Seiten aber dennoch nicht ganz vermitteln können, ist das geistige Ethos dieses Kolloquiums, seine hohe Qualität, die in völliger intellektueller Aufrichtigkeit, tiefer Menschlichkeit und mitunter auch großer Leidenschaftlichkeit bestand. Jedem der Teilnehmer war bewusst, dass man an der Schwelle zu dramatischen Ereignissen stand, die über den Frieden in Europa und das Schicksal seiner Völker entscheiden würden; jeden der Teilnehmer drängte es, im Bewusstsein dieser Verantwortung seinen Beitrag für das erforderliche gemeinsame Werk der Gesundung zu leisten. Dies war, ohne unangemessen feierlich klingen zu wollen, wahrhaftig ein Zusammentreffen von Männern guten Glaubens, guten und freien Männern, die davon überzeugt waren, dass letztlich die einzige Chance für die westliche Zivilisation in der Rückkehr zu einem richtig verstandenen Liberalismus bestand, der allein fähig wäre, eine Verbesserung des Lebensstandards der Massen zu gewährleisten und den Frieden zwischen den Völkern, die Gedankenfreiheit und die Würde des menschlichen Geistes zu erhalten.

Tagungsprogramm des Lippmann-Kolloquiums[216]

Freitag, 26. August:

11.00 Uhr – Informelles Treffen der Teilnehmer im ICI
15.30 Uhr – Eröffnung der Tagung: Die Gründe für den Niedergang und die Rückkehr zum Liberalismus
Ansprache von Louis Rougier
Ansprache von Walter Lippmann
Verabschiedung der Tagesordnung

Samstag, 27. August:

I. Hat der Niedergang des Liberalismus endogene Ursachen?
9.30 Uhr – a. Als Ergebnis der Tendenz zur Konzentration der Unternehmen, der Konzentration des Kapitals und dem Zustandekommen von Absprachen *(ententes)*[217] zwischen den

Produzenten; weil der Kapitalismus großer Produktionseinheiten an die Stelle des Kapitalismus kleinster Produktionseinheiten tritt.
15.30 Uhr – b. Als Ergebnis der Tendenz zu wirtschaftlichem Nationalismus (Begrenzung von imperialistischer Expansion, demografischer Expansion, Autarkiebestrebungen). Ein Teil der Diskussion wird sich auf das wirtschaftliche Problem der nationalen Sicherheit (die Ideen von Possony) konzentrieren.

Sonntag, 28. August:

II. Ist der Liberalismus fähig, seine sozialen Aufgaben zu erfüllen?
9.30 Uhr – a. Sicherheit. Führt der Liberalismus zu Strukturkrisen oder mindestens zu Krisen von unerträglichem Ausmaß, in der Erwartung einer Liquidierung [solcher Krisen] durch das bloße Spiel der ökonomischen Faktoren (als Ergebnis der Zunahme von Vermögenswerten, einer immer weiter verbreiteten Spekulation und so weiter)?
15.30 Uhr – b. Das Existenzminimum für alle, angesichts der Schwierigkeiten bei der Arbeitsmigration. Chronische Arbeitslosigkeit, technologiebedingte Arbeitslosigkeit.

Montag, 29. August:

III. Falls der Niedergang des Liberalismus nicht unaufhaltbar ist, was sind dann seine wahren Ursachen? (Exogene Ursachen?)
9.30 Uhr – a. Psychologische und soziologische Ursachen
15.30 Uhr – b. Politische und ideologische Ursachen

Dienstag, 30. August:

IV. Falls der Niedergang des Liberalismus nicht unaufhaltbar ist, welche Gegenmittel lassen sich dann aus der Analyse seiner Ursachen ableiten?
9.30 Uhr – Die Agenda des Liberalismus

V. Schlussfolgerungen: Künftiges Handeln
15.30 Uhr – Gründung eines *Internationalen Zentrums für die Erneuerung des Liberalismus*
Theoretische und praktische Probleme. Abschluss des Walter-Lippmann-Kolloquiums

Liste der Teilnehmer am Walter-Lippmann-Kolloquium[218]

Raymond Aron (Frankreich)
Roger Auboin (Frankreich)
Louis Baudin (Frankreich)
Marcel Bourgeois (Frankreich)
José Castillejo (Spanien)
John Bell Condliffe (Großbritannien)
Auguste Detoeuf (Frankreich)
Friedrich August von Hayek (Großbritannien)
Michael Heilperin (Polen)
Bruce Hopper (Vereinigte Staaten von Amerika)
Bernard Lavergne (Frankreich)
Walter Lippmann (Vereinigte Staaten von Amerika)
Etienne Mantoux (Frankreich)
Robert Marjolin (Frankreich)

Louis Marlio (Frankreich)
Ernest Mercier (Frankreich)
Ludwig von Mises (Österreichische Schule)
André Piatier (Frankreich)
Michael Polanyi (Großbritannien)
Stefan Possony (Österreich)
Wilhelm Röpke (Österreichische Schule)
Louis Rougier (Frankreich)
Jacques Rueff (Frankreich)
Alexander Rüstow (Türkei)
Alfred Schütz (Österreich)
Marcel van Zeeland (Belgien)

Das Walter-Lippmann-Kolloquium

Eröffnung der Tagung

Nachmittagssitzung am Freitag, 26. August

Ansprache von Professor Louis Rougier

Die Idee zu dem Kolloquium, das uns heute zusammenkommen lässt, entstand unter Freunden von Walter Lippmann aus einem gemeinsamen Gefühl der überragenden, ja der entscheidenden Bedeutung seines Buches *The Good Society*, das in französischer Übersetzung unter dem Titel *La cité libre* von Librairie de Médicis herausgebracht worden war. Dieses Buch ist nicht nur ein schönes, klares und mutiges Buch: Es ist auch ein meisterhaftes Buch, ein Schlüsselwerk, weil es die besten Erklärungen für die Krankheiten unserer Zeit enthält. Diese Krankheiten sind vor allem geistiger Art; sie entstammen einer zweifachen Verwirrung, die sich Schritt für

Schritt im Geist der Massen und der Intellektuellen breitgemacht hat. Sie besteht zum einen in der behaupteten Gegensätzlichkeit von Sozialismus und Faschismus, wobei der Sozialismus als letzte Absicherung der von Gefahr bedrohten Demokratien, der Faschismus hingegen als letzte Bastion des belagerten Kapitalismus angesehen wird. Die zweite Verwechslung besteht in der Gleichsetzung des Liberalismus mit der Manchester-Doktrin des Laissez-faire, Laissez-passer. Auf Grundlage einer derartigen Gleichsetzung fällt es nicht schwer, zu beweisen, dass der demokratische Staat nicht gleichgültig beiseitestehen kann angesichts der Nöte und Leiden, die von einer Wirtschaftskrise enormer Größe verursacht wurden, und ebenso wenig den Forderungen der Massen nach einem Minimum an Existenzsicherung sich widersetzen kann, sodass der Liberalismus nicht mehr zu sein scheint als eine von der Geschichte überwundene Kategorie. Aber sollte es um den Liberalismus geschehen sein, dann bleibt keine andere Wahl als die eben bereits erwähnte: nämlich die zwischen Sozialismus und Faschismus.

Das Buch von Walter Lippmann beweist auf überzeugende Weise, dass Sozialismus und Faschismus zwei Sorten derselben Spezies sind. Beide gehen sie von der verbreiteten Überzeugung aus, dass es möglich ist, eine gerechtere, sittlichere und wohlhabendere Gesellschaft zu schaffen, wenn die altruistische Befriedigung der kollektiven Bedürfnisse der Massen an die Stelle des eigennützigen Strebens nach individuellem Gewinn tritt und wenn die auf Privateigentum und dem Markt-Preis-Mechanismus basierende Marktwirtschaft ersetzt wird durch eine Planwirtschaft, die auf der partiellen oder vollständigen staatlichen Kontrolle der Produktionsmittel und den bürokratischen Entscheidungen eines zentralen Gremiums beruht. Aber weit entfernt davon, sittlicher und vernünftiger zu sein, kann eine solche Volkswirtschaft nur eine blinde, willkürliche und tyrannische Wirtschaft sein, die zu einer riesigen Verschwendung wirtschaftlicher Güter und einer Verschlechterung des Lebensstandards der Massen führt, weil ihr jede Möglichkeit einer bewussten Wirtschaftsrechnung verwehrt wäre. Die Wirtschaftsrechnung basiert auf der ökonomischen Bestimmung von Marktpreisen entsprechend dem Gesetz von Angebot und Nachfrage, das ein Privateigentum an den Produktionsmitteln voraussetzt, und nicht auf der politischen Festsetzung der Preise durch ein zentrales Rechnungslegungsorgan. So kann die Planwirtschaft nur eine geordnete Wirtschaft sein, die einem willkürlich gegebenen Plan folgt, der die normalen Zwecke jeglicher Wirtschaftstätigkeit – nämlich die größtmögliche Befriedigung der Bedürfnisse und Vorlieben der Konsumenten – durch außerwirtschaftliche Zwecke ersetzt und dabei gewaltige Mengen an Reichtum von ihrem natürlichen Bestimmungsort ablenkt, um sie in unproduktive Industrien und Dienstleistungen zu investieren, die allein der Politik der machthabenden Partei dienen: Rüstungsgüter, Polizei, Propaganda, Bürokratie und spektakuläre öffentliche Bauvorhaben. Weit davon entfernt, die Würde und Freiheit der Menschen zu vergrößern, werden sie von Planwirtschaft unterdrückt, denn anstatt die Produktion dem Konsum anzupassen, sind es die Konsumenten, Arbeiter, Kapitalisten und Industriekapitäne, die sich den a priori festgelegten Erfordernissen des Plans anzupassen haben. Das ist der Grund, weshalb in Staaten mit Planwirtschaft Zwangsarbeit, Rationierung von Konsumgütern und Zwangsinvestitionen auftreten. Auf diese Weise schließt der Verlust der Geschäftsfreiheit den Verlust weiterer Freiheiten ein: die Freiheit, zu konsumieren, was man will, die freie Wahl des Arbeitsplatzes und des Wohnorts, die Versammlungs- und Vereinigungsfreiheit, die Meinungsfreiheit und die Freiheit der Meinungsäußerung. Denn auf keinen Fall darf der geringste Zweifel an der Großartigkeit des Plans aufkommen, der den Anspruch erhebt, eine einheitliche Werteskala zu oktroyieren, das heißt eine endgültige Wahl von Zwecken und Mitteln in Bereichen, wo Geschmäcker und Vorlieben ihrem Wesen nach individuell und unterschiedlich sind.

Das moralische Drama unserer Epoche ist daher die Blindheit der Männer der Linken, die von politischer Demokratie und von Planwirtschaft träumen, ohne zu verstehen, dass Planwirtschaft den totalitären Staat bedingt und dass ein liberaler Sozialismus ein Widerspruch in sich ist. Das moralische Drama unserer Epoche ist die Blindheit der Männer der Rechten, die totalitären Regierungen Bewunderung zollen und dabei gleichzeitig die Vorzüge einer kapitalistischen Wirtschaft für sich beanspruchen, ohne zu realisieren, dass der totalitäre Staat die Privatvermögen verschlingt und alle Formen der Wirtschaftstätigkeit eines Landes gleichschaltet und bürokratisiert. Und deshalb vereinigen die Männer der Linken und die Männer der Rechten ihre Kräfte gegen den Liberalismus, der keinem von ihnen von Nutzen ist, denn Liberalismus hat lediglich das Ziel, allen von Nutzen zu sein, ohne Monopole oder Privilegien zu schaffen. Und deshalb streben die Männer der Linken und der Rechten mit unvorstellbarem Eifer danach, den Demokratien ihr Grab zu schaufeln, um darauf das Bett für Diktaturen zu bereiten.

Das zweite Verdienst von Walter Lippmanns Buch ist es, gezeigt zu haben, dass das liberale System nicht bloß das Ergebnis einer natürlichen, spontan entstehenden Ordnung ist, wie zahlreiche Verfechter der *Prinzipien des Naturrechts*[219] im 18. Jahrhundert behauptet haben, sondern dass es ebenso das Ergebnis einer Rechtsordnung ist, die einen gesetzlichen Interventionismus des Staates voraussetzt. Das Wirtschaftsleben entfaltet sich innerhalb eines rechtlichen Rahmens, der das System von Eigentum, Verträgen, Patenten, Konkurs, den Status von Berufsorganisationen und von Wirtschaftsgesellschaften [Körperschaften], Währung und Bankwesen etabliert, allesamt Dinge, die keine Naturtatsachen sind wie etwa die Gesetze des wirtschaftlichen Gleichgewichts, sondern vielmehr kontingente Einrichtungen des Gesetzgebers. Es besteht daher kein Grund, anzunehmen, dass die Rechtsinstitute, wie sie historisch zum gegenwärtigen Zeitpunkt bestehen, definitiv und dauerhaft die am besten geeigneten sind, um die Geschäftsfreiheit zu garantieren. Die Frage nach dem gesetzlichen Rahmen, der am besten geeignet ist, um das reibungslose, leistungsfähigste und stabilste Funktionieren von Märkten zu gewährleisten, ist von den klassischen Ökonomen vernachlässigt worden und hätte es verdient, zum Forschungsgegenstand eines *Internationalen Zentrums für die Erneuerung des Liberalismus* zu werden. Liberal zu sein bedeutet demnach auf keinen Fall, konservativ zu sein etwa in dem Sinne, an Privilegien de facto festzuhalten, die aus früheren Gesetzen resultieren. Es bedeutet ganz im Gegenteil, im Wesentlichen progressiv zu sein im Sinne einer permanenten Anpassung der gesetzlichen Ordnung an die wissenschaftlichen Entdeckungen, den Fortschritt im Organisationswesen und in den Wirtschaftsmethoden, den Wandel der Gesellschaftsstruktur und den Anforderungen des zeitgenössischen Bewusstseins. Liberal zu sein bedeutet nicht, wie beim »Manchester«-Liberalismus Autos in alle Richtungen fahren zu lassen, wie sie wollen, was zu Staus und unendlich vielen Unfällen führen würde, und es bedeutet nicht, wie ein »Planer« für jedes Auto seine Startzeit und seinen Weg vorzuschreiben. Vielmehr bedeutet es, einen *code de la route*[220] vorzuschreiben, und dabei anzuerkennen, dass ein solches Regelwerk im Zeitalter schneller Transportmittel nicht zwangsläufig so aussehen wird wie zur Zeit der Postkutschen.

Wir verstehen heute besser als die großen Klassiker,[221] woraus eine wahrhaft liberale Wirtschaft besteht. Es ist eine Wirtschaft, die sich einem doppelten Schiedsgericht unterwirft: zum einen dem spontanen Schiedsgericht der Verbraucher, die nach Lust und Laune unter den ihnen auf dem Markt angebotenen Waren und Dienstleistungen durch das Plebiszit der Preise ihre Entscheidung treffen, [und zum anderen] dem organisierten Schiedsgericht des Staates, das die Freiheit, Stabilität und Effizienz der Märkte gewährleistet.

Gibt es neben diesem rechtlichen Interventionismus noch Raum für ökonomischen Interventionismus des Staates? Das Wort Interventionismus scheint mit einem negativen Vorurteil belastet: an und für sich ist Interventionismus weder gut noch schlecht. Er ist nützlich oder schädlich je nach dem Gebrauch, den man von ihm macht. Nützlich ist er, wenn er darauf abzielt, freien Wettbewerb und Unternehmungsgeist wiederherzustellen, wenn es ihm gelingt, die Blockade unbeweglich gewordener Komponenten des wirtschaftlichen Gleichgewichts aufzulösen. Er ist widerwärtig, wenn er den Anspruch erhebt, freien Wettbewerb und die regulierende Rolle der Marktpreise durch bürokratische Planung ohne die Möglichkeit einer Wirtschaftsrechnung zu ersetzen.

Eine der Fragen, die wir zu diesem Gegenstand zu untersuchen haben werden, ist die folgende: Welche Formen der Intervention sind vereinbar mit dem Markt-Preis-Mechanismus, welche Formen sind unvereinbar mit den Gesetzen des Marktes? Herr Röpke und Herr Rueff haben sich bemüht, die Kriterien für eine solche Unterscheidung zu bestimmen. Wir alle wissen nur zu gut, dass Zölle das Zahlungsgleichgewicht im Welthandel nicht beeinträchtigen, wohl aber Quoten und Devisenkontrollen[222]. Gleichermaßen sind freie Gewerkschaften und freiwillige Geschäftsvereinbarungen durchaus vereinbar mit einer wettbewerbsorientierten Wirtschaft, während es im Fall von Pflichtgewerkschaften und Kartellen, die mit Regulierungsbefugnissen ausgestattet sind, ganz anders aussieht.

Schließlich hat das Buch von Walter Lippmann meines Erachtens noch ein drittes Verdienst: nämlich dass es ökonomische Probleme wieder in ihren politischen, soziologischen und psychologischen Zusammenhang einordnet, gemäß der wechselseitigen Abhängigkeit aller Aspekte des sozialen Lebens. Rein wirtschaftliche Gründe, die auf theoretischen Modellen beruhen und deshalb unweigerlich zu vereinfachenden Hypothesen führen, sind immer weit entfernt von der unklaren und verwickelten Wirklichkeit. Wissenschaft kann nur so vorgehen. Sie beginnt mit der Analyse, die in der Untersuchung begrenzter und isolierter Einzelfälle besteht. Aber dabei sollte sie nicht vergessen, dass eine Analyse immer nur mit dem Ziel einer Synthese vorgenommen wird; ihre Aufgabe ist es, die Wirklichkeit in all ihrer Vernunftwidrigkeit und Vielfalt wiederherzustellen, indem sie die Hypothese komplizierter macht und die Verbindungen zwischen den unterschiedlichen Gruppen von sozialen Phänomenen wieder einführt. Ausgehend vom [Modell des] Homo oeconomicus, der auf rein rationale Weise zum Besten seiner Interessen handelt, muss sie den Mann aus Fleisch und Blut sichtbar machen, mit seinen Leidenschaften und seinem beschränkten Verstand, der vom Herdentrieb beherrscht wird, mystischen Vorstellungen anhängt und nie imstande ist, die Folgen seines Handelns vorab zu kalkulieren. Es reicht nicht aus, zu sagen, dass das Problem der Arbeitslosigkeit nicht bestünde, wenn die Arbeitskräfte sich frei bewegen könnten, denn sie können es heutzutage nicht. Es reicht nicht aus, zu sagen, dass langfristig eine Wirtschaftskrise, so schwer sie auch sein mag, ganz ohne staatlichen Eingriff vorübergehen wird aufgrund der spontanen Tendenz zur Wiederherstellung des Gleichgewichts, wenn gleichzeitig die Massen leiden und nicht geduldig darauf warten wollen, dass die Erschütterungen im Verlauf einer langen Welle schließlich absorbiert werden. Mehr noch, man kann auch nicht einfach von einer gesteuerten Wirtschaft wieder zu einer schrittweise immer liberaleren zurückkehren, ohne dabei Interventionen in die umgekehrte Richtung vorzunehmen, um dadurch die Widerherstellung des natürlichen Gleichgewichts zu erreichen. Kurz, man sollte sich nicht damit zufriedengeben, in abstracto zu argumentieren, sondern man muss die Welt nehmen, wie sie ist, und untersuchen, wie man sie, all ihrer Unvernunft zum Trotz, besser machen kann.

***

Wir haben also die Pflicht, vorab zwei Fragen zu klären, bevor wir uns mit der *Agenda des Liberalismus* beschäftigen können:

Da wäre zunächst die klassische Frage: *Wird der Niedergang des Liberalismus, abgesehen von jeglicher staatlichen Intervention, zwangsläufig durch die Gesetze seiner Entwicklung herbeigeführt?* – wie das die Marxisten behaupten, daneben aber auch eine Reihe hervorragender Köpfe, die für sich in Anspruch nehmen, dem Marxismus keinerlei Gehorsam zu schulden, die keine Dogmatiker sind, sondern Fachleute des gewöhnlichen Geschäftslebens, und die lediglich festhalten wollen an den reinen Beobachtungen aus ihrer beruflichen Praxis.

Die zweite Frage vorab lautet: *Kann der Wirtschaftsliberalismus die sozialen Forderungen der Massen erfüllen?* Die Forderungen hat es zu allen Zeiten gegeben, aber als Folge des enormen Bevölkerungszuwachses in Europa und Amerika im 19. Jahrhundert, als Folge der Verbreitung von Bildung und als Folge einer neuen Solidarität unter den Werktätigen haben [diese Forderungen] auf einmal ein klares und lebendiges Bewusstsein ihrer selbst gewonnen. Die Massen fordern, unvermindert, ein Minimum der Existenzsicherung *[sécurité vitale]*; damit rücken das Problem von Wirtschaftskrisen und das Problem der Arbeitslosigkeit in den Vordergrund. Es ist sicher, dass chronische Arbeitslosigkeit zum größten Teil das Ergebnis der Arbeitslosenversicherung ist. Sollten wir es bei dieser Beobachtung bewenden lassen und nicht versuchen, das Problem der Arbeitslosigkeit durch andere Mittel als eine Abschaffung der Versicherung zu lösen, zum Beispiel durch Einführung beruflicher Umschulungsmaßnahmen, wenn es sich herausstellt, dass die Massen das Prinzip der Sozialversicherung nicht infrage zu stellen bereit sind? Kurz: *Kann der Liberalismus die sozialen Forderungen der heutigen Welt erfüllen?* Denn die Anziehungskraft der totalitären Staaten auf die Massen, daran gibt es keinen Zweifel, besteht in dem irrigen Glauben, dass die Planwirtschaft ihnen ein Existenzminimum zu garantieren vermag, selbst wenn dieses Minimum in einem Essnapf, einer Baracke und einer Uniform besteht. Die Massen sind willens, ihre Freiheit dem einen, Führer oder Messias, auszuliefern, der ihnen Sicherheit verspricht.

Ein besonderer Fall der Sicherheitsproblematik ist die nationale Verteidigung. Gäbe es zwischen den Völkern keine wirtschaftlichen Grenzen, dann bestünde dieses Problem zweifellos gar nicht. Aber dass es besteht, ist eine Tatsache. Welchen Wert hat also das klassische Argument: Die Existenz autarker Staaten im Herzen Europas und der totalitäre Charakter moderner Kriegführung zwingen pazifistische Demokratien, ihre Wirtschaft zu planen, um sich so auf einen Verteidigungskrieg vorzubereiten? Die Anwesenheit von Herrn Possony in unserem Kreis gibt uns die schätzenswerte Möglichkeit, diese These zu erörtern und uns zu zeigen, bis zu welchem Grad wir es darin unseren bedrohlichen Nachbarn gleichtun sollten oder nicht.

Erst wenn wir diese beiden Fragen vorab geklärt haben, werden wir in der Lage sein, uns mit den eigentlichen Aufgaben eines, wie man ihn nennen könnte, *positiven Liberalismus* zu befassen. Erst dann können wir Bilanz ziehen, was die theoretischen und praktischen, strategischen und taktischen Probleme betrifft, die eine Rückkehr zu einem revidierten Liberalismus, die nichts anderes ist als die Rückkehr zum Zustand der Zivilisation, aufwerfen. Erst dann werden wir in der Lage sein, zu praktischen und wirksamen Lösungen zu kommen.

Und es ist wichtig, zu praktischen, wirksamen Lösungen zu kommen. Es ist wichtig, diese Aufgabe erfolgreich zu bewältigen aufgrund eines zweiten Gefühls, das unser Zusammenkommen hier rechtfertigt. Es ist dies das Gefühl unserer Verantwortung als Intellektuelle. Die tiefer liegende Ursache für das Drama unserer Epoche ist, um eine berühmte Formulierung von [Julien] Benda zu zitieren, der »Verrat der Intellektuellen«[223]. Nie zuvor haben Intellektuelle einen so großen Verrat begangen wie in unserer Zeit. Niemals haben sie so bereitwillig Pelze der unterschiedlichsten Farben getragen wie einst die Wagenlenker im Hippodrom von Byzanz. In Russland lehren sie, dass alles sich durch den Klassenkampf erklären lasse, der, vermöge der messianischen Gesetze des dialektischen Materialismus, zur klassenlosen Gesellschaft führen werde und damit zum Anbruch des Königreichs Gottes. In Deutschland lehren sie, dass alles sich durch den Kampf der Rassen und das Geheimnis des Blutes erklären lasse, die zum *Volkstum* und zu zoologischen Kriegen führen, wie Ernest Renan bereits 1871 an Strauss geschrieben hatte. Und in Italien lehren sie, dass alles sich durch den »Willen zur Macht«[224] erklären lasse, denn der Willen des Staates zur Macht lasse Weltreiche entstehen, die einander dann in schicksalhaftem Konflikt gegenüberstehen. Niemals war die Bemerkung Pascals, »Wahrheit auf dieser Seite der Pyrenäen, Irrtum auf der anderen Seite«, so angebracht wie heute. Selbst die Intellektuellen, die mit äußerster Schärfe den Frevel der Politisierung der Kultur in totalitären Staaten verurteilen, verraten die Sache, die sie zu verteidigen vorgeben, indem sie in ihren Heimatländern extreme Parteien unterstützen.[225] Sie verurteilen die Verbrechen des Hitlerismus und des Faschismus, aber sie schweigen zu den Prozessen in Moskau; indem sie die Wirtschaft sozialisieren wollen und die revolutionäre Gewerkschaftsbewegung entfesseln, schwächen sie die Front der Demokratien und spielen den Diktaturen in die Hände, und zwar derart, dass oft die besten Verbündeten der Tyranneien gerade diejenigen sind, die von sich selbst behaupten, deren standhafteste Feinde zu sein.

Ein Intellektueller [frz. clerc: Gelehrter] zu sein, der nicht verrät, meine Herren, bedeutet, dass man nicht meint, man habe seine Schuldigkeit getan, wenn man seine akademische Pflicht erfüllt hat, seine Aufgabe als Forscher oder Professor. Es bedeutet, seinen Teil zu tragen an den Krankheiten seiner Zeit, bedeutet, in den schmutzigen Kampf einzutreten und ihn mit den Waffen des Geistes auszufechten, bedeutet, ein Aktivist zu sein, für die Erhaltung und die Erneuerung des einzigen ökonomischen und politischen Systems zu kämpfen, das mit dem geistigen Leben, der Menschenwürde, dem Gemeinwohl, dem Frieden der Völker und dem Fortschritt der Zivilisation vereinbar ist – mit dem Liberalismus. Wir sollten das alte Sprichwort *Primum vivere deinde philosophari* (Lebe zuerst, philosophiere später) nicht als Lizenz interpretieren, angesichts von wirtschaftlichen Notwendigkeiten und politischen Zwängen das Denken aufzugeben, sondern als Pflicht vor allen anderen Pflichten, ganz gezielt die materiellen, ökonomischen und politischen Bedingungen zu schaffen, die allein die Herrschaft der Gedankenfreiheit garantieren. Und aus diesem Grund sind wir hier.

Ansprache von Walter Lippmann

I.

Jede Woche trifft sich der Oberste Gerichtshof der Vereinigten Staaten, um zu beraten, ehe er seine Urteile fällt. Der Brauch will es, das bei diesen Beratungen der Richter mit dem geringsten Dienstalter als erster spricht und der Richter mit dem höchsten Dienstalter zuletzt. Respektlose Leute sagen, das sei so, weil ältere Menschen langsamer denken. Aber diejenigen, die von der Sache mehr verstehen, erwidern ihnen, dass weniger erfahrene Richter nur deshalb so schnell das Wort ergreifen, weil sie über weniger Wissen verfügen.

Wie immer das sein mag, wird dieser ausgezeichnete Brauch auch für die Treffen gelten, in denen wir die Probleme erörtern wollen, die der Erhalt, die Verteidigung, die Dauerhaftigkeit und der Fortschritt einer Gesellschaft von freien Menschen stellen. Es ist mir ein Vergnügen, auf der ersten Sitzung das Wort zu ergreifen und auf diese Weise meiner Dankbarkeit Ausdruck verleihen zu können, die ich so vielen unter Ihnen schulde, die nach mir sprechen werden.

Von Anfang an sehen wir uns mit einer grausamen Tatsache konfrontiert: Das Jahrhundert des Fortschritts hin zu Demokratie, Individualismus, wirtschaftlicher Freiheit und wissenschaftlichem Positivismus endete in einer Epoche von Kriegen, von Revolution und von Reaktion. Aus diesem Grund bin ich der Meinung, dass wir nichts erreichen werden, wenn wir uns bei dem Gedanken beruhigen, und wenn wir nach außen den Eindruck vermitteln, dass unser Ziel nur darin besteht, die Formeln des Liberalismus des 19. Jahrhunderts zu bekräftigen und wiederzubeleben. Für mich zumindest ist klar, dass die Freiheit nicht in der Hälfte der zivilisierten Welt ausgelöscht worden wäre und in der anderen Hälfte so gravierend beeinträchtigt, wenn der alte Liberalismus nicht wesentliche Mängel gehabt hätte. Und diesen alten Liberalismus, vergessen wir das nicht, hatten sich die herrschenden Klassen aller großen Nationen der westlichen Zivilisation zu eigen gemacht. Gewiss, unter seiner Vorherrschaft sind große Dinge erreicht worden. Aber ebenso wahr ist, dass diese Philosophie nicht imstande war, zu überleben und ihren Bestand zu erhalten. Sie ist nicht imstande gewesen, als Richtschnur für das Verhalten der Menschen zu dienen, sei es, indem sie ihnen die Mittel gezeigt hätte, mit denen sie ihr Ideal verwirklichen können, sei es, indem sie sie gelehrt hätte, ein Ideal zu verfolgen, das sich verwirklichen ließ. Und ich wüsste nicht, zu welchem anderen Schluss ich kommen sollte als dem, dass der alte Liberalismus eine Anhäufung von Wahrheiten und Unwahrheiten gewesen sein muss und dass wir unsere Zeit vergeuden würden mit der Vorstellung, eine Verteidigung der Sache der Freiheit sei gleichbedeutend mit der Hoffnung, dass die Menschheit gutgläubig und vorbehaltlos zum Liberalismus von vor dem [Ersten Welt-]Krieg zurückkehren werde.

Sich das so vorzustellen hieße, zu glauben, es sei nichts weiter nötig, als eine Reihe bekannter Wahrheiten zu bekräftigen, darzulegen, zu lehren und zu verbreiten und dann in aller Geduld darauf zu warten, dass die Menschen sie erneut anerkennen. Mir scheint, dass so zu denken nicht nur bedeutet, auch nicht den geringsten Beitrag zur Lösung der großen Probleme der Menschheit zu leisten, sondern die Existenz dieser Probleme selbst zu leugnen. Man könnte zum Beispiel mit unwiderlegbaren Beweisen argumentieren, dass alles zum Besseren bestellt wäre, wenn die Menschen im Wirtschaftsleben sich als ökonomische Menschen verhielten, im politischen Leben als demokratische Staatsbürger, im sozialen Leben als Humanisten. Aber ein Beweis dieser Art, basierend auf Hypothesen, die das Resultat einer Abstraktion sind, ist weder nützlich noch notwendig, es sei denn, als geistige Übung. Wollte man sie als Verhaltensmaßregel ansehen, so lässt eine Abstraktion dieses Typs nur die Vermutung zu, das Problem sei gelöst; sie verzerrt die nackten Tatsachen, um dadurch die gewünschte Schlussfolgerung zu rechtfertigen.

Es ist klar, dass es gar kein soziales Problem gäbe, wüssten wir bereits, wie es zu lösen ist. Aus diesem Grund sage ich, dass die erste Aufgabe der Liberalen heute nicht darin besteht, Vorträge und Propaganda anzubieten, sondern zu suchen und nachzudenken. Angesichts des Debakels des alten Liberalismus wäre es nutzlos, einfach in aller Ruhe auf die Wiederauferstehung von Herrn Gladstone zu warten und im Übrigen zu meinen, ihr Auftrag bestünde darin, die Formeln des 19. Jahrhunderts zu wiederholen.

Ihr Auftrag besteht nicht darin, die alten Formeln zu wiederholen, sondern darin, von Neuem die fundamentalen Grundsätze (implizit und explizit) jener Art von Leben zu untersuchen, nach dem die Menschen im Westen gestrebt haben, jener Zivilisation, die zu schaffen sie sich bemüht haben. Ich habe den Eindruck, dass in allen Ländern diese große Untersuchung bereits begonnen hat und dass eine Versammlung wie diese keine isolierte Erscheinung ist, sondern nur ein weiterer Ausdruck der Tatsache, dass den Menschen heute ihre Verpflichtung bewusst zu werden beginnt, alle ihre Ideen einer fundamentalen Revision zu unterziehen. Denn es ist undenkbar, dass eine Umwälzung, die die gesamte Struktur der Zivilisation zu zerstören droht, keine solche Untersuchung hervorrufen würde. Die Herausforderung ist total, und sie geht alle Menschen in totaler Weise an. Sie betrifft die Religion – die Religion in allen Belangen –, die Wissenschaft, die gesamte abendländische Kultur, die Konzeption des Rechts an sich, das Wesen des Eigentums, den Unternehmungsgeist, die Arbeit, das Erfinden, das Gestalten, das Individuum, jeglichen Glauben, jegliche Wohltätigkeit und die Unantastbarkeit der menschlichen Person.

Die Annahme ist berechtigt, dass die Vorbilder und Energien, die seit der ursprünglichen Barbarei der Menschheit die Religion, die Wissenschaft, das Recht, das Eigentum, die freie Arbeit, die Wohltätigkeit und den menschlichen Respekt hervorgebracht haben, nicht durch eine neue Barbarei ausgelöscht werden können, und sei sie auch noch so bestialisch methodisch. Andernfalls wäre die Menschheit stets in fügsamer Stumpfheit der triumphierenden Tyrannei unterworfen gewesen. Aber man hat gesehen, wie Menschen aus ihrer Fügsamkeit und ihrer schrecklichen Furcht erwacht sind. In fünfundzwanzig Jahrhunderten des Kampfes haben Menschen sich einen Weg aus der Unterdrückung gebahnt und die ersten Elemente einer freien Zivilisation verwirklicht. Ich weiß nicht, was ihnen den Willen eingegeben hat, eine freie Zivilisation zu ersehnen, sie sich vorzustellen und zu verwirklichen. Aber was immer es auch gewesen sein mag, diese verborgene Ursache muss stets gegenwärtig sein. Sie ist etwas, mit dem man immer rechnen muss, denn sie ist Teil der menschlichen Natur. Allen Trägheiten und Feindseligkeiten zum Trotz hat sich die zivilisierende Energie mehr als zwei Jahrtausende hindurch entwickelt; sie lässt sich nicht in zehn Jahren auslöschen. Und ich bin der Überzeugung, dass wir Beweise dafür haben. Denn je länger die Despotien sich halten, desto mehr sind sie gezwungen, sich bei jeder Gelegenheit aufs Grausamste als Unterdrücker zu offenbaren. Weshalb? Weshalb erreichen sie nie einen Zustand, in dem sie voller Zuversicht über ihre Untertanen herrschen können? Weil sie nicht imstande sind, die Dynamik zu vernichten, welche die Zivilisation geschaffen hat und die sie mit so viel Aufwand zu zerstören suchen. Je schlimmer ihre Intoleranz wird, desto mehr zeugt sie von ihrem Scheitern.

Daher wissen wir, dass wir es mit etwas zu tun haben, das beständiger, allgemeiner und tief greifend menschlicher ist als die Lehrsätze des Liberalismus aus dem 19. Jahrhundert. Und daher befinden wir uns auch jedes Mal im Irrtum, wenn wir einer der zahlreichen liberalen Sekten anhängen. Denn jedes Mal verwechseln wir dann die Sache der Freiheit mit Lehren wie etwa dem Naturrecht, der Volkssouveränität, den Menschenrechten, der parlamentarischen Regierung, dem Selbstbestimmungsrecht der Völker oder dem Laissez-faire des Freihandels. Dabei handelt es sich um Konzepte, die Menschen zu bestimmten Zeiten unter bestimmten historischen Bedingungen herangezogen haben. Häufig haben sie dazu gedient, eine teilweise Emanzipation zu begründen und zu erlangen. Aber nie sind sie das Hauptanliegen oder die treibende Kraft gewesen, und das Schicksal der Freiheit ist an keine dieser liberalen Theorien geknüpft. Aus diesem Grund sollten wir uns das Recht vorbehalten, die Prämissen aller liberalen Theorien einer Überprüfung zu unterziehen und keiner von ihnen einen dogmatischen, definitiven Wert zuzumessen.

Denn was wir anstreben, ist nicht die Wiederbelebung einer Theorie, sondern die Entdeckung von Ideen, die es der auf Freiheit und Zivilisation ausgerichteten Dynamik ermöglichen, über alle Hindernisse zu triumphieren, welche sich aus der menschlichen Natur, den historischen Umständen und den Lebensbedingungen auf dieser Erde ergeben. Das ist eine langfristige Aufgabe, die anhaltende Anstrengung, anhaltende Unterstützung und die edle Geduld all jener erfordert, die ernsthaft und demütig nach der Wahrheit suchen. Bevor sie gelöst ist, wird die Menschheit eine, wie ich glaube, tief greifende und weitreichende religiöse Erfahrung machen: Sie wird die Wissenschaft und ihr Verhältnis zu Philosophie und Moral neu zu bewerten haben, und sie wird die Idee des Staates, des Eigentums, der Rechte des Einzelnen und das Ideal des Nationalen einer gründlichen Prüfung unterziehen müssen. Zivilisierte Menschen werden Konzepte, die ihnen vor dem Krieg neuartig erschienen sind, erneut hinterfragen müssen, mit der festen Absicht, herauszufinden, welche davon mit den existenziellen Bedürfnissen und dem zeitlosen Ideal der Menschlichkeit vereinbar sind und welche nicht. An diesen existenziellen Bedürfnissen und diesem zeitlosen Ideal sollte man sich orientieren, um eine Erneuerung des Liberalismus herbeizuführen, nicht an den Lehren aus dem 19. Jahrhundert. Lassen Sie uns alle versuchen, nicht eine alte Doktrin zu verbreiten, sondern im Rahmen unserer Möglichkeiten zur Entwicklung einer Doktrin beizutragen, von der keiner von uns gegenwärtig mehr als eine vage Ahnung hat. Wir sollten den Liberalismus nicht als etwas betrachten, das in früheren Tagen geschaffen wurde und das heute veraltet ist, sondern als etwas, das nicht vollendet ist und noch sehr jung.

II.

Die allgemeinen Merkmale und das Feld der zu leistenden geistigen Arbeit scheinen durch das angezeigt, was wir heute über die totalitären Staaten wissen: Kommunismus, Nationalsozialismus, Faschismus. Alle drei greifen heute sämtliche Traditionen der westlichen Zivilisation fundamental an und stoßen dabei nicht bloß einige Grundsätze um, sondern alle wesentlichen Grundsätze und maßgeblichen Einrichtungen unserer Kultur. Sie bestreiten die Gültigkeit jeglicher Regel und jeglichen Maßstabs, rechtlich oder ethisch, der das willkürliche Wesen einer Nation, einer Rasse oder einer Klasse in irgendeiner Form beschränken oder leiten könnte oder sollte. Sie bestreiten, dass es Mittel gibt, die nicht gerechtfertigt sind durch die Zwecke, die sie selbst willkürlich gesetzt haben. Sie bestreiten jegliche Verpflichtung zur Wahrheit, Gerechtigkeit oder Barmherzigkeit, die für alle Menschen gilt. Und es reicht ihnen nicht aus, diese Regeln zu verletzen, sie bestreiten, dass diese Regeln irgendeinen Wert oder Anspruch auf ihr Respektiertwerden durch die Menschen haben.

Das ist der Grund, weshalb ihre Politik Recht und Gesetz völlig missachtet. Sie bestreiten nämlich, dass ein Gesetz, um gelten zu können, von einer angemessen konstituierten Autorität ausgehen muss, dass ein Gesetz, um respektiert werden zu können, sich eindeutig auf die moralische Gerechtigkeit beziehen muss, dass Gesetze im Rahmen eines ordnungsgemäßen Verfahrens und unter Wahrung der Fairness angewendet werden müssen. Sie ruinieren das Recht in seinen Grundlagen und in seiner Anwendung, in seinen Grundsätzen und in seiner Praxis, und ersetzen die Rechtsstaatlichkeit durch die willkürlich improvisierten Anweisungen einer vorübergehend herrschenden Oligarchie.

Sie haben die Prinzipien der Rechtsstaatlichkeit verworfen und als Folge davon das Prinzip des Staates in all seinen Formen – Monarchie, Aristokratie, Parlamentarismus und Demokratie – über den Haufen geworfen. Alle zivilisierten Staaten des Abendlandes haben stets ihre Verantwortlichkeit gegenüber einer übergeordneten Autorität anerkannt, die den persönlichen Willen der Herrschenden transzendiert: Gott, der Tradition, alten Bräuchen, einer Verfassung oder der freien Zustimmung durch zumindest einen Teil der Bevölkerung.

Indem sie das Prinzip der Rechtsstaatlichkeit und der Verantwortlichkeit des Staates verwerfen und zugleich das Gewaltmonopol ausüben, haben die totalitären Staaten eine Lage geschaffen, in der kein Individuum, kein Zusammenschluss von Individuen und auch keine Institution im Grundsatz die geringste Unabhängigkeit oder Sicherheit genießt und in der Praxis auch nicht genießen kann. In dieser Weise werden die Kirchen, selbst wenn sie Schutz genießen, nicht aufgrund eines ihnen zukommenden Rechtes geduldet, sondern allein aufgrund der Staatsräson. Damit wird ihnen die unabdingbare Sicherheit genommen, die ein angestammter autonomer Rechtsstatus bietet. Erziehung, Forschung, Lehre und Denken sind nicht nur jeglicher Unabhängigkeit beraubt, sondern werden unmittelbar und ausdrücklich den Zwecken der herrschenden Klasse untergeordnet, und keine Idee wird mehr aufgrund ihrer Übereinstimmung mit der objektiven Wahrheit für richtig befunden. Der totalitäre Staat achtet nicht das Privateigentum, denn Eigentum setzt Rechtsstaatlichkeit voraus, und es gibt keine Rechtsstaatlichkeit. Bis zu einem bestimmten Grad wird den Menschen eine gewisse Kontrolle über einen Teil ihrer

Besitzgüter zugestanden, aber diese Güter sind nicht ihr Eigentum, denn sie können jederzeit, in jedem Augenblick, von den staatlichen Autoritäten requiriert werden. Der totalitäre Staat achtet das Recht des Einzelnen nicht, frei über die eigene Arbeitskraft zu verfügen, denn die Zeit und die Kraft eines jeden Einzelnen können jeden Augenblick willkürlich mit Beschlag belegt werden. Der totalitäre Staat missachtet grundsätzlich die Familie, denn der Staat behält sich das Recht vor, Kinder ihren Eltern wegzunehmen, Familien zu trennen, indem die Eltern zum Dienst eingezogen werden, Erbfolge und Erbschaften willkürlich festzulegen, und das alles ohne Frist, ohne Diskussion, ohne Verwaltungsakt und ohne Gerichtsverfahren. Der totalitäre Staat achtet das Recht von Individuen nicht, sich zum Zweck gegenseitiger Hilfe oder jedem anderen Zweck – zur Zusammenarbeit, zum Unterricht, zur Zerstreuung oder einfach nur zur Pflege der Freundschaft – zusammenzuschließen, denn in jedem totalitären Staat unterliegt das Vereinigungsrecht der Überwachung und der Einmischung durch die Geheimpolizei. Und jede Vereinigung, ob als organisierte Gruppe oder einfach nur als Treffen von Freunden, wird durch die behördliche Ermutigung von Denunzianten, Spionen und Informanten gesprengt.

Ich erinnere an diese allgemein und insbesondere Ihnen bekannten Erscheinungen nur, um zu betonen, dass die totalitäre Rebellion unsere Zeit sich nicht allein gegen den Liberalismus des 19. Jahrhunderts und gegen die Demokratie richtet. Vielmehr greift sie die Gesamtheit der Traditionen des Abendlandes an, seine Religion, seine Wissenschaft, sein Recht, seinen Staat, sein Eigentum, seine Familie, seine Sittlichkeit und sein Menschenbild. Aber ich möchte besonders betonen, dass dieser Angriff in gleicher ruinöser Weise Interessen aller Art bedroht, von denen man bislang angenommen hatte, sie seien durch unüberbrückbare Unterschiede getrennt. Heute bietet sich uns ein ganz außerordentliches Bild: Theologen und Gelehrte, Gläubige und Ungläubige, Katholiken, Protestanten, Juden und Freidenker, Monarchisten, Demokraten, Manager und Arbeiter, insgesamt also all die Parteien, Fraktionen, Sekten und Interessengruppen, deren Antagonismen die letzten zwei Jahrhunderte hindurch Probleme bereitet haben, müssen gezwungenermaßen anerkennen, dass sie, falls sie keine gemeinsame Grundlage zur Verteidigung gegen den Herrschaftswillen des totalitären Staates finden, allesamt dem Untergang geweiht sind.

Das sollte sie darüber belehren, dass die Meinungsverschiedenheiten und die Auseinandersetzungen, die sie über eine so lange Zeit hinweg gehabt haben, nicht von unversöhnlichen Konflikten herrühren, sondern von ihrer geistigen Unfähigkeit, die Grundsätze der Einigkeit zu entdecken, die sich unter ihren oberflächlichen Unstimmigkeiten verbergen. Denn es gibt diese Grundsätze der Einigkeit, und eines Tages wird man auch in der Lage sein, sie zu entdecken: Den Beweis dafür liefert die Tatsache, dass die totalitäre Philosophie jedes dieser verschiedenen Interessen in seinem Kern angreift. Im totalitären System ist für den Theologen genauso wenig Platz wie für den Forscher, für das Privateigentum so wenig wie für die freie Wahl der Arbeit, für Aristokratie so wenig wie für Demokratie. Und wenn all diese verschiedenen Interessen sich heute gemeinsam verteidigen müssen, dann folgt daraus notwendig, dass ihnen vieles gemeinsam sein muss, das es zu verteidigen lohnt.

Das ist, glaube ich, die große Aufgabe für die zeitgenössischen Denker: zu entdecken und zu formulieren, zum Ausdruck zu bringen, was zivilisierten Menschen gemeinsam ist – was zivilisierte

Menschen, trotz ihrer ganz verschiedenen Neigungen und Ansichten, gemeinsam zu verteidigen notwendig finden. Eine groß angelegte Analyse der alten Konflikte und der alten Wirren wird erforderlich sein, um zu einer umfassenden Synthese zu gelangen, in der alle die dauerhaften Interessen der zivilisierten Menschheit ihren rechtmäßigen Rang und Platz finden. Die Welt, wie wir sie aus der Zeit vor dem Krieg kannten, stirbt an ihrem Durcheinander und ihrer Inkohärenz. Aber in dem Todeskampf, in dem sie sich befindet und noch eine Weile befinden wird, kann die zivilisierte Welt nur eine allgemeingültige Philosophie zu finden versuchen, die durch ihre absolute Menschlichkeit imstande ist, die Tradition der Zivilisation ihrem unmenschlichen Feind zum Trotz aufrechtzuerhalten.

III.

Manchem unter Ihnen mag all das zu weit entfernt von den unmittelbaren politischen Fragen erscheinen, die sich uns in unserer Zeit stellen. Dafür bitte ich nicht um Entschuldigung, denn ich bin zutiefst überzeugt, dass diese große Überprüfung der menschlichen Ideen, diese Analyse und Synthese, die wir den Wiederaufbau des Liberalismus nennen wollen, das notwendige Arbeitsfeld ist, die unerlässliche Erfahrung, zu der alle lebendigen Kräfte der zivilisierten Welt sich vereinigen müssen, um sich gegen die sie bedrohende Gefahr zu verteidigen. Das, was mein Freund, Professor Rougier, als das »Geheimnisvolle« der totalitären Systeme bezeichnet, ist etwas, das den menschlichen Willen mit ungeheurem Elan erfüllt. Widerstand erfordert demzufolge eine noch größere Willensstärke. Was diese Willensstärke hervorrufen kann, und was sie meines Erachtens auch bereits hervorruft, ist die unter zivilisierten Menschen wachsende Überzeugung, dass wesentliche Bestandteile des menschlichen Lebens auf dem Spiel stehen. Ich glaube, dass die geistigen Kräfte des Widerstands, genau wie die materiellen Ressourcen der bedrohten Nationen, letztlich unendlich viel stärker sind. Denn es handelt sich dabei um die Kräfte, die die moderne Zivilisation geschaffen haben. Sobald ihre gemeinsamen Bedürfnisse zum Vorschein kommen, werden sie vereinigt werden, und darum ist es von so dringender und praktischer Bedeutung, darüber Klarheit zu gewinnen.

Aber ich muss noch weiter ausholen und erklären: Selbst wenn die Welt geneigt wäre, den Lehren der Liberalen zuzuhören, wären die Liberalen nicht darauf vorbereitet, dem Handeln die Richtung zu weisen, solange sie ihre Philosophie nicht revidiert und neu aufgebaut haben, keine neue Synthese gefunden haben, welche die offenkundigen Gegensätze aufhebt, wie sie zwischen individueller Freiheit und Volkssouveränität bestehen, zwischen Ordnung und Freiheit, zwischen nationaler Souveränität und internationaler Sicherheit, zwischen der Macht der Mehrheiten und der Kontinuität des Staates, zwischen Stabilität und Wandel, zwischen Privateigentum und Gemeinwohl, zwischen Freiheit und gesellschaftlicher Organisation. Solange die Diagnose nicht genauer und umfassend genug ist, werden die Vorschläge zur Abhilfe, die die Liberalen anzubieten haben, wenig mehr sein als Improvisationen. Lassen Sie uns daher unser Unwissen bekennen, aber lassen Sie uns nicht mutlos werden unter dem Vorwand, uns in Bescheidenheit üben zu müssen.

Mehr noch, selbst wenn wir uns der von der liberalen Philosophie festgestellten Mittel zur Abhilfe sicher wären, könnten sie im heutigen Europa nur schwer und in Amerika nur teilweise zur Anwendung gebracht werden. Denn die zeitgenössische Welt wird von der Tatsache beherrscht, dass alle Nationen sich gezwungenermaßen auf einen Krieg vorbereiten, der jeden Augenblick losbrechen kann. Und unbestreitbar setzt jede liberale Gesellschaft, wie sie auch aussehen möge, ein gewaltiges Vertrauen in die Stabilität des Friedens voraus. Eine liberale Gesellschaft, deren politische Hauptbeschäftigung in der Mobilisierung für einen Krieg besteht, ist undenkbar. Wo das die Hauptsorge ist, kann weder Eigentum noch Arbeit frei sein, ist es unmöglich, Dinge im Vertrauen auf das gegebene Wort oder auf Kredit zu erledigen oder auch langfristige Verträge abzuschließen, und es kann unter solchen Umständen auch keine Beziehungen geben, die vom guten Willen anderer abhängen.

In Zeiten des Krieges gibt es keine Freiheit, und je mehr sich die Vorbereitungen für den Krieg verstärken, desto weniger Freiheit gibt es. Aus diesem Grund ist, solange die Aussicht auf Krieg unser aller Leben bestimmt, alles eine Funktion nicht des Wohlstands freier Menschen, sondern der militärischen Erfordernisse, die die Rüstung ihnen für ihre Verteidigung zur Pflicht macht. Seien wir also nicht überrascht und beklagen wir auch nicht, wenn wir sehen, wie bedrohte Länder eine stetig zunehmende Zahl von mit einer Kriegswirtschaft einhergehenden Beschränkungen hinnehmen. Gewiss haben wir das Recht, bestimmte Einzelmaßnahmen zu kritisieren, die uns kontraproduktiv erscheinen, die töricht sind oder die in einem egoistischen anstatt dem nationalen Interesse ergriffen werden. Aber wir sollten uns fragen, ob es möglich ist, eine Kriegswirtschaft anhand der Prinzipien des Freihandels zu organisieren. Wenn wir der Überzeugung sind, dass Europa und vielleicht die ganze Welt zu einem Verteidigungskrieg gezwungen sein kann, dann müssen wir, bis die Krise überstanden ist, offen bekennen, dass wir uns mitten in den organisatorischen Vorbereitungen für einen Krieg befinden und nicht für eine Art von Freiheit, wie sie nur in Friedenszeiten möglich ist.

Mehr noch bin ich der Ansicht, dass Menschen, deren Grundüberzeugungen liberal sind, aus dieser Position heraus zur Organisation der Verteidigung einen wichtigen Beitrag leisten können. Denn sie verstehen besser als die Anhänger irgendeiner anderen Ideologie den wesentlichen Unterschied, der den Militärstaat grundsätzlich vom liberalen Staat trennt. Das ist der Grund, weshalb sie sehr genau unterscheiden müssen zwischen Maßnahmen, die wirklich zur Vorbereitung auf einen Krieg ergriffen werden, und solchen, die unter dem militärischen Deckmantel nur der Bereicherung von Profiteuren dienen sollen.

IV.

Ich weiß nicht, ob ich mich verständlich gemacht habe. Falls das nicht der Fall sein sollte, dann liegt es daran, dass ich das, was ich heute hier getan habe, zum allerersten Mal getan habe, nämlich das zu formulieren – und sei es bloß für mich allein –, was ich für die Pflicht von Leuten halte, wie sie sich heute hier versammelt haben. Es genügt mir, Ihnen einen Überblick über meine Überzeugungen gegeben zu haben, mit anderen Worten der Vorstellung, dass Liberale nicht etwa die Aufgabe haben, Lehrsätze aufzustellen, für welche die Theorie im 19. Jahrhundert vollständig formuliert worden ist, sondern teilzunehmen an der weit ausgreifenden Revision des menschlichen Denkens und die ihnen zukommende Rolle zu spielen in dem entscheidenden Kampf zur Verteidigung der Zivilisation und darin, wieder Ordnung zu bringen in das Denken der Menschen, sodass jeder seinen Willen[226] klar und deutlich formulieren kann.

Diskussion

Baudin: Ich finde es bemerkenswert, dass die Herren Rougier und Lippmann beide vom Liberalismus gesprochen und dabei dieses Wort mit einer besonderen Nuance versehen haben. Liberalismus ist für sie nicht der von gestern, sondern der künftige – ein ruhigerer, revidierter, erneuerter Liberalismus. Aber es kostet einige Anstrengung, die Bedeutung einer alten Bezeichnung zu ändern, und insofern stellt sich die Frage, ob es nicht besser wäre, stattdessen eine andere zu wählen.

Eine korrekte Definition ist eine Aussage, in der die Attribute das Wesen des Subjekts zum Ausdruck bringen. Freiheit jedoch ist nur das Mittel, der Zweck hingegen eine bestimmte Vorstellung von der Entwicklung der menschlichen Persönlichkeit. A priori scheint das Wort Liberalismus also nicht glücklich gewählt.

Man mag dagegen zweifellos einwenden, dass es notwendig ist, einen Gegensatz zwischen Liberalismus und Sozialismus aufzustellen, wobei Letzterer von verschiedenen Ökonomen als Vergemeinschaftung der Produktionsmittel in autoritärer Weise definiert wird. Aber auch hier scheint die Definition von Sozialismus unzulänglich, denn diese Doktrin enthält noch viele andere Ideen, die die Vergemeinschaftung und den Zwang beherrschen und sie bedingen: das Primat des Kollektivs gegenüber dem Individuum, der Vernunft gegenüber der Natur, Ansprüche gegen Ungerechtigkeiten, das Streben nach Gleichheit als Endzweck und so weiter. Vergemeinschaftung und Zwang sind dabei Folgeerscheinungen.

Die grundsätzliche Antithese besteht in dem Gegensatz zwischen Individualismus und Sozialismus, wie es die Worte selbst schon verlangen. Liberalismus, der bis zum Äußersten vorangetrieben zu Anarchismus wird, hat zum Gegensatz den Interventionismus, der, wenn übertrieben, zum Etatismus wird. Mir scheint daher, das Wort Individualismus ist dem Wort Liberalismus vorzuziehen.

Lassen Sie mich hinzufügen, dass Freiheit, als Mittel, nur bis zu dem Grad als wünschenswert betrachtet werden kann, in dem der Zweck damit erreicht werden kann, das heißt, ein Mensch imstande ist, vernünftigen und sittlichen Gebrauch davon zu machen. Wir können uns der These anschließen, dass wir die Freiheit einschränken müssen, indem wir bestimmte Angestellte oder Arbeiter in Sachleistungen statt in Geld bezahlen, um ihnen damit die freie Wahl dessen zu nehmen, was sie kaufen. So wird man ihnen zum Beispiel hygienischen Wohnraum zur Verfügung stellen, wenn ein in Geld ausbezahltes Gehalt im Kaffeehaus oder im Kino ausgegeben worden wäre. Es gibt folglich etwas, das jenseits der Freiheit bestehen bleibt und nach dem man streben sollte: der Einzelne selbst. Wir müssen streben, diesen Einzelnen vor dem drohenden Griff der Masse zu retten.

Letztes Argument: Wir können die Bedeutung, die wir dem Liberalismus geben werden, so viel präzisieren, wie wir wollen, das Wort wird doch die Bedeutung behalten, die die Leute ihm geben. Wir werden, ob uns das gefällt oder nicht, als Manchester-Liberale gelten, und die Leute werden uns als Schüler von [Frédéric] Bastiat oder gar von Yves Guyot oder von [Gustave de] Molinari ansehen. Für viele ist Liberalismus gleichbedeutend mit Laissez-faire, Laissez-passer, und dem fügt man das Laissez-souffrir (leiden lassen) hinzu. Ohne opportunistisch sein zu wollen, denke ich, dass dieses abgenutzte Wort gefährlich ist. Ich würde es vorziehen, uns unter dem Banner des Individualismus in den Schatten der großen Klassiker Adam Smith, J.-B. Say und [John] Stuart Mill zu stellen.

Zusammenzufassend denke ich, dass die Idee dem Faktum vorangehen sollte, der Mensch dem Ding: Die Leute werfen der politischen Ökonomie schon genug vor, dass sie unmenschlich sei! Konzentrieren wir die Frage auf das Individuum statt auf die Freiheit, und falls wir das Wort Liberalismus doch verwenden, dann nur provisorisch und uns das Recht vorbehaltend, es zu einem späteren Zeitpunkt zu modifizieren. Das ist eine Frage sowohl der Logik als auch der Gelegenheit.

Rougier: Der Begriff »Liberalismus« ist meiner Ansicht nach einschränkender als Individualismus. Der Anarchist nimmt das heilige Recht des Individuums – im Sinne von »Der Einzige und sein Eigentum«[227] – in Anspruch, um damit die Freiheit anderer Individuen in Gefahr zu bringen: Er ist kein wahrer Liberaler. Liberalismus setzt den Respekt vor einer Rechtsordnung voraus, die erst die Koexistenz der Freiheiten aller Individuen einer Gesellschaft möglich macht.

Mises: Das Problem stellt sich in verschiedenen Sprachen auf verschiedene Weise. Es ist daher angemessen, die politische Lage der einzelnen Länder zu berücksichtigen. Es wäre aber äußerst misslich, wenn ein Verzicht auf den Begriff Liberalismus als Zugeständnis an totalitäre Gedanken ausgelegt werden könnte.

Marlio: Meiner Ansicht nach ist das Wort Liberalismus das richtige Wort, während das des »Individualismus« nicht dem entsprechen würde, was uns heute interessiert, da die Probleme, die uns beschäftigen, auch politischen Charakter haben. Der politische Begriff muss mit dem ökonomischen Begriff verbunden werden.

Was man erörtern könnte, und was erörtert werden sollte, ist die Frage, ob die Doktrin, die sich herausschälen wird, sich mit einem einzigen Wort angemessen kategorisieren lässt oder ob es notwendig ist, ein weiteres Wort hinzuzufügen, das die uns vorschwebende Nuance des Liberalismus deutlich macht. Aber wir werden erst am Ende dieser Debatten wissen können, ob es erforderlich ist, ein weiteres Wort hinzuzusetzen. Die Grundidee ist wirklich Liberalismus, und dieses Wort entspricht den Bedenken, die uns zu der Überzeugung bringen, dass die totalitäre Ordnung keine gute Ordnung ist.

Castillejo: Das Wort »Liberalismus« ist ein spanisches Wort. Es bedeutet: Befreiung vom Absolutismus. Als das Wort »Liberalismus« im 19. Jahrhundert erfunden wurde, bedeutete Absolutismus eine Monarchie ohne Verfassung, eine willkürliche Monarchie ohne Rechtsordnung. Liberal war damals das Gegenteil von »servil«. Wenn aber eine Demokratie absolut wird und wenn Recht und Gesetz nur mehr der arbiträre Wille der Mehrheit ist, dann wird Liberalismus zwangsläufig antidemagogisch und fällt mit dem Individualismus in eins.

Hayek: Das Problem besteht darin, herauszufinden, ob das, was man mit dem Wort Liberalismus heute bezeichnet, auch mit unseren Zielsetzungen übereinstimmt.

Detoeuf: Sollten wir auf diesen Gedanken aufbauen? Wir sollten eine erste Sitzung der Untersuchung widmen, wie Liberalismus wirklich funktioniert hat, um beurteilen zu können, ob dieses System den höchsten Grad an Wohlstand gewährleistet hat oder nicht.

Marjolin: Das Wort Freiheit hat eine gewisse Zweideutigkeit. Niemand von uns ist für Freiheit an und für sich, insbesondere wenn sie zur Unterdrückung der Schwachen durch die Starken führt. Wenn wir Liberale sind, dann darum, weil wir denken, dass Freiheit es ermöglichen soll, bestimmte Werte zu verwirklichen. Zweierlei Anliegen, die uns heute leiten, sind wesentlich:

1. das Maximum an sozialer Gerechtigkeit zu erreichen,
2. Frankreich gegen Aggressionen von außen zu verteidigen.

Für mich hat das zweite Anliegen Vorrang. Und es scheint mir keineswegs sicher, dass man nicht auf bestimmte Formen der Freiheit verzichten muss, um die Wirksamkeit der nationalen Verteidigung und den Erfolg in dem unvermeidlichen Krieg zu gewährleisten. Genauso wenig wäre es mein Wunsch, die Möglichkeit zu neuem sozialem Fortschritt einer formellen Freiheit zu opfern. Es erscheint mir kurz gesagt gefährlich, Freiheit im Sinne der vorherrschenden Bedeutung des Begriffs als obersten Wert zu betrachten.

Mantoux: Herrn Marjolins Bemerkungen zeigen, wie nützlich unser Kolloquium sein kann, ja wie notwendig es geworden ist, der Öffentlichkeit die wahre Bedeutung von Liberalismus bekannt zu machen. Es ist erstaunlich, dass eine so weit gespannte politische Philosophie, die den Fortschritt der menschlichen Freiheit durch die Jahrhunderte bloß interpretiert, aufgrund eines historischen Zufalls im öffentlichen Bewusstsein heute mit der Doktrin einer kleinen Sekte von Ökonomen aus dem 19. Jahrhundert verknüpft wird. So glaubt man, wenn man die Ideen von Dunoyer und Spencer verurteilt, dass man die Freiheit als solche verurteilt. Es liegt auf der Hand, dass für einen Liberalen die Freiheit ein Zweck an und für sich ist, soweit man darunter die Möglichkeit für jedes Individuum versteht, sein ganzes Potenzial zu verwirklichen. Auch wenn das offensichtlich bloß ein unerreichbares Ideal ist, muss es das Ziel jeder liberalen politischen Doktrin sein, die Methoden herauszufinden, die es erlauben, die Wirklichkeit diesem Ideal für die Mehrheit der Menschen so nahe wie möglich zu bringen. Die Bedeutung des Wortes Freiheit ist selbstverständlich allgemein. Solange sie mit einem bestimmten Konzept der politischen Ökonomie verbunden bleibt, wird jede Diskussion des Liberalismus unmöglich.

Rougier: Wir können nicht in eine Diskussion über das Reich der Zwecke[228] eintreten. Für einige hat Freiheit absoluten Wert, für Herrn Marjolin hat sie nur relativen Wert. Der spezielle Gegenstand unserer Diskussionen lautet wie folgt: »Dem Liberalismus ist der Prozess gemacht worden: Gibt es Gründe, die Ergebnisse, die bei diesem Prozess herausgekommen sind, einer Revision zu unterziehen?«

Rueff: Es reicht nicht aus, herauszufinden, ob die vorgebrachten Kritikpunkte berechtigt sind oder nicht; einer der wesentlichen Aspekte unserer Aufgabe besteht darin, herauszufinden, ob das System, das sich weigert, die Regeln der liberalen Ordnung anzuerkennen, voraussichtlich von Dauer sein wird.

Das technische Problem besteht darin, zu erkennen, ob Systeme, die nicht auf das freie Spiel des [Markt-]Preis-Mechanismus gegründet sind, Bestand haben können. Meines Erachtens wird ein System, das auf autoritären Dirigismus gegründet ist, nicht von Dauer sein und einem Ende zustreben. Keines der totalitären Systeme befindet sich in einem Zustand von Permanenz, sie bewegen sich alle auf ein absehbares Ende zu.

Was den Namen betrifft: Ich bin gegen das Wort »Neo«, das vorgeschlagen worden ist. Wenn unserer Überzeugung nach unsere Bemühungen darauf abzielen sollten, den Liberalismus als dauerhafte Grundlage ökonomischer und gesellschaftlicher Systeme wiederherzustellen, dann sollten wir das auch in aller Öffentlichkeit und in der provokativsten möglichen Form so sagen. Das einzige Problem auf der Welt besteht darin, zu wissen, ob wir in Richtung Liberalismus gehen oder nicht, und das sollten wir klar und deutlich zeigen.

Detoeuf: Ein wichtiger Punkt. Meiner Ansicht nach ist das Wort Liberalismus gleichbedeutend mit Manchesterismus. Wir sind jedoch nicht alle Manchesterianer. Für einige von uns koexistiert die Idee der Gerechtigkeit mit der Idee der Freiheit, und das hebt sie von den Manchester-Liberalen ab. Das Ende des Liberalismus[229] ist für mich das Ende des Systems, das darauf besteht, dass das Dogma des Laissez-faire, Laissez-passer sakrosankt ist. Aber die Abkehr von diesem System ist nicht das Ende des Liberalismus, wie Herr Lippmann ihn begreift.

Marlio: Ich stimme Herrn Detoeuf zu. Für alle, die in der liberalen Lehre nicht so bewandert sind, hat Herr Lippmann klar und eindringlich dargelegt, dass man dem Laissez-faire einen unzutreffenden Sinn beigelegt hat. Laissez-passer [geschehen lassen, durchlassen] bedeutet nicht, nichts zu tun, sondern bedeutet vielmehr, zu handeln. Immer dann, wenn die Formel des Laissez-faire schlecht verstanden wird, ist es gut, darauf hinzuweisen, dass die liberale Haltung nicht im Verschränken der Arme besteht; das ist das Wesentliche. Am Schluss unserer Debatten werden wir sehen, ob das Wort Liberalismus ausreicht oder ob es notwendig ist, ihm ein Adjektiv hinzuzufügen.

Rougier: Die Theorie des Laisser-faire[230] war ursprünglich eine Doktrin des Handelns. Sie bestand in dem erklärten Willen, das System der Zünfte und der inneren Zölle zu stürzen. Erst später und aufgrund eines wirklichen Irrtums wurde daraus eine Theorie des sozialen Konformismus und des Verzichts des Staates [zu handeln].

Heilperin: Was wollen wir erörtern? Diese Versammlung ist eine Versammlung von Ökonomen. Das Buch von Herrn Lippmann hat die Frage aufgeworfen: »Ausgehend davon, dass es eine bestimmte Wirtschaftsordnung gibt, welches System ist am geeignetsten, um sie zu entwickeln?«

Der Kern des Problems ist ökonomisch. Wenn wir über alle seine Aspekte sprechen wollen, laufen wir Gefahr, zu keinen Schlussfolgerungen zu gelangen.

Daher, allgemeine Beschränkungen: Problem des Wirtschaftssystems; Rolle, die der Staat in diesem Wirtschaftssystem spielen sollte; Platz des Individuums innerhalb dieses Wirtschaftssystems.

Es gibt verschiedene Spielarten dieses Wirtschaftssystems. Der Markt-Preis-Mechanismus ist das Kriterium, das dazu dienen sollte, das liberale System zu definieren. Das sollte der Ausgangspunkt für unsere Diskussionen sein. Das Wort Liberalismus ist immer mit diesem Typ von Wirtschaftssystem verbunden worden. Wir müssen unsere Diskussion daher auf das Wirtschaftssystem beschränken, sein Entstehen, die Ziele, die ihm zugerechnet werden.

Rougier: Das Kriterium für Liberalismus ist das freie Spiel der Preise. Herr Heilperin hat völlig recht, diese Frage aufzuwerfen. Das Beste wird es sein, morgen zum Kern der Diskussion vorzudringen.

KAPITEL 4

Hat der Niedergang des Liberalismus endogene Ursachen?

Samstag, 27. August: Vormittagssitzung

Rougier: Die Frage gemäß der Tagesordnung lautet wie folgt: Ist der Niedergang des Liberalismus unvermeidlich, weil er ein Ergebnis der Tendenz zur Konzentration der Unternehmen, zur Konzentration des Kapitals und zur Bildung großer Konzerne ist? Weil der Kapitalismus großer Produktionseinheiten an die Stelle des Kapitalismus kleinster Produktionseinheiten tritt? Ist wirtschaftliche Konzentration ein notwendiger Effekt der wirtschaftlichen Entwicklung oder das Ergebnis rechtlicher Privilegien? Das ist es, was wir zu erörtern haben.

Röpke: Die Tendenz zur wirtschaftlichen Konzentration und, als Folge davon, zur staatlichen Kontrolle (Verstaatlichung) von Unternehmen wird hauptsächlich auf die technologische Entwicklung und die Mechanisierung zurückgeführt. Technologische Entwicklung bei wachsendem Anlagevermögen, das heißt bei täglich steigenden allgemeinen Kosten; dies ist eine Entwicklung, welche die Mechanismen ausschließt, auf denen die Philosophie des Liberalismus aufgebaut ist.

Firmen werden größer, die Zahl der Wettbewerber nimmt ab, und die Preiskalkulation wird immer beliebiger. Dabei kann man zwischen den Preisen im Binnenhandel und im Außenhandel eines Landes unterscheiden; man kann sich für einen Preis entscheiden, der entweder einen Großteil oder aber einen kleinen Teil der Anlagekosten enthält, je nach den Erfordernissen des Wettbewerbs. Die Tendenz zu großen Unternehmen führt zur Bildung von Monopolen.

Es ist gesagt worden, dass Monopole nicht das Werk von Menschen sind, sondern das Werk einer bestimmten technischen Tendenz. Es ist gesagt worden, dass es töricht sei, diese Tendenz zu bekämpfen. Es handelt sich hierbei um einen der wichtigsten Streitpunkte, und deshalb ist die Frage an den Anfang der Diskussion gestellt worden.

Man muss zwischen dieser naturgemäßen Tendenz sowie den vom Menschen geschaffenen Einrichtungen unterscheiden, also Gesetzen und Gebräuchen, die man immer revidieren kann.

Der alte Liberalismus basierte auf der Liquidität des Wirtschaftsprozesses. Damals waren die Wirtschaftseinheiten so klein, dass es zu keinerlei Blockbildung kam – das Gegenteil also von dem, was wir zurzeit erleben. Die Wirtschaft hat sich zu kompakten Blöcken verfestigt. Es gibt keinen Automatismus mehr, alles wird vom Staat reguliert. Wir befinden uns auf dem Weg in den Etatismus.

Mises: Einer frühen Vorstellung zufolge ist die Organisation der Industrie in Kartellen angeblich der Beweis für die Richtigkeit der marxistischen These von der kapitalistischen Konzentration. Aber in der marxistischen Lehre resultiert die Konzentration aus dem freien Spiel der ökonomischen Kräfte, wohingegen die Entstehung von Monopolen tatsächlich durch eine interventionistische Wirtschaftspolitik herbeigeführt worden ist. Protektionismus hat das Wirtschaftssystem in verschiedenste Märkte aufgespalten und durch die Verkleinerung der Wirtschaftseinheiten zur Schaffung von Kartellen geführt. Protektionismus kann zu keinen wirksamen Ergebnissen auf dem nationalen Markt führen, auf dem die Produktion bereits die Nachfrage übertrifft, es sei denn durch die Schaffung eines Kartells, von dem zu erwarten ist, dass es die Produktion, den Umsatz im Ausland und die Preise kontrolliert. Die bestehenden Kartelle haben sich in den verschiedenen Branchen, um die es geht, als Folge der Ergreifung protektionistischer Maßnahmen durch den Staat entwickelt.

In etlichen Fällen war selbst dieser Eingriff durch den Staat an und für sich unzureichend, um die Bildung von Kartellen herbeizuführen. Der Staat musste erst durch besondere Gesetze die Produzenten dazu zwingen, sich zu Kartellen zu formieren. Genau das ist zum Beispiel in drei besonders wichtigen Industriebranchen in Deutschland – Kohle, Eisen und Kali – geschehen. Daher lässt sich die These, dass die Entstehung von Kartellen das natürliche Ergebnis der Wirkung der ökonomischen Kräfte gewesen sei, nicht aufrechterhalten. Nicht durch das freie Spiel dieser Kräfte entstehen diese Kartelle, sondern allein durch den Eingriff des Staates. Es ist daher ein logischer Irrtum, staatliche Interventionen im Bereich der Wirtschaft mit der Notwendigkeit zu rechtfertigen, die Bildung von Kartellen zu verhindern, denn es ist ja gerade der Staat, der durch seine Eingriffe die Schaffung der Kartelle herbeigeführt hat.

Nicht anders sieht es bei internationalen Kartellen aus – die wenigen (sehr begrenzten) Fälle einmal beiseitegelassen, in denen natürliche Bodenschätze aufgrund ihrer Seltenheit der Monopolbildung förderliche Bedingungen schaffen. Abgesehen also von diesen Ausnahmefällen haben sich internationale Monopole nur bilden können durch Handelsschranken und die Aufspaltung der globalen wirtschaftlichen Einheit. Andererseits ist klar, dass eben gerade die Regierungen die treibende Kraft bei der Schaffung internationaler Monopole gewesen sind. Wir wissen alle um die Maßnahmen, die von den Regierungen verschiedener Staaten auf den Märkten für Kaffee, Gummi, Korn, Baumwolle und so weiter ergriffen wurden. Das Scheitern dieser staatlichen Maßnahmen beweist besser als jedes andere Argument die Richtigkeit der von mir vertretenen These, dass es auf einem freien Markt keine Kraft gibt, die die Schaffung von Monopolen bewirken kann.

Vor 25 Jahren versuchte man, die Verstaatlichung der Eisenbahnen mit der Tatsache, dass ihr Betrieb ein Monopol darstelle, zu rechtfertigen. Heute jedoch hat sich die Lage in dieser Hinsicht völlig verändert. Der technische Fortschritt hat den Eisenbahnen gefährliche Konkurrenz erwachsen lassen: Die Fernstraße und, bis zu einem gewissen Grad, das Flugzeug ersetzen tendenziell die Eisenbahn.

All die in den Vereinigten Staaten zusammengetragenen Beweise für den Missbrauch von Monopolen zeigen die rechtswidrigen Methoden, die von Firmen angewendet werden, um damit eine alleinige Kontrolle des Marktes zu erreichen. Aber gerade die Tatsache, dass diese Firmen zu rechtswidrigen Methoden greifen mussten, zeigt, dass das kapitalistische System eben kein günstiges Feld für die natürliche Entwicklung von Monopolen bildet.

Nicht das freie Spiel der ökonomischen Kräfte, sondern die antiliberale Politik staatlicher Regierungen hat Bedingungen geschaffen, die die Bildung von Monopolen begünstigen. Es ist die Gesetzgebung, die Politik, die die Tendenz zu Monopolen geschaffen hat.

Detoeuf: Der Staat hat die Tendenz zur wirtschaftlichen Konzentration erheblich und in manchen Fällen entscheidend beeinflusst, aber seine Rolle dabei ist nicht die Hauptsache.

Im Allgemeinen haben Staaten immer dann interveniert, wenn sie psychologisch nicht anders konnten. In den meisten Fällen erfolgte die staatliche Intervention unabhängig vom politischen System – sie wurde erzwungen durch die Sorge um ein Mindestmaß an Ordnung.

Eisenbahnen sind heute für alle Staaten eine sehr große Last. Da, wo sie privaten Unternehmen gehörten, sah der Staat sich gezwungen, ihnen zu Hilfe zu kommen, um den [finanziellen] Ruin eines ganzen Teils der Bevölkerung zu verhindern. Die Frage, um die es geht, ist doch die, ob ein moderner Staat sich Bevölkerungsteilen widersetzen kann, die sich ruiniert sehen. Wenn ja, dann hat der Interventionismus politische Ursachen. Wenn nein, dann ist seine Ursache naturgegeben, nämlich als spontane Reaktion des sozialen Organismus. Das Problem für den Manchester-Liberalismus entsteht aus der Tatsache, dass seine Entwicklung zu einer Situation geführt hat, in der jeder sich [finanziell] mehr oder weniger ruiniert gesehen hat oder arbeitslos geworden ist. Das Kollektiv hat den Versuch gemacht, Abhilfe für diesen Zustand zu schaffen, [aber] nicht in Übereinstimmung mit marxistischen oder kollektivistischen Theorien. Es hat sich lediglich bemüht, das Bestmögliche zu tun, und hat anschließend Rechtfertigungen gefunden für Eingriffe, die es nicht vermeiden konnte.

Diese Art des Intervenierens ist, bis zu einem gewissen Grad, unabhängig von Zollschranken. Ich bin mir nicht sicher, ob es, falls es einmal die Vereinigten Staaten von Europa ohne Zollschranken geben sollte, in Europa nicht viel größere Konzerne für Elektrotechnik gäbe als diejenigen, die es heute in Amerika gibt. In

Amerika scheint die wirtschaftliche Konzentration unabhängig von Interventionen des Staates zu sein. Darüber hinaus wird sie durch Mittel aufrechterhalten, die nicht immer damit zu tun haben, dass die Selbstkosten niedriger sind als die der kleinen Unternehmen, sondern weil der Kampf zwischen großen und kleinen Unternehmen kein gleicher ist. Den großen Konzernen stehen Handlungsmöglichkeiten offen, über die kleine Unternehmen nicht verfügen. Ein großer Konzern vor dem Bankrott bleibt, selbst nachdem er bankrottgegangen ist, bestehen, einfach weil das Anlagevermögen so bedeutend ist, dass man ein Interesse daran hat, dass es bestehen bleibt. Erst nach ziemlich langer Zeit wird ein solches Unternehmen verschwinden, das nach den Regeln des Liberalismus sofort hätte untergehen müssen.

Und gegen das, was Herr von Mises gesagt hat, möchte ich einwenden, dass es viele Absprachen *[ententes]* gibt, die nicht auf staatlicher Intervention beruhen, zum Beispiel die Absprache in der Aluminiumbranche.

Mises: Das betrifft Güter, für die Zölle erhoben werden.

Detoeuf: Eine freiwillige Absprache auf nationaler Ebene ist vergleichbar mit einer internationalen Absprache, bei der es keine Zölle gibt. Auch wenn die Intervention des Staates die Konzentration beschleunigt und verschärft, kommt sie doch freiwillig zustande, und auch wenn der Staat eine Intervention unterlässt.[231]

Marlio: Unternehmenskonzentration ist eine nützliche Erscheinung und fördert die Wirtschaftsentwicklung und den Fortschritt.

Sie ist nützlich. Die von Herrn Lippmann vorgebrachten Einwände haben mich nicht beeindruckt. Ich will nicht leugnen, dass

Industriekonzentration Nachteile mit sich bringt, aber die Vorteile überwiegen die Nachteile.

Die Nachteile: Wenn sich ein großes Unternehmen auf der Grundlage eines besonderen Patents oder einer maschinellen Ausrüstung etabliert, hat es eine gewisse Präferenz dafür, nicht alles von heute auf morgen zu ändern, und damit eine gewisse Tendenz zur Stagnation. Wenn man sich aber andererseits die Mittel kleiner Firmen – im Gegensatz zu großen Konzernen – ansieht unter dem Gesichtspunkt des technischen Fortschritts bei der Qualitätssteigerung, dann lässt sich das gar nicht miteinander vergleichen.

Nehmen wir das Beispiel Aluminium. Ein sehr großes Unternehmen gibt im Jahr Hunderte Millionen für die Herstellung aus; einen Teil davon kann es in wissenschaftliche Forschung stecken, während einzelne Firmen das nicht könnten. Diese Forschungsvorhaben, die mit beträchtlichen finanziellen Mitteln betrieben werden, haben größeren Fortschritt ermöglicht.

Für den Verbraucher sind große [wirtschaftliche] Konzentrationen allem Anschein nach von Vorteil. Wenn man einige dieser Konzentrationen zurückverfolgen will, wird man feststellen, dass die Handelspreise gerade in den Branchen am stärksten gesunken sind, in denen die größten Konzentrationen zu verzeichnen sind.

Im Fall des Aluminiumkartells hat es stets nur Preissenkungen gegeben, nie Steigerungen. Hingegen konnte man gerade in den nicht kartellisierten Branchen beobachten, dass die Preise anstiegen.

Derartige Konzentrationen wirken sich also weder als Hemmschuh für den Fortschritt noch zum Nachteil der Öffentlichkeit aus. Und manche von ihnen werden gut geführt. Nehmen wir zwei gleichzeitig entstandene Kartelle, das in der Aluminiumbranche und das im Bereich Kupfer. Letzteres ist schlecht geführt worden: Man hatte dabei nur die dadurch unmittelbar zu erzielenden Profite im Blick, nicht die Vergrößerung des Marktes, woraus dann der Kollaps des Kartells resultierte.

So ist also das Gesetz des liberalen Wirtschaftens hier wirksam geworden und hat das schlecht geführte Kartell zusammenbrechen lassen. Das Wirtschaftsgesetz tritt schnell in Aktion, um diejenigen wieder zur Vernunft zu bringen, die Missbrauch treiben möchten.

Was staatliche Intervention betrifft, teile ich die Ansicht von Herrn Detoeuf, aber da ist noch ein besonderer Punkt, den wir bedenken sollten.

Unsere Arbeit wird interessant, aber vage sein, wenn wir ein Wirtschaftssystem an die beste aller möglichen Welten anzupassen versuchen. Es wird notwendig sein, für unser Urteil davon auszugehen, dass die heutige Welt die schlechtestmögliche ist. Wie kommen wir von der schlechtesten zur besten? Das ist ein sehr ernstes und sehr verwickeltes Problem.

Im Prinzip glaube ich nicht, dass staatliches Eingreifen für das Phänomen der Unternehmenskonzentration von so dominanter Bedeutung ist. Oft entspringt es einem zutreffenden, vernünftigen und positiven Gedanken, aber die Situation, in der wir leben, sprich die Autarkie, hat dazu geführt, dass der Staat in viel zu vielen Fällen eingreift. In diesem Punkt schließe ich mich Herrn Lippmann an, der sagt, dass Konzentrationen, die in der Form von Privilegien sich herausbilden, sehr schlecht sind. In Frankreich zum Beispiel haben wir ein Gesetz, das Franzosen dreimal so viel für ihre Schuhe zu bezahlen zwingt wie im Rest der Welt, eine obligatorische *entente* für die Herstellung von religiösen Gegenständen und so weiter. Das ist Wahnsinn.

Solange die Konzentration dem Prinzip der Freiheit entspricht, ist sie eine gute Sache, doch wenn sie Anzeichen von Privilegien erkennen lässt, ist sie schlecht. Ich bin gegen obligatorische Absprachen *[ententes]*, denn sobald das Entstehen von Fabriken [Kontroll-]Gesetzen unterworfen wird, haben wir ein totalitäres System.

Im Kampf zwischen den großen und den kleinen Unternehmen ist das große im Vorteil, weil es ein Produkt verkaufen kann, wo es will, und dadurch die Preise zum Fallen bringen kann. Aber es kommt durchaus auch vor, dass ein kleines Unternehmen ein großes dazu bringt, klein beizugeben.

Rüstow: Die Frage, um die es hier geht, ist enger gefasst: Es geht darum, herauszufinden, ob eine uneingeschränkte Konzentration eine wirtschaftsimmanente und naturgemäße Tendenz ist oder aber eine außerökonomische und damit vermeidbare Tendenz.

Herr Detoeuf hat gesagt, dass innerhalb des Wettbewerbssystems Situationen auftreten, in denen der Staat es nicht unterlassen kann, einzugreifen. Das ist sehr wahrscheinlich richtig. Aber wir müssen uns fragen, wie solche Situationen entstanden sind, ob es nicht der Staat selbst war, der sie begünstigt oder gar geschaffen hat. Und wir müssen uns erneut fragen, in welche Richtung der Staat intervenieren sollte, wenn eine solche Situation entstanden ist.

Sicherlich gibt es eine Tendenz zur Konzentration, die rein ökonomischer Natur ist, die aus technischem und organisatorischem Fortschritt herrührt und damit dem Wettbewerbssystem eigen und legitim ist. Diese ökonomische Tendenz neigt nicht zu maximaler, sondern zu optimaler Konzentration. In den meisten Fällen allerdings ist die rein ökonomisch optimale Konzentration deutlich geringer als das Maximum. Die Tendenz, das ökonomische

Optimum an Konzentration zu überschreiten, kann offensichtlich keine Tendenz ökonomischer Art im Sinne des Wettbewerbssystems sein. Es handelt sich dabei vielmehr um eine Tendenz zur Monopolbildung, eine neofeudale, räuberische Tendenz, die ohne Unterstützung durch den Staat, die Gesetze, die Gerichte, die Richter und die öffentliche Meinung keinen Erfolg haben kann.

Selbstverständlich versuchen die Nutznießer von Monopolen, diese Zusammenhänge zu verbergen, und gleichzeitig sind sie es, die alle Einzelheiten am besten kennen. Aber wann immer eine eingehende Untersuchung durchgeführt wurde, hat ihr Ergebnis diese These bestätigt.

Folglich ist es nicht der Wettbewerb, der den Wettbewerb zum Erliegen bringt. Es ist vielmehr die geistige und moralische Schwäche des Staates, der zunächst seine Pflichten als Polizist des Marktes verkennt und vernachlässigt, dadurch den Wettbewerb ausarten lässt und schließlich seine Rechte von Raubrittern missbrauchen lässt, um damit diesem aus den Fugen geratenen Wettbewerb den Todesstoß zu versetzen.

Mises: Es ist wichtig, einen Unterschied zu machen zwischen der natürlichen Tendenz der Wirtschaft zur Konzentration von Beteiligungen durch die Absorption kleiner Unternehmen einerseits und der Schaffung von Monopolen andererseits.

Die Tatsache, dass ein bestimmtes Unternehmen das einzige ist, das eine bestimmte Ware produziert und verkauft, ist unter ökonomischem Gesichtspunkt ohne Bedeutung. Der ausschlaggebende Faktor ist hier, ob dieses Unternehmen in der Lage ist, seine Profite zu steigern, indem es sein Umsatzvolumen reduziert. Nicht das Monopol bei Produktion und Verkauf ist ausschlaggebend, sondern die Frage, ob ein Monopolpreis besteht oder nicht.

Tatsächlich haben viele Produzenten die alleinige Kontrolle über den Markt in dem Sinne, dass sie allein Waren einer bestimmten Qualität liefern. Aber die meisten von ihnen wären nicht in der Lage, den Preis zu erhöhen, ohne eine spürbare Reduzierung ihrer Profite infolge rückläufiger Absatzzahlen zu riskieren. Diese Produzenten haben ein Monopol auf Produktion und Verkauf, aber sie sind nicht in der Lage, Monopolpreise durchzusetzen.

Lippmann: Da die Rechtsform des Eigentums hier Einfluss hat, wäre die Konzentration ebenso stark, wenn es die Gesellschaft mit beschränkter Haftung nicht gäbe?

Mises: Die Rechtsform der beschränkten Haftung ist unverzichtbar nicht nur für große Unternehmen, sondern oft auch für mittlere und sogar kleine Unternehmen. Man kann natürlich nicht bestreiten, dass die größten Konzerne ohne die Anwendung dieser Rechtsform nie hätten gebildet werden können. Aber es ist wichtig, zu betonen, dass bestimmte Unternehmungen von vitaler Bedeutung nur durch Unternehmen dieser Form ausgeführt werden konnten; als Beispiel möge hier der Hinweis auf den Bau der großen transkontinentalen Eisenbahnen oder die Öffnung des Isthmus von Suez genügen.

Castillejo: Persönliche Haftung ist nicht weniger beschränkt durch die Höhe der persönlichen Vermögenswerte, als die Haftung einer Aktiengesellschaft beschränkt ist durch das Stammkapital. Rechtlich besteht da kein Unterschied.

Detoeuf: Kann man eine kollektive Person mit einer Einzelperson gleichsetzen? Man behandelt eine kollektive Person als haftende

Person. Die Anteilseigner einer Gesellschaft mit beschränkter Haftung sind in geringerem Umfang haftbar als ein persönlicher Inhaber. Einer der gegenwärtigen Vorteile der Gesellschaft mit beschränkter Haftung besteht darin, dass jemand, der sein Geld darin anlegt, nur in Höhe des angelegten Geldes haftbar ist, und das ist auch eine ihrer Schwächen.[232]

Hätte sich die Konzentration ohne die Existenz der Gesellschaft mit beschränkter Haftung im gleichen Umfang entwickelt? Ich glaube, ganz sicher nicht.

Marlio: Die Thesen, die Herr Lippmann hinsichtlich der berichteten Unterschiede zwischen der Gesellschaft mit beschränkter Haftung und dem einzelnen Inhaber vorgetragen hat, scheinen mir nicht ganz gerechtfertigt. Richtig ist: Wenn man mit einem Hersteller Geschäfte macht, der selbst Inhaber der Firma ist, dann kennt man den Verantwortlichen; wenn man mit einer Aktiengesellschaft Geschäfte macht, dann hat man es mit einer kollektiven Person zu tun, deren Gutwilligkeit oder Arglist möglicherweise schwieriger einzuschätzen ist. Aber ich halte es nicht für eine Begünstigung, die Haftung der Anteilseigner auf das Kapital zu beschränken, für das sie gezeichnet haben; das ist kein Privileg, das man einer Aktiengesellschaft gewährt, sondern ein Vorteil, der ihren Vertragspartnern gewährt wird.

Wenn man mit einer Einzelperson Geschäfte macht, dann hat man keinerlei Kenntnisse über ihr Vermögen, ihre Schulden, ihre Solvenz; hat man es hingegen mit einer Gesellschaft mit beschränkter Haftung zu tun, dann hat man viel mehr Informationen zu jedem dieser Punkte.

Herr Lippmann hat noch einen zweiten Unterschied festgestellt. Die Gesellschaft mit beschränkter Haftung ist ihm zufolge eine regelrechte Stiftung. Das trifft nicht ganz zu, denn obgleich die Gesellschaft nicht sterben kann, sind die Anteilseigner, also die wahren Eigentümer des Unternehmens, durchaus sterblich und bezahlen ihre Vermögenssteuer wie persönlich haftende Inhaber auch.

Folgender Unterschied scheint mir viel bedeutsamer: In einer Gesellschaft mit beschränkter Haftung ist die Tendenz, etwas zu unternehmen, größer als beim Privateigentum eines Einzelnen, dem durch die Höhe seiner liquiden Mittel Grenzen gesetzt werden und der deshalb zögert, Investitionen zu machen. Das bedeutet nicht, dass die eine Form der Unternehmensstruktur besser wäre als die andere. Aber aus diesem Grund sind die Unternehmen der Textilindustrie heute in einer schlechten Lage, obwohl sie Familienbetriebe sind.

Der große Unterschied ist also psychologischer Art. Der persönlich haftende Inhaber ist eher konservativ und dem Wandel gegenüber eher feindselig eingestellt, der delegierte Geschäftsführer ist eher gewillt, gute oder schlechte Innovationen auszuprobieren. Das ist die Gefahr der Freiheit.

Detoeuf: Das ist nur so, weil er weniger haftbar ist, nicht, weil er frei ist.

Marlio: Ist der Anteil der Bankrotte und Geschäftsauflösungen bei Gesellschaften mit beschränkter Haftung höher als bei persönlich haftenden Inhabern? Ich glaube nicht. Und schließlich sehe ich ganz praktisch nicht, wie eine moderne Gesetzgebung sich dem Zusammenschluss von Interessen widersetzen könnte.

Hayek: Wenn Unternehmenskonzentration die Folge wäre von natürlicher technologischer Entwicklung, dann müsste ihre Form zunächst horizontale Integration und dann erst vertikale Integration sein. Tatsächlich aber sind die am meisten verbreiteten Formen der Integration horizontale und erst in zweiter Linie vertikale, also genau das Gegenteil von dem, was die technologische Orientierung vermuten ließe.

Mantoux: Man sollte nicht vergessen, dass die Eingriffe des Staates der Konzentration nicht immer förderlich gewesen sind, nicht einmal unabsichtlich, sondern mittelbar oft gerade den entgegengesetzten Effekt gehabt haben. So hat man in jüngster Zeit in Frankreich festgestellt, dass die gesetzlichen Lohnnebenkosten Unternehmen dazu bringen, so oft wie möglich auf kleine selbständige Handwerker zurückzugreifen, statt selbst Werkstätten zu unterhalten, in denen Arbeitsbedingungen und Löhne durch Tarifverträge bestimmt würden und die gesetzliche Regelung der Arbeitszeiten strikt durchgesetzt würde. Dieser Trend zeigte sich vor allem in der Rüstungsindustrie, in der Ersatzteilbestellungen oft bei Handwerkern in Auftrag gegeben werden.

Um staatliche Intervention zu rechtfertigen, hat Herr Detoeuf nacheinander zwei Argumente vorgebracht, die mir in Widerspruch zueinander zu stehen scheinen. Zum einen hat er uns erklärt, dass es dem reinen Wettbewerb an und für sich nicht gelungen sei, nicht lebensfähige Firmen rasch zu eliminieren, sodass der Staat schließlich gezwungen war, zu intervenieren. Und er hat uns auch erklärt, dass der Staat eingreifen musste, um bestimmte Unternehmen zu retten, deren Untergang den finanziellen Ruin eines großen Teils der Bevölkerung zur Folge hätte. Anders gesagt greift der Staat im einen Fall ein, um ein Unternehmen verschwinden zu lassen, und im anderen, damit es bestehen bleibt. Das scheint mir aber nicht das Ergebnis einer unausweichlichen ökonomischen Entwicklung zu sein, sondern das einer bewussten, wenn auch nicht immer völlig schlüssigen Wirtschaftspolitik.

Das Beispiel der Eisenbahnen, das Herr Detoeuf gewählt hat, ist besonders interessant. Worum ging es bei allen Eisenbahnen in Europa? Darum, ob der Staat bereit sein würde, Unternehmen finanziell zu unterstützen, die mit Verlust arbeiteten, oder ob er zumindest einen Teil von ihnen verschwinden lassen würde zum Vorteil der Nutzer neuer, erschwinglicherer Transportmittel, die in Konkurrenz zu den Eisenbahnen getreten waren. Für das Eingreifen des Staates ließen sich also vier Hauptgründe anführen:

1. der Schutz der Staatsfinanzen,
2. der Werterhalt der Kapitalanlagen in Eisenbahnunternehmen,
3. die Vermeidung von Arbeitslosigkeit,
4. die Erfordernisse der Landesverteidigung.

Der erste Grund ist höchst lobenswert, und die anderen sind es übrigens auch: Aber wenn der Staat sich aus rechtlichen Gründen in die Pflicht genommen sieht gegenüber einer Firma, die mit Verlust operiert, dann scheint mir das beste Mittel darin zu bestehen, diese rechtliche Beziehung so schnell wie möglich zu beenden, statt die Existenz eines nicht lebensfähigen Unternehmens weiter zu verlängern. Wenn das Unternehmen trotzdem am Leben erhalten wird, dann hat das Gründe, die nicht damit zusammenhängen. Ich möchte hinzufügen, dass es in steuerlicher Hinsicht absolut legitim sein kann, dass der Staat eingreift, etwa um die Steuergerechtigkeit wiederherzustellen, wenn etwa die Besteuerung einseitig zulasten der Eisenbahnen geht und das ein Grund für ihr Defizit ist. Aber das ist dann kein ökonomisches Problem mehr, sondern ein steuerrechtliches, und niemand hat den Vorschlag gemacht, der liberale Staat solle keine Steuern erheben.

Der zweite Grund stellt uns vor ein sehr ernstes Problem: Jeder technische Fortschritt impliziert zwangsläufig, dass ein Teil des bestehenden Anlagekapitals, insbesondere, wenn es in besonderen Wirtschaftsgütern besteht, an Wert verlieren muss. Aber man kann den Wert dieses bedrohten Kapitals nur dann durch eine Intervention auf unabsehbare Zeit erhalten, wenn man den technischen Fortschritt ganz zum Erliegen bringt. In diesem Fall stellt sich die Frage, ob das Interesse einer bestimmten Kategorie von Einzelpersonen, derjenigen nämlich, die Kapital in diese bedrohten Unternehmen investiert haben, sich gegenüber dem Interesse des Kollektivs[233] durchsetzen wird, das in erster Linie an dem allgemeinen wirtschaftlichen Nutzen des technischen Fortschritts interessiert ist. Es versteht sich von selbst, dass die Rolle des Staates, selbst des liberalsten Staates, darin bestehen muss, zu verhindern, dass der Übergang allzu brutal ausfällt. Das gilt insbesondere mit Blick auf den dritten Grund, das Problem der Arbeitslosigkeit aufgrund technologischer Ursachen. Selbstverständlich wäre es unsinnig, jeglichen technischen Fortschritt aus Angst vor Arbeitslosigkeit zu stoppen, aber es ist wahr, dass die alte liberale Denkschule das Ausmaß des menschlichen Leids, das durch solche »Friktionen« hervorgerufen wird, völlig ignoriert hat und dass man die allzu brutalen Auswirkungen jedes ökonomischen Wandels abmildern sollte.

Der letzte Grund, die Erfordernisse der Landesverteidigung, ist sehr interessant, falls er von Fachleuten bestätigt wird, aber das ist kein ökonomischer Grund und stellt als solcher kein Argument gegen den liberalen Staat dar, dem seit Adam Smith niemand das Recht auf Selbstverteidigung abgesprochen hat.

Mir scheinen all diese Eingriffe nicht auf bedrohliche Entwicklungen der Wirtschaft zurückzugehen, sondern vielmehr auf mehr oder weniger bewusste und mehr oder weniger vertretbare Gründe, die zu klären wir uns hier bemühen sollten.

KAPITEL 5

Liberalismus und Kriegswirtschaft

Samstag, 27. August: Nachmittagssitzung

Rougier: Die Tagesordnung sieht für heute folgende Diskussion vor: Ist der Niedergang des Liberalismus das Ergebnis der auf verschiedene Ursachen zurückgehenden Tendenz zu wirtschaftlichem Nationalismus? Eine der am meisten genannten Ursachen ist die Notwendigkeit, die nationale Sicherheit zu gewährleisten, die, so wird gesagt, die Zuflucht zu einer Art von ökonomischer Selbstversorgung erforderlich mache. Wir haben das Glück, in Stefan Possony unter uns einen jungen österreichischen Ökonomen zu haben, der der Ökonomie der Kriegsvorbereitung und Kriegführung ein beachtliches Buch gewidmet hat. Damit sei ihm sogleich das Wort erteilt.

Possony: Zwei Formen von Wirtschaft lassen sich unterscheiden: die Wohlstandswirtschaft und die Kriegswirtschaft. Im Hinblick auf die Kriegswirtschaft gibt es zwei wesentliche Interessen:

1. *Die Frage der Rohstoffe:* Wie lässt sich die erforderliche Produktion davon sicherstellen?

a. Wie gelingt eine Steigerung der nationalen Produktion? Alles hängt dabei vom Staatsdefizit ab. Liegt es bei fünf Prozent oder darunter, dann ist sie möglich; liegt es über fünf Prozent, dann ist sie unmöglich. Bei der Mehrheit der Länder ist das Defizit zu groß, als dass diese Möglichkeit gegeben wäre.
b. Ersatzstoffe. Im Allgemeinen ist kein hoch industrialisiertes Land, mit Ausnahme der Vereinigten Staaten, in der Lage, Selbstversorgung zu erreichen. Den Daten zufolge überschreiten die Kriegsbedürfnisse das, was ein einzelnes Land an Rohstoffen produzieren kann; Gleiches gilt für synthetische Stoffe, denn um diese zu produzieren, werden Grundstoffe benötigt (im Fall Italiens zum Beispiel Kasein). Will man aber zu viele Rohstoffe produzieren, riskiert man einen Anstieg des Defizits.
c. Die Frage der Vorräte. Was die Vorratshaltung betrifft, sieht man sich einer aussichtslosen Situation gegenüber, denn manche Vorräte nehmen Schaden, während andere infolge des technischen Fortschritts an Wert verlieren.

2. *Die Frage der Umwandlung einer Volkswirtschaft mit Blick auf einen Krieg.* Dabei sind zu bedenken:
   a. der potenzielle Output,
   b. das Kriegsgerät.

Dem potenziellen Output sind Grenzen gesetzt, Gleiches gilt für Maschinen und Industrie. Die Schlussfolgerung ist daher, dass es unmöglich ist, die Bedürfnisse infolge eines Krieges vorauszusehen.

Welche Art von Wirtschaft kann sich also am besten auf die Kriegswirtschaft einstellen? Es ist die liberale Ökonomie, aus folgenden Gründen:

1. Aufrechterhaltung der Außenbeziehungen,
2. die verfügbare Kapitalmenge.

Generell lässt sich sagen, dass alles, was das Risiko einer Reduzierung der Kapitalreserven einer Wirtschaft in sich birgt, schädlich ist.

Ist eine gelenkte Wirtschaft in Kriegszeiten möglich oder ratsam? Das Argument dafür besagt, dass das Ziel während des Krieges gesetzt wird. Aber dabei stößt man auf folgenden Einwand: Was sind die Kriegsziele? Ein weiteres Gegenargument besagt, dass die Kriegswirtschaft schwach ist, sodass der Ertrag umso größer ausfällt, je umfangreicher die Ressourcen sind. Die wirksamsten Waffen – Panzer zum Beispiel – werden vom Generalstab geordert.

In Kriegszeiten muss der Staat intervenieren, um den Verbrauch der Konsumenten zu rationieren sowie Löhne und Profite festzusetzen. Die günstigste Bedingung dafür wäre eine Gruppe von kompetenten Unternehmern.[234] Da der technische Fortschritt ein höheres Tempo annimmt, ist das liberale System besser gerechtfertigt.

Ist die Gewährleistung freier Preise während des Krieges ratsam? Diese Frage lässt sich nicht beantworten.

Zusammenfassend lässt sich feststellen, dass Interventionismus für die Vorbereitung auf einen Krieg nicht gerechtfertigt ist. Selbst während des Krieges bleiben Grundsätze der liberalen Wirtschaft die am besten geeigneten. Der Staat kann in bestimmten Fällen Unternehmen unter staatliche Kontrolle stellen; er kann Vorräte anlegen und sehr hohe Steuern einführen, aber es bleibt dabei, dass ein drohender Krieg Demokratien nicht davon abhalten sollte, sich am System einer liberalen Wirtschaft zu orientieren. Je mehr der Krieg die Fähigkeit zur Initiative erfordert, desto mehr erweist sich die bürokratische Wirtschaft der liberalen Wirtschaft als unterlegen.

Marlio: Das System einer gelenkten Wirtschaft zur Vorbereitung auf einen Krieg ist sehr schlecht, selbst unter militärischem Gesichtspunkt, wenn man davon ausgeht, dass dieses System zehn oder zwanzig Jahre lang bestehen soll.

Manche Länder erfinden, um fehlende Güter zu produzieren, Ersatzstoffe, für die in hohem Maß auf Rohstoffe zurückgegriffen wird; würde dieses System lange Zeit bestehen bleiben, wären schließlich alle Rohstoffe erschöpft. Kein Vorrat [an Kriegsgerät] besitzt nach einigen Monaten Krieg noch einen wirklichen Wert. Nach den Berechnungen des Generalstabs der [französischen] Luftwaffe muss der Nachschub an Flugzeugen nach zwei Monaten ausgetauscht werden.[235] Die Vorräte sind nicht nur aufgebraucht, sondern sie veralten auch rasch.

Zudem kommt es zu einer Erschöpfung der natürlichen Ressourcen der Bevölkerung. In der Sowjetunion sind die Fünfjahrespläne nicht durch Aufnahme von Schulden erfüllt worden, sondern durch die Beschränkung der Lebensmittel und der Lebensbedingungen der Bevölkerung.

Die Argumente zugunsten einer gelenkten Wirtschaft gelten nur, wenn der Krieg unmittelbar bevorsteht und kurz ist. Dieses System bietet Möglichkeiten, die man in einem Land mit einer liberalen Wirtschaftsordnung nicht finden würde: Zwangsmaßnahmen, die der Bevölkerung auferlegt werden, die zum Beispiel aus dem System der Kriegswirtschaft stammen (wie etwa Kanonen statt Butter zu produzieren).

Heilperin: Herr Possony hat gesagt, dass die Planwirtschaft in einem Staat, der sich auf einen Krieg vorbereitet, zur Verarmung und schrittweise zur Erschöpfung der Ressourcen führe. Die Anwendung dieser Methode schwächt also der Staat: Das ist klar.

Aber um von dort bis zu den von Herrn Possony gezogenen Schlüssen zu gelangen, ist es ein weiterer Schritt. Kann ein Staat, der mit den Vorbereitungen auf einen Krieg beginnt (eine Periode von wenigen Jahren), im Rahmen einer liberalen Wirtschaftsordnung funktionieren? Ist die Möglichkeit der Vorbereitung auf einen Krieg im Rahmen einer liberalen Wirtschaftsordnung nicht ein Widerspruch in sich?

1. Was erfordert die Vorbereitung auf einen Krieg? Eine Akkumulation von Ressourcen, die sonst für die Bedürfnisse der Verbraucher verwendet würden und die nun aber den Erfordernissen des Krieges zur Verfügung gestellt werden. Ist eine liberale Wirtschaft dazu fähig? Besteuerung ist keine hinreichend wirksame Waffe, um die beabsichtigten Ziele zu erreichen. Um die Investition von Kapital in die Rüstungsgüterproduktion über ein begrenztes Maß hinaus durchzusetzen, ist die liberale Wirtschaft auf die Intervention des Staates angewiesen. Das Gleiche gilt für internationale Handelsbeziehungen.
2. Man muss sich das Problem einer möglichen planmäßigen Vorbereitung auf einen Krieg keineswegs auf ein einzelnes Land beschränkt vorstellen. Im Allgemeinen erfolgt das in einem Block von Ländern; das lässt einen verstehen, was Deutschland gegenwärtig in Mitteleuropa und in Lateinamerika tut.

Mir scheint, dass man sich zwischen einer Kriegswirtschaft und einer Wohlstandswirtschaft entscheiden muss. Die Vorbereitung auf einen Krieg enthält hier einen Gegensatz.

Mantoux: Herr Possony läuft hier anscheinend Gefahr, seine im Übrigen ausgezeichnete These in Misskredit zu bringen, indem er Argumente vorbringt, die seinen Widersachern nur allzu leicht als Zielscheibe dienen können. Es ist nämlich wichtig, zu unterscheiden zwischen rein ökonomischen Maßnahmen und Maßnahmen mit politischen und militärischen Zielen, die wirtschaftliche Opfer mit sich bringen, so sehr Letztere meines Erachtens in gewissem Sinne auch gerechtfertigt erscheinen mögen. In Frankreich ist Protektionismus im Bereich der Landwirtschaft immer schon mit ökonomischen Gründen gerechtfertigt worden, und das ist falsch. Aber man kann den Standpunkt vertreten, dass die dadurch erreichte landwirtschaftliche Quasiautarkie, gewiss nicht ohne Einbußen beim Lebensstandard der Bevölkerung, Frankreich vollständig gegen die Gefahren einer Blockade in einem Krieg abschirmt. Der Freihandel hat England einen sehr hohen Lebensstandard beschert, es aber gleichzeitig auch in gefährlich hohem Maß abhängig gemacht von Lebensmitteleinfuhren, und während des Ersten Weltkriegs hat man eine Hungersnot und damit die Niederlage nur mit knapper Not abwenden können. In einer Welt, in der die Gesetze des Dschungels herrschen, kann es erforderlich sein, sich wirtschaftlich unverwundbar zu machen, wenn man eine bestimmte Außenpolitik verfolgen will.

Rueff: Ein historisches Argument: Nicht einmal ein Zehntel der dirigistischen Wirtschaftsmaßnahmen werden zu militärischen

Zwecken ergriffen. Die Entwicklung der französischen Wirtschaft in Richtung Dirigismus ist keine Naturnotwendigkeit.

Gilt das auch für andere Länder? Die deutsche Wirtschaft wurde bereits gelenkt, noch ehe die Vorbereitung auf einen Krieg zum einzigen Ziel der deutschen Nation gemacht wurde. Die Devisenkontrollen waren die unvermeidliche Konsequenz der gelenkten Wirtschaft, wenn das auch wenigen bewusst war. In den Ländern Mitteleuropas ist das Ausmaß der Herausbildung einer gelenkten Wirtschaft die Konsequenz der »clearings«[236], eines Haushaltsdefizits, das wiederum aus der Gedankenlosigkeit der Regierungen resultiert.

Ist ein zentral gelenktes System für die Vorbereitung auf einen Krieg besser geeignet als das liberale System? Was genau ist das Problem der Rüstung? Es besteht darin, einen Wandel in der Ausrichtung der Wirtschaft eines Landes herbeizuführen, sodass die Produktion sich an militärischen Zielen orientiert.

Die liberale Wirtschaft erlaubt eine Verteilung der Produktionsmittel entsprechend individuellen Präferenzen. Das Problem der Kriegsvorbereitung besteht darin, in das System der Verteilung der Produktionsmittel verzerrende Faktoren einzuführen, die die Produktionstätigkeit auf militärische Ziele hin ausrichtet.

In dieser Hinsicht gibt es zwei Interventionsfaktoren:

1. Steuern. Den potenziellen Anstrengungen ist hier lediglich eine Grenze gesetzt durch die maximale Gesamtsumme möglicher Steuern.
2. Anleihen, die den Bürger dazu ermuntern, sich selbst freiwillig etwas vorzuenthalten, um dem Staat zu helfen.

Sind totalitäre Methoden effizienter als liberale Methoden? Welche Grenze ist der Erhebung von Steuern gesetzt? Ist es nicht offenkundig, dass ein Land, das sich mit zusätzlichen Ausgaben konfrontiert sieht, mehr arbeiten muss, wenn es den früheren Lebensstandard halten will? Gelenkte Systeme haben den Vorteil, zusätzliche Opfer einfach aufzuerlegen, während der liberale Staat erhebliche Schwierigkeiten hat, sie durchzusetzen.

Aber diese Hindernisse resultieren nicht aus dem Wesen des liberalen Staates. Woher kommen sie? Staatsmänner handeln selten feige. Oft sind sie bereit zu mutigen Taten, aber selten sind sie sich der Probleme bewusst, denen sie gegenüberstehen, oder der Mittel zu deren Lösung.

Das Problem des Liberalismus in der heutigen Welt ist ein geistiges Problem. Eine der Folgen des Liberalismus war es, herrschende Klassen auszuwählen, die von den treibenden Kräften des liberalen Systems keine Ahnung hatten. Auf diese Weise war zum Beispiel die Standardisierung der [Handels-]Quoten tödlich für das System, und doch wurden sie beschlossen, ohne dass [die Entscheidungsträger] einen einzigen Moment über die unausweichlichen Konsequenzen nachgedacht hätten. Es besteht nicht die geringste Hoffnung, das liberale System zu erhalten, wenn die Regierungen sich nicht bewusst sind, was dafür erforderlich ist.

Castillejo: Nein, diese Voraussetzung reicht nicht aus, denn wenn sich ein hoher Grad an Kompetenz und politischer Macht in denselben Leuten verbindet, dann wird das Ergebnis weder Liberalismus noch Demokratie sein, sondern eine Diktatur. Demokratie ist möglich dank der Dummheit der [Kabinetts-]Minister. Organe, die der fachlichen Orientierung dienen, sollten nicht den Launen der Mehrheit ausgesetzt werden und so weit entfernt von der politischen Macht sein wie möglich.

Possony: Was der Wirtschaft zur Vorbereitung auf einen Krieg im Allgemeinen nützt, ist nicht [unbedingt] dem Staat von Nutzen, der sich auf einen bestimmten Krieg vorbereitet. In diesem Fall kommt es darauf an, zu wissen, ob die ergriffenen Maßnahmen kennzeichnend sind für eine gelenkte Wirtschaft. Denn für diese Staaten wird es, falls es nicht zum Krieg kommt, sehr schwer, ihre Kriegswirtschaft in eine Friedenswirtschaft umzuwandeln.

Rueff: Es gibt verschiedene Grade der Nichtvorbereitung. England ist ein Beispiel dafür.

Mises: Alle Ökonomen, einschließlich der in totalitären Ländern, gehen darin einig, dass es unmöglich ist, folgendem Dilemma zu entgehen: *entweder* die internationale Arbeitsteilung *oder* die Vorbereitung auf einen Krieg. Der Krieg, auf den sich die totalitären Staaten vorbereiten, wird nach ihrer Auffassung der letzte Krieg sein, aus dem ihre endgültige Hegemonie resultieren wird. Dieser Krieg muss, ihrer Auffassung nach, ein Überraschungskrieg sein, der nicht lange dauern wird.

Es ist gesagt worden: »Deutschland ist eine Armee, die einen Staat besitzt, nicht ein Staat, der eine Armee besitzt.«[237] Das Fundament dieser militärischen Organisation bildet die Überzeugung, dass die Produktivität eines staatlich kontrollierten Unternehmens größer sei als die eines liberalen Unternehmens. Es heißt, der Etatismus sei bei der Herstellung von Rüstungsgütern effizienter als der Liberalismus, und deshalb wurden diese Unternehmen verstaatlicht.

Um die Stichhaltigkeit dieser Vorstellung zu bewerten, muss man die Geschichte betrachten. Nun, zu Beginn des 19. Jahrhunderts stellten alle Staaten ihre Waffen in den Manufakturen ihrer Arsenale her. Im Verlauf des 19. Jahrhunderts zwang der Wettbewerb mit privaten Unternehmen den Staat dazu, sich privater Unternehmen zu bedienen. Alle großen Erfindungen wurden in anderen Ländern gemacht, vor allem in Frankreich und England. Die einzige deutsche Erfindung war der Zeppelin.

Herr Mantoux hat gesagt, dass der Freihandel in England fast zur Hungersnot geführt hat. Aber Deutschland hat eine solche Hungersnot tatsächlich erlebt, weil die Arbeitskraft der Soldaten nicht zu ersetzen war. Wenn man allein das Problem der Lederherstellung betrachtet, so ist es für Deutschland absolut unmöglich, das zur Herstellung von Militärstiefeln benötigte Leder über einen Zeitraum von mehr als drei bis vier Monaten aufzutreiben. Und das ist nicht das einzige Produkt. Dieses ganze System führt zu einer Reihe von ineffizienten Maßnahmen, denen die Erfahrungen eines künftigen Krieges ein sehr strenges Zeugnis ausstellen werden. Und doch ist den deutschen Theoretikern zufolge die Arbeitsteilung unvereinbar mit den Vorbereitungen für einen Krieg.

Possony: Ich denke, wir sind uns über den Hauptpunkt alle einig, nämlich dass eine Wirtschaft, die zu Verarmung führt, mit den Bedürfnissen moderner Kriegführung nicht zu vereinbaren ist. Dirigismus jedoch vernichtet Vermögen, indem er Kapital von dessen besten Ertragsmöglichkeiten abzieht, den Außenhandel einschränkt und persönlichen Konsum durch kollektiven Konsum ersetzt. Daher stellt Dirigismus nicht die wirksamste Vorbereitung auf einen Krieg dar. Überdies haben die meisten der etatistischen Systeme, die wir kennen, mit der wirklichen und ernsthaften Vorbereitung auf einen Krieg gar nichts zu tun. Die »Wehrwirtschaft«[238] ist oft nur ein Vorwand, um damit die Verfehlungen des Interventionismus zu entschuldigen.

Theoretisch betrachtet gefährdet eine »Wehrwirtschaft«, die auf einem dirigistischen Wirtschaftssystem beruht, ihre eigenen Ziele. Ökonomisch gesprochen ist Kapital schlechthin die Voraussetzung für moderne Kriegführung. Diese Voraussetzung muss vor allem anderen gegeben sein. Darin besteht das Hauptargument zugunsten des Liberalismus, über das alle einig zu sein scheinen.

Aber das Problem wird noch verwickelter. Reicht es aus, Kapital zu haben? Selbstverständlich nicht. Um einen Krieg zu gewinnen oder eine Niederlage abzuwenden, braucht man Waffen, und in unseren Zeiten brauchte man viele davon. Rüstungsgüter, insbesondere in großer Zahl produziert, haben enorme ökonomische Rückwirkungen. Das scheint aber dennoch kein hinreichender Grund, um das System des Markt-Preis-Mechanismus einfach aufzugeben, im Gegenteil, denn diese Schwierigkeiten lassen sich nur durch eine Steigerung des [wirtschaftlich verfügbaren] Vermögens überwinden. Wenn es angemessen ist, aufzurüsten, dann sollte man auch auf Besteuerung und Schuldenaufnahme zurückgreifen und nicht die Grundlagen der Wirtschaft ruinieren. Weshalb geschieht das nicht? Weil eine indirekte Finanzierung politisch bequemer ist, denn auf diese Weise ist es möglich, den Preis der Rüstung zu verschleiern, der nämlich nur auf Kosten des Konsums aufgebracht werden kann.

Die individualistische Wirtschaft, die sich den Bedürfnissen der Individuen anpasst, kann gewiss nicht aus eigenem Willen zur Produktion von Waffen führen. Hier ist es nötig, dass der Staat eingreift, um die Investition von Kapital in die Produktion von Rüstungsgütern herbeizuführen, indem er sie von ihrem normalen

Zweck, dem Konsum, ablenkt. Ist das wirklich unvereinbar mit Liberalismus, wie Herr Heilperin behauptet?

Ich glaube es nicht, aber ich gebe zu, dass es von der Art und Weise und vom Grad der staatlichen Intervention abhängt. Wenn der Staat sich auf die Erhebung von Steuern und das Aufnehmen von Schulden beschränkt, bleiben wir innerhalb des Rahmens, den der Liberalismus vorgibt. Wenn andererseits der Staat zu anderen Mittel greift, wie etwa Devisenkontrollen, der Beschränkung des Außenhandels oder einem Verbot der Herstellung bestimmter Güter oder einfach durch Währungsinflation, dann verlassen wir den Rahmen des Liberalismus. Aber diese letztgenannten Methoden der Intervention, über die wir gerade gesprochen haben, sind kostspieliger als die anderen, und man kann ebenso gut rüsten, indem man zu den erstgenannten wie zu den letztgenannten [Methoden] greift. Wenn man noch dazu bedenkt, dass ein moderner Krieg ein Abnutzungskrieg ist, der Reichtum in ungeheuerlichem Ausmaß verschlingt, dann wird man gewiss einverstanden sein, die am wenigsten kostspieligen Methoden der Intervention zu wählen.

Es bleiben noch ein paar Missverständnisse zu zerstreuen. Herr Marlio ist der Ansicht, eine gelenkte »Wehrwirtschaft« sei vorzuziehen, wenn der Krieg unmittelbar bevorsteht und nur von kurzer Dauer ist. Aber wenn der Krieg wirklich kurz sein sollte, brauchte man überhaupt keine »Wehrwirtschaft« zu praktizieren, einmal abgesehen von der Verpflichtung, genügend Waffen zu produzieren. Ein unmittelbar bevorstehender Krieg wird zur beschleunigten Aufrüstung führen, aber ist es nötig, um sie zu ermöglichen, die Methoden der Finanzierung zu ändern und eine indirekte Finanzierung einer direkten vorzuziehen? Ich sehe keinen Grund dafür.

Kurz, wir sind uns alle über die Notwendigkeit einig, genügend Rüstungsgüter zu besitzen, die durch Steuern und Anleihen finanziert werden, das heißt auf direktem Weg. Dabei sollten die wirtschaftlichen Maßnahmen, durch welche eine Aufrüstung ermöglicht wird, jedoch nicht mit einer »Wehrwirtschaft« verwechselt werden, deren Sinn ein ganz anderer ist. Nach modernem Verständnis bereitet die »Wehrwirtschaft« in Friedenszeiten die Produktion von Kriegsmaterial für den Krieg selbst vor, sodass während eines Krieges stets alles gewünschte Material vorhanden ist. Werden zum Beispiel 10 000 Flugzeuge im Monat benötigt, dann bereitet man die erforderlichen Fabriken und Maschinen vor, um Flugzeuge in solchen Stückzahlen zu produzieren – oder vielmehr, man bemüht sich, sie vorzubereiten. Es ist das Prinzip des »Schattensystems«. Um einen Sieg zu garantieren, ist es absolut notwendig, klare Vorstellungen davon zu haben, welches Material und wie viel davon in einem künftigen Krieg gebraucht werden wird. Anders ausgedrückt: Muss derjenige, der mit der Aufgabe betraut wird, die Pläne für diese Planwirtschaft – denn das ist eine »Wehrwirtschaft« – auszuarbeiten, nicht auch ein Prophet sein? Meiner Meinung nach ist es völlig unmöglich, einen solchen Plan zu erstellen, der nichts als die Vision eines Träumers sein kann. Das lässt sich durch eine Fülle historischer Daten und Fakten beweisen. Jeder Schritt in Richtung einer geplanten »Wehrwirtschaft« vermindert also das Vermögen, ohne dabei irgendeinem Zweck zu dienen. Das Gleiche ließe sich sagen über jeden Versuch, den Außenhandel mit Blick auf die Erlangung von Autarkie zu beeinflussen; da diese Autarkie unerreichbar bleibt, reduziert jede Einschränkung des Außenhandels sowohl das Vermögen als auch die Fähigkeit eines Landes, sich während eines Krieges [den Erfordernissen] anzupassen.

Nur wenn die geografische Lage eines Landes voraussichtlich zum Zusammenbruch seiner Handelsbeziehungen im Kriegsfall führen wird, muss man das Aufrüstungsprogramm abschließen, und zwar nicht durch Autarkiemaßnahmen, sondern, in Ermangelung genauer Kenntnisse darüber, wie der Krieg verlaufen wird, durch Vorratshaltung von Rohstoffen. Eine Vorratshaltung von anderen Gütern als Rohstoffen, die sicherlich wünschenswert wäre, stößt an die Grenze unseres Wissens, wie der Krieg verlaufen wird. Das belässt uns nur die Option, Vorräte von Lebensmitteln und allen Mineralstoffen, Holz, Textilien und dergleichen anzulegen, deren vermutliche Knappheit absehbar ist. Aber wie bekommen wir die? Ich sehe auch hier keinen anderen Weg als durch direkte Finanzierung und, das muss hinzugefügt werden, einen starken Staat, der imstande ist, die erforderlichen Steuern durchzusetzen. Hätte Dirigismus eine bessere Antwort zu bieten?

Auf jeden Fall führt jegliche wirtschaftliche Vorbereitung auf einen Krieg zwangsläufig zu einem Verlust an Vermögen. Da aber Vermögen das Mark des Krieges ist und bleibt, sollte man es, wenn auch vielleicht nicht in all seinen Formen, so weit wie möglich mehren. Es gibt im Prinzip keine andere vernünftige »Wehrwirtschaft«.

KAPITEL 6

Liberalismus und ökonomischer Nationalismus

Sonntag, 28. August: Vormittagssitzung

Rougier: Der Vorzug des Liberalismus ist es, die Dynamik der [wirtschaftlichen] Produktion zu steigern. Heutzutage allerdings scheint dieses Moment durch den Stillstand der kolonialen und der demografischen Expansion schwächer geworden zu sein, und zwar derart, dass schon die Ansicht vertreten wird, das Hauptproblem sei eher, die Vermögensverteilung zu steuern, als die Erzeugung von Vermögen zu stimulieren. Damit würde der Liberalismus das stärkste Argument für seine Daseinsberechtigung verlieren. Was sollen wir von dieser naturbedingten Abschwächung der ökonomischen Dynamik halten? Wilhelm Röpke hat sich vordringlich mit diesen Problemen beschäftigt.

Röpke: Wir treten hier in die Analyse des aus der sogenannten Abschwächung der Dynamik des Kapitalismus sich ergebenden ökonomischen Nationalismus.

Wie Herr Lippmann gesagt hat, ist es nicht unseres Amtes, endgültige Lösungen anzubieten. Vielmehr suchen wir zunächst nach den Problemen und erst dann nach den Lösungen. Da es unmöglich ist, alles zu sagen, müssen wir uns an das Wesentliche halten.

Auf der einen Seite ist die Doktrin des Liberalismus die Wirtschaftspolitik des 19. Jahrhunderts gewesen, auf der anderen Seite hat die Durchführung dieser Politik das Aussehen der Welt verändert. Sie wurde begleitet:

1. von der Ansiedlung der weißen Rasse außerhalb Europas,
2. vom Wachstum der weißen Bevölkerung.

Heute ist die Expansion der weißen Rasse nahezu abgeschlossen. Eine Nation muss ihre Kolonien einer anderen entreißen. Was die Bevölkerungszahlen betrifft, tendiert die Geburtenrate in den Nationen der weißen Rasse zu einem Punkt hin, an dem die Bevölkerungszahl stagniert.

Dieser Wandel hat das Klima verändert, in dem der Liberalismus existieren kann. Worin besteht dieses Klima? Zunächst in freiem Raum, sodann im Wachstum der Bevölkerung.

Das Problem stellt sich wie folgt: Ist das auf Markt und freiem Wettbewerb beruhende Wirtschaftssystem abhängig vom Angebot an Quadratkilometern und einem jährlichen Zuwachs an Geburten?

Mit dieser These begeht man einen grundsätzlichen logischen Fehler. Denn für die Entwicklung von Unternehmen sind nicht Quadratkilometer erforderlich, sondern Kaufkraft. A priori gibt es keine Gründe, weshalb sich der Kapitalismus nicht entwickeln sollte, um die stetig zunehmenden Bedürfnisse der bestehenden Bevölkerung zu befriedigen.

Wir müssen die tatsächlichen Beziehungen untersuchen, die zwischen der Politik des Imperialismus und der Rolle des privaten Unternehmertums bestehen, und die Frage stellen, ob der wesentliche Punkt nicht der ist, dass es in einem wohlgeordneten System keine extensive Ausrichtung gibt, die sich nicht durch eine intensive Ausrichtung ersetzen ließe.[239]

Man sollte die Frage stellen, ob ökonomischer Nationalismus eine sogenannte endogene Tatsache ist, die von der Entwicklung des Liberalismus verursacht wird, und zwar derart, dass es töricht wäre, dagegen anzukämpfen? Wir müssen herausfinden, ob die Tendenz der Agrarstaaten, sich zu industrialisieren, und die Tendenz der Industriestaaten, ihre Landwirtschaft zu entwickeln, [jeweils] notwendig sind und charakteristisch für eine Wirtschaft des Freihandels.

Viele Theoretiker vertreten die Auffassung, dass die Industrialisierung unterentwickelter Agrarstaaten und die Agrikulturalisierung von fortgeschrittenen Industrienationen, auch wenn sie kein völlig neues Verfahren erfordert, das Ende der liberalen Wirtschaft, der Handelsabkommen und der Meistbegünstigungsklausel [im Außenhandel] bedeuten werde.

Das Sinken der Geburtenrate wäre ein weiterer Faktor, von dem es heißt, er verstärke den vorgenannten Prozess. Die Industrieländer haben den starken und berechtigten Wunsch, ihre Landwirtschaft zu erhalten. Sollte man die antiliberale Politik der Industrieländer in Bezug auf die Landwirtschaft verurteilen? Oder ist es absolut notwendig, eine antiliberale Politik zu entwickeln, um die Landwirtschaft dieser Länder zu erhalten?

Eine Lösung dafür ist: Die Erzeugung gewöhnlichen Getreides sollte weitgehend Agrarländern vorbehalten bleiben, während den Industrieländern vernünftigerweise eher die Erzeugung von Nahrungsmitteln höherer Qualität zukommt, für welche diese Industrieländer eine besondere Lage haben. Das sind Produkte, für die die Kleinbauernwirtschaft stark ausgeprägte Vorteile bei der Erzeugung besitzt; das sind Produkte, für die die Kleinbauernwirtschaft stark ausgeprägte Vorteile gegenüber den benachbarten Märkten der Industriezentren hat; das sind Produkte, für die die potenzielle Nachfrage enorm ist und die stets unterschätzt werden (siehe die Veröffentlichung des Völkerbundes zum Thema Ernährung).

Die Bedingungen, die erforderlich sind, um dieses Potenzial in einen Wert zu verwandeln, konfrontieren uns mit einem ziemlich komplizierten ökonomischen Problem. Diese Produkte erfordern ein hohes Maß an Arbeitsintensität, die in den kleinbäuerlichen Produktionsstrukturen in diesen Ländern besonders gut erreicht werden kann – und sie erfordern große Anbauflächen. Es sind auch die Getreidearten, die man in Friedenszeiten importieren kann, um Vorräte davon für militärische Erfordernisse anzulegen. Andererseits kann man auch zusätzliche Viehbestände als Reserven für den Kriegsfall betrachten.

So lässt sich erkennen, wo die Lösung für das Problem zu finden ist. Die größte Gefahr besteht in der Politik der neuen Konjunktur: der Politik wirtschaftlicher Autonomie, der Politik eines wirtschaftlichen Nationalismus in Verbindung mit Planwirtschaft und Autarkie.

Heilperin: Drei Punkte sollten hervorgehoben werden:

1. Wirkt sich technischer Fortschritt, der bei der Industrialisierung von Agrarländern eine Rolle spielt, auf die zwischenstaatlichen Beziehungen aus? Es gibt hier keinen unbedingten Einwand, denn der anteilige Handel im Bereich der Grundbedürfnisse wird eine Spezialisierung im Handelsverkehr anregen.
2. Die territoriale Expansion und das Bevölkerungswachstum als Faktoren des wirtschaftlichen Liberalismus im 19. Jahr-

hundert sind bereits erörtert worden. Es ließe sich erwidern, dass ein neuer Faktor sie aufwiegen könnte: die Tendenz, besser zu leben. Ein sehr stimulierendes Element für die Wirtschaftstätigkeit kann es sein, mehr zu produzieren, um besser zu leben.

3. Die Frage der Bevölkerung: Der Rückgang der Bevölkerung bringt mich nicht von einem ökonomischen Gesichtspunkt ab; das Wirtschaftssystem muss so einfach sein, dass es sich großen Veränderungen solcher Art anpassen kann.

Rueff: Die Feststellungen von Herrn Röpke scheinen mir eher die Folgen des Niedergangs des Liberalismus zu sein als dessen Ursachen. Sie resultieren aus ihm, erklären ihn aber nicht.

Mises: Ich stimme Herrn Rueff vollkommen zu. Wir sollten bei der Erörterung der Rohstoffproblematik die erhebliche Rolle der Thesen zur Währungspolitik nicht aus den Augen verlieren. Es ist eine weitverbreitete Ansicht, dass Länder, die unter Devisenknappheit leiden, dadurch daran gehindert werden, Rohstoffe zu kaufen. Dabei ist die Lage, die man als »Devisenknappheit« beschreibt, doch gerade die Folge von deren Politik und wäre augenblicklich beendet, wenn die Länder den Versuch aufgeben würden, durch Zwangsmaßnahmen der Wirtschaft Wechselkurse aufzuzwingen, die niedriger sind als die Marktkurse. Wenn man eine Inflationspolitik verfolgt und damit die Kaufkraft der eigenen Währung im Verhältnis zum Wert von Gütern, Gold und Devisen verringert, dann sollte man wenigstens die auf dem Markt geltenden Wechselkurse respektieren. Wenn man aber selbst das verweigert, um die Fiktion einer nicht abgewerteten Landeswährung aufrechtzuerhalten, und wenn man dazu die Devisenvermögen konfisziert, die von den eigenen Staatsbürgern gehalten werden, indem man für die im Umtausch gezahlte Vergütung einen Kurs festsetzt, der weit unter dem wirklichen Kurs für diese Devisen liegt, dann löst man einen Mechanismus aus, wie er im Gresham'schen Gesetz definiert ist. Das »schlechte« Geld treibt in diesem Fall das »gute« hinaus. Die Devisenknappheit ist die unvermeidliche Folge der Devisenkontrollen.

Auf den Märkten für Rohstoffe genießen alle Käufer gleiche Behandlung. So haben zum Beispiel auf den Märkten für australische Wolle die Engländer keine günstigere Position als die Dänen oder die Schweizer. Der Umstand, dass der König von England auch der Souverän des australischen Commonwealth ist, spielt für den Wollmarkt keine Rolle.

Die britischen Überseegebiete und Indien sind vom Standpunkt der Währungspolitik aus betrachtet von Großbritannien unabhängige Länder. Das australische Pfund, der kanadische Dollar, die indische Rupie unterscheiden sich vom englischen Pfund nicht weniger als von anderen Landeswährungen.

Es gibt eine Tatsache, deren Verständnis immer wieder durch den fragwürdigen Gebrauch von Possessivpronomen behindert wird. In welcher Funktion kann ein englischer Staatsbürger, der nicht Grubenbesitzer ist, die britischen Kohlervorkommen als »unsere« bezeichnen und die an der Ruhr als »ausländische«? Als Käufer von Kohle ist er verpflichtet, in jedem Fall den Marktpreis zu bezahlen, unabhängig davon, ob es sich um britische oder ausländische Kohle handelt.

Nach der Auflösung der österreichisch-ungarischen Monarchie 1918 wurde die wirtschaftliche Lebensfähigkeit Österreichs überall in Zweifel gezogen. Man fragte sich, was ein Land, das über keine Kohlevorkommen verfügte, tun könne, um zu überleben. Aber schon vor 1918 mussten die Wiener ihre Kohle kaufen und bezahlen, und das taten sie danach ganz genauso. Die Vorstellung, dass Rohstoffe nicht gekauft werden und dass Staaten als Folge davon keine andere Wahl hätten, als Territorien zu erobern, entbehrt jeder Grundlage. Das Rohstoffproblem und das Devisenproblem stellen sich nur für Staaten, die durch ein System der Wirtschaftslenkung die freie Teilnahme ihrer Bürger am Welthandel behindern.

Detoeuf: Und dennoch besteht das Problem. Hätte der Liberalismus angedauert, wären wir zweifellos in einer anderen Lage. Aber er hat nicht angedauert. Wir haben es hier auch mit emotionalen Problemen zu tun, nicht nur mit gedanklichen. Protektionistische Maßnahmen werden ergriffen, weil eine sentimentale Leidenschaft einen dazu bewegt. Insbesondere ist das eine Frage von Nationalismus. Es wird uns nicht gelingen, den ökonomischen Liberalismus wieder zu etablieren, wenn wir nationalistische Stimmungen nicht verändern.

Mises: Wie würden Sie erklären, dass nicht Agrarländer die besten Käufer von Industriestaaten sind, sondern andere Industriestaaten? So ist Deutschland einer der bedeutendsten Käufer von englischen und französischen Produkten gewesen, und England hat mehr deutsche Produkte gekauft als andere Agrarländer.

Detoeuf: Das war zu einer Zeit so, als die Menschen keinen Krieg fürchteten, als überhaupt niemand sich vorstellte, wie das sein würde.

Rueff: Es geht hier nicht um Naturerscheinungen, sondern um Lösungen, die bewusst gewählt wurden und die im Allgemeinen mit falschen Argumenten gerechtfertigt werden. Die Schlüsselpersonen im deutschen Wirtschaftssystem haben mit Sicherheit noch nie etwas vom Zahlungsbilanzmechanismus gehört. Die meisten Politiker glauben, sie tun ihre Pflicht und verbessern den Wohlstand ihrer Bevölkerung, wenn sie zu Maßnahmen greifen, die zum genauen Gegenteil dessen führen, was sie beabsichtigt hatten. An dem Tag, an dem sie in aller Klarheit erkennen, was die Folgen ihrer Interventionen sind, wird das politische Problem, wenn nicht völlig, dann doch weitgehend gelöst sein.

Condliffe: Für die Beantwortung der Frage »Wie kam es dazu, dass man das internationale System durch das gegenwärtige System zu ersetzen wünschte?« sollte man nicht aus den Augen verlieren, was das Einzigartige am Handelssystem des 19. Jahrhunderts gewesen ist, nämlich dass es vom Londoner Geldmarkt kontrolliert wurde.

Das große Wachstum des Welthandels und der Investitionen ist dem Umstand zuzuschreiben, dass Großbritannien die Folgen des Freihandels akzeptierte und das Pfund Sterling mehr eine internationale als eine nationale Währung war. Aber es war auch notwendig, dass die anderen Länder bereit waren, die britische Führungsrolle zu akzeptieren.

Als sich dann eine internationale Arbeitsteilung zu etablieren begann, wurde die Rolle Großbritanniens mehr und mehr zu der eines Anbieters merkantiler und finanzieller Dienstleistungen.

In diesem Sinne wurde England zu einer Nation von Rentiers statt einer Nation von Ladenbesitzern. Aber dafür musste die Landwirtschaft geopfert und es mussten Industriebranchen angepasst werden, was enorme Auswirkungen auf die Einkommensverteilung und die Beschäftigung hatte. Hätte überall Freihandel geherrscht, hätte das nicht zu diesem Ungleichgewicht in der britischen Wirtschaft geführt.

Laissez-faire ist eine negative Philosophie. Sie sollte ergänzt werden durch positive Maßnahmen sowohl wirtschaftlicher wie politischer Art. Auf jeden Fall sollte man die Philosophie des Liberalismus nicht verwechseln mit einem bestimmten Wirtschaftssystem, wie etwa dem Kapitalismus des 19. Jahrhunderts, der in mehr als einer Hinsicht antiliberal war.

Wenn man den Liberalismus unterstützen will, dann muss man ein System weltweiter Zusammenarbeit aufbauen. Das internationale System, das auf der Idee beruhte, dass alles, was britischen Vorstellungen nützt, auch für den Rest der Welt gut sein muss, sollte ersetzt werden durch eine Studie, die von Fachleuten aus verschiedenen Ländern durchgeführt wird.

Es ist unbedingt erforderlich, den Problemen, die in der Weltwirtschaft durch neue Fortschritte plötzlich hervorgerufen werden, mehr und mehr Aufmerksamkeit zu widmen. Es gibt noch überhaupt keine ernsthafte ökonomische Untersuchung der Auswirkungen der neuen technischen Erscheinungen.

Mantoux: Die für das 19. Jahrhundert kennzeichnende Verlangsamung der ökonomischen Expansion ist mit dem Niedergang des Liberalismus einhergegangen. Aber das ist ein ganz paradoxes Phänomen. Entsprechend den grundlegenden Hypothesen der klassischen Ökonomen – Hypothesen, die lange Zeit hindurch gefährlich unausgesprochen geblieben waren – funktioniert der Markt-Preis-Mechanismus nur in einem stationären Zustand vollkommen. Gerade weil Veränderungen das ökonomische Gleichgewicht gravierend stören, glaubt man sich gezwungen, eingreifen zu müssen, und es ist unbestreitbar, dass der liberale Staat, um sich an die moderne Welt anzupassen, deshalb zuallererst diese Probleme lösen sollte, die durch ökonomischen Wandel und Fortschritt hervorgerufen werden. Die Epoche des 19. Jahrhunderts ist die Phase gewesen, in der die bedeutsamsten Veränderungen, die raschesten ökonomischen Fortschritte gemacht wurden, die in der Geschichte je verzeichnet worden sind, und gleichzeitig [war] es die liberalste [Epoche] von allen. Und sicherlich konnte es die fortschrittlichste sein, weil es die liberalste war; Intervention kann daher das Produkt einer bestimmten Politik sein, aber es ist auf keinen Fall das schicksalhafte Ergebnis der wirtschaftlichen Entwicklung.

Zweifellos sind diese Veränderungen in einem völlig freien ökonomischen Umfeld nicht vonstattengegangen, ohne von großem Leid begleitet zu sein, das wir heute nicht mehr hinnehmen würden; aber nicht die ökonomischen Fakten oder die ökonomischen Gesetze haben sich geändert, sondern unsere Vorstellungen. Die Verlangsamung des Fortschritts hätte ein geringeres Maß an Eingriffen möglich machen sollen; wenn das Gegenteil eingetreten ist, dann liegt das daran, dass soziales Elend, selbst wenn es durch geringe Veränderungen hervorgerufen wird, uns heute unerträglich erscheint. Aber dabei sollte man nie vergessen, dass das immense Wachstum des Reichtums im 19. Jahrhundert, dessen Erben wir sind, nur deshalb in so kurzer Zeit möglich war, weil Staatsmänner nicht eingegriffen haben, um den ökonomischen Fortschritt zu bremsen oder ihm gar entgegenzuwirken.

Marjolin: Ich stimme nicht ganz mit Herrn Röpke überein, was die Ursachen für den Niedergang des Liberalismus betrifft. Es ist ein großer Fehler, sie in Irrtümern zu suchen, in Denkfehlern; wer das tut, missachtet die Geschichte. Vor allem täuscht man sich dann im Hinblick auf den Umfang der Mittel zur Abhilfe, die man einsetzen möchte. Der Liberalismus ist verschwunden, als sich die Antagonismen zwischen Klassen und Nationen verschärft haben. Die Verstärkung des Nationalismus ist dabei vielleicht der Faktor, der die Schlüsselrolle gespielt hat. Will man behaupten, dass die »Agrikulturalisation« von Industrieländern oder die Industrialisierung von Agrarländern auf einem Fehler beruhen? Diejenigen, die für diese Politik verantwortlich waren, sind sich häufig darüber im Klaren gewesen, dass sie damit ein Sinken des Lebensstandards herbeiführten. Aber ihnen erschienen die dabei verfolgten Ziele dieses Opfer wert zu sein. Sollte man die zum Schutz der französischen Landwirtschaft ergriffenen Maßnahmen angesichts ihrer Wirkung als Fehleinschätzung betrachten? Meine Auffassung ist derjenigen von Herrn Possony viel näher, für den der Krieg das Schlüsselphänomen des 20. Jahrhunderts zu sein scheint. Und Krieg ist kein Fehler.

Rüstow: Herr Röpke hatte nicht die Absicht, den Niedergang des Liberalismus zu rechtfertigen, sondern sein Wunsch war es, sich durch seine Argumentation erst recht für [den Liberalismus] auszusprechen, selbst wenn er sich dabei in eine für dessen Verteidigung denkbar ungünstige Lage begeben hat.

Marlio: Alle stimmen darin überein, dass schwindende Freiräume und sinkende Geburtenraten nicht die entscheidenden Ursachen für den Rückgang des Liberalismus sind. Was die Geburtenrate betrifft, sollte Übereinstimmung herrschen, denn berücksichtigt man die ganze Welt, ist die Abnahme nicht so stark.

Was die freien Räume betrifft, so ist das eine Frage der Definition. Wenn man Kontinente finden muss, wird man [heute] keine [Kontinente] mehr finden; was aber die Märkte betrifft, hat es noch nie so viele freie [Märkte] gegeben. Es fehlt also nicht an wirtschaftlicher Substanz, und das kann nicht zum Rückgang des Liberalismus führen.

Die Frage der Transformation von Agrarländern in Industrieländer ist kein Argument gegen den Liberalismus. England hat nicht unter dem Anstieg des Reichtums der Länder gelitten, die seine Hauptmärkte sind. Man lässt sich allzu oft von der Handelsbilanz beeindrucken, die nur einen Bruchteil des Wirtschaftshandels zwischen den Nationen widerspiegelt. Würde man hingegen die Gesamtsumme des Handels berücksichtigen und sich auf die Zahlungsbilanz beziehen, so könnte man feststellen, dass die meisten entwickelten Länder zumindest einen den verloren gegangenen Exporten entsprechenden Anteil in Form von Dienstleistungen zurückgewinnen.

Herr Condliffe hat gesagt, dass England zu einem Land von Rentiers geworden wäre, wenn man das System des 19. Jahrhunderts bis zum Extrem entwickelt hätte. Aber das wäre der Gipfel der Glückseligkeit gewesen!

Wirtschaftssysteme verändern sich in jeder Epoche. Heute haben wir es mit ökonomischem Nationalismus zu tun. Man sollte genauer untersuchen, was die Ursachen für diesen ökonomischen Nationalismus sind, um auf Erfolg versprechende Weise gegen dessen Irrtümer kämpfen zu können. Der Versailler Vertrag ist eine wesentliche Ursache für die gegenwärtige Krise gewesen, seit dem Tag, als man entschied, dass all die kleinen Inseln von Bevölkerungsminderheiten eigene Nationalstaaten bilden sollten. Damit hat man sich dem ökonomischen Trend geradewegs widersetzt, der nach immer größeren Märkten verlangte. Eben diese Diskrepanz zwischen dem Schrumpfen der politischen Territorien und der Forderung nach immer größeren Wirtschaftsmärkten hat die liberale Ordnung zerschlagen.

Wie Herr Condliffe gesagt hat, stellt sich die Frage, was getan werden muss, um ein System zu erreichen, in dem die liberale Ordnung wieder funktionieren kann.

Sollten wir auf die Rückkehr der wirtschaftlichen Prosperität warten, die auf der Grundlage einer allgemeinen Befriedigung jedes Einzelnen auf der Welt zu einer politischen Entspannung *(détente)* führt und als Ergebnis davon zum Verschwinden des Kriegsgespenstes? Oder sollte man sich nicht eher an die Politik wenden und von einer Wiederherstellung des Friedens die wirtschaftliche Erholung und die Rückkehr zu allgemeinem Wohlstand erwarten?

Röpke: Ökonomischer Nationalismus ist eine höchst verwickelte Erscheinung, die im Allgemeinen mit politischem Nationalismus einhergeht. Phasen der ökonomischen Integration fallen mit Phasen der politischen und sozialen Integration zusammen. Alle Beispiele belegen, dass man nationale Integration und Desintegration nicht verstehen kann, wenn man sie nicht unter allen Gesichtspunkten – politischen, sozialen und anderen – betrachtet.

Es reicht nicht aus, zu sagen, dass ökonomischer Nationalismus auf mangelnde Intelligenz der politischen Führer zurückgeht. Es gibt da Wirtschaftsinteressen; es gibt Berufsgruppen, die sich einer nationalistischen Politik verschreiben; es gibt die Auflösung des Staates infolge von Partikularinteressen.[240] Es ist diese Desintegration des Staates durch Parteien und Einzelinteressen, die Sorge bereitet.

Ökonomischer Nationalismus ist sehr eng verbunden mit internen Veränderungen der ökonomischen und sozialen Struktur. Die Philosophie des internationalen Liberalismus beruhte auf der Flexibilität der nationalen Wirtschaftsordnungen: flexible Gehälter, flexible Preise, Wettbewerbspreise statt Monopolpreise, einer Währungsordnung, die auf den Goldstandard gegründet war, der selbst wiederum nur funktionieren kann, wenn alle Länder sich an bestimmte gemeinsame Regeln halten, dem Postulat der Flexibilität der nationalen Wirtschaftsordnungen.

Ökonomischer Nationalismus sollte deshalb nicht als unabhängiges Phänomen behandelt werden, für das sich mit ein bisschen gutem Willen leicht Abhilfe schaffen lasse. Ich glaube, dass es sich um ein Phänomen handelt, das seine Wurzeln im fundamentalen Wandel unserer gesamten ökonomischen und sozialen Struktur hat. Wenn man eine zufriedenstellende Antwort auf die Frage nach den Ursachen des ökonomischen Nationalismus geben will, dann sollte die Forschung in allen Richtungen betrieben werden.

KAPITEL 7

Liberalismus und die soziale Frage

Sonntag, 28. August: Nachmittagssitzung

Rougier: Folgende Frage steht für heute Nachmittag auf der Tagesordnung: *Ist der Liberalismus fähig, seine sozialen Aufgaben zu erfüllen?* Kann er Folgendes gewährleisten:

a. *Ein Minimum an Sicherheit.*[241] Führt der Liberalismus zu Strukturkrisen oder mindestens zu Krisen nicht mehr hinnehmbaren Ausmaßes, in der Erwartung einer Liquidierung [solcher Krisen] durch das bloße Spiel der ökonomischen Faktoren (als Ergebnis der Zunahme von Vermögenswerten, einer immer weiter verbreiteten Spekulation und so weiter)?
b. *Ein Existenzminimum für alle*, angesichts der Schwierigkeiten bei der Arbeitsmigration. Hier geht es um das Problem der chronischen Arbeitslosigkeit, der technologiebedingten Arbeitslosigkeit.

Kurz gesagt, ist das liberale System grausam? Ist es fähig, die sozialen Bedürfnisse des Bewusstseins der Massen heute zu erfüllen?

Rueff: Die wirkliche Frage ist:

1. Ist der Liberalismus fähig, seine sozialen Aufgaben zu erfüllen?
2. Kann er ein Existenzminimum für alle gewährleisten?

1. *Ist der Liberalismus fähig, seine sozialen Aufgaben zu erfüllen?* Was ist Sicherheit in wirtschaftlichen Belangen? Ist es die Möglichkeit für den Einzelnen, der eine Wohnung sucht, sie zu finden, für den Anleihebesitzer im Ausland, die Anleihe ausbezahlt zu bekommen, für den Arbeiter, eine Arbeit zu finden, die ihn ernährt?

Was könnte dieser Sicherheit im Weg stehen? Zum Beispiel die Tatsache, dass die Nachfrage nach Getreide viel größer ist als das Angebot. Unsicherheit ist für den Familienvater, der eine Wohnung sucht, die Unmöglichkeit, eine Wohnung zu finden. Dies spiegelt die Tatsache wider, dass auf dem Wohnungsmarkt ein Ungleichgewicht herrscht. Unsicherheit ist die Lage des Anleihebesitzers, der sich mit einem Mangel an Devisen im Schuldnerstaat konfrontiert sieht. Es ist also ein bestehendes Ungleichgewicht zwischen Angebot und Nachfrage an Devisen.

Ungleichgewicht schließlich ist die Tatsache, dass mehr als eine Million Menschen in einem Land keine Arbeit finden können. Die Nachfrage nach Arbeit ist geringer als die [angebotene] Arbeit.

Unsicherheit ist die soziale Widerspiegelung eines ökonomischen Ungleichgewichts.

Ist das liberale System die Ursache dieser zahllosen Ungleichgewichte, die unsere Wirtschaft im Verlauf der letzten zehn Jahre gekennzeichnet haben, oder ist es das nicht?

Um die für diese Situation charakteristischen Ungleichgewichte analysieren zu können, sollte man zu diesem Punkt anmerken, dass diese Ungleichgewichte in ihrer schärfsten Form entstanden sind, als die Krise von 1929 zum Ausbruch kam; die Neuartigkeit der Entwicklung besteht im Umfang und in der Dauer der Krise. Wir sollten daher untersuchen, ob Umfang und Dauer [der Krise] sich auf das liberale System oder auf seine Ersetzung durch ein neues System zurückführen lassen.

Wenn diese Krise so gravierend gewesen ist, dann liegt es daran, dass alles unternommen worden war, um sie hinauszuschieben. Wirtschaftskrisen hat es immer gegeben. Was das liberale System auszeichnet, ist die Existenz bestimmter Regulierungsmechanismen in seinem Wirtschaftssystem, die dazu tendieren, das ökonomische Gleichgewicht zu erhalten. Der Wichtigste unter ihnen ist der Mechanismus der geldpolitischen Kontrolle; in den letzten zehn Jahren jedoch sind alle erdenklichen Anstrengungen unternommen worden, um die Verbindungen zu schwächen, durch welche die geldpolitische Kontrolle wirksam wird. Die dazu eingesetzten Mittel waren:

a. die Sterilisierung des Goldes,
b. die Verallgemeinerung der *Golddevisenwährung*,
c. die Kooperation der Notenbanken.[242]

Das Ausmaß der Krise erklärt sich daraus, dass wir tiefer in die Depression stürzen mussten, als wir in der [Phase der] Prosperität hochgestiegen waren.

Wurden diese tief greifenden Veränderungen des Währungssystems durch Ereignisse erzwungen oder durch vorgefasste Meinungen? Die Antwort darauf fällt leicht, denn diese Veränderungen wurden rein theoretisch formuliert. Tatsächlich machte die Genfer Konferenz 1922 folgende Vorschläge:

a. die Sterilisierung des Goldes,
b. die Verallgemeinerung der *Golddevisenwährung*,
c. die Kooperation der Notenbanken.

Die Krise wurde gerade deshalb so lange hinausgezögert, weil diese Methoden eingesetzt wurden. Als sie dann 1929 ausbrach, musste die Anpassung um so viel schmerzhafter ausfallen, als die Krise gravierend war. Die Staaten versuchten, der Anpassungsbewegung entgegenzuwirken; das war der Fall bei der Quotenregelung in Frankreich und bei all den anderen Hindernissen, die überall auf der Welt dem Funktionieren des Markt-Preis-Mechanismus in den Weg gelegt wurden.

2. *Das Existenzminimum*. Solange der Markt-Preis-Mechanismus in Kraft war, folgten die Arbeitslöhne der Bewegung der Preise. Sobald der Staat eingriff, um das Niveau der Arbeitslöhne stabil zu halten, griff Arbeitslosigkeit um sich. Untersucht man die Kurven der Preise und Arbeitslöhne in England, findet man, dass die Löhne den Preisen folgen:

> 1919–1920: Preise und Arbeitslöhne steigen gleichzeitig, mit einer leichten Verzögerung der Löhne gegenüber den Preisen.
> 1920–1921: Preise und Arbeitslöhne fallen um die gleiche Spanne.

Diese Verschiebung trat ein, weil sie eintreten musste. Der ganze Prozess kam Anfang 1923 zum Erliegen, weil zu diesem Zeitpunkt ein System in Kraft trat, das den Markt-Preis-Mechanismus blockierte.

Wird die soziale Frage ausgedrückt als »Erkundung der Mittel, um Arbeitern, die Arbeit suchen, ein Existenzminimum zu garantieren«, dann ist sie schlecht formuliert. Niemand wäre einverstanden, einen Arbeiter auf das Existenzminimum reduziert zu sehen. Das wäre ein unsagbar grausames System. *Das Ziel eines Wirtschaftssystems ist es, das Maximum dessen zu liefern, was mit dem Stand der Produktion vereinbar ist,*[243] und die Frage besteht darin, ob dieses Ergebnis besser erreicht werden kann durch ein System, das es dem Markt-Preis-Mechanismus überlässt, das Maximum dessen zu liefern, was zu liefern möglich ist, oder durch ein System, das a priori ein Lohnniveau festsetzt.

Das liberale System tendiert dazu, den am meisten benachteiligten Klassen den größten Wohlstand zu garantieren.

Alle Interventionen des Staates im Bereich der Wirtschaft hatten den Effekt, die Arbeiter ärmer zu machen. Alle Interventionen des Staates haben vorgeblich versucht, die Lebensbedingungen der Mehrheit zu verbessern, aber es gibt zu diesem Zweck kein anderes Mittel, als die Menge der Waren zu erhöhen, die es zu verteilen gibt.

Lippmann: Ist es möglich, das Leid zu lindern, das die Mobilität des Systems der privaten Märkte mit sich bringt? Wenn das Gleichgewicht stets sich selbst überlassen bleiben muss, dann führt das zu großem Leid. Können wir dieses Leid mildern, etwa durch Maßnahmen wie die Erhebung einer Sondersteuer auf Unternehmen, die gut im Geschäft sind?

Rueff: Wir müssten das Äußerste für die Arbeiter tun, aber alles muss im Rahmen eines ausgeglichenen Haushalts geschehen. Das System der englischen Arbeitslosenversicherung hat gravierende

Nachteile, aber solange das englische Budget ausgeglichen ist, kann das System endlos bestehen bleiben. Die Vorabfestsetzung von Lohnniveaus ohne Rücksicht auf die Arbeitslosenrate ist das, was zur Katastrophe führt.

Baudin: Es scheint, dass die gegenwärtig erörterte Frage nur dann zum Gegenstand einer eingehenden Untersuchung gemacht werden kann, wenn man nicht bloß statische Ordnungsvorstellungen zugrunde legt. Das Gleichgewicht, von dem wir sprechen, ist nicht ein für alle Mal festgelegt, sondern es ist das von einer im Fluss befindlichen Wirtschaft beständig zerstörte und neu geschaffene Gleichgewicht. Industrien entstehen, existieren und gehen zugrunde wie Menschen, und alle Komponenten einer Wirtschaft sind rhythmischen Zyklen unterworfen. In diesem Zusammenhang tauchen zwei oft miteinander verwechselte Fragen auf:

1. Was sind die Ursachen für diese zyklische Bewegung? Ein dunkles Problem, das wir beiseitelassen sollten. Der Konjunkturzyklus ist ein Faktum, das wir als gegeben ansehen sollten.
2. Weshalb wird diese Bewegung zur Ursache von Problemen? Das ist das entscheidende Faktum, das einzige, das uns unter dem praktischen Gesichtspunkt interessieren sollte. Es gibt keinen von vornherein bestehenden Grund, weshalb eine durch Auf- und Abschwünge gekennzeichnete Wirtschaft weniger nutzbringend sein sollte als eine Wirtschaft, deren Elemente im Zeitverlauf eine gerade Linie beschreiben.

Zunächst einmal besteht der unvorteilhafte Aspekt gerade in der Tatsache, dass alle diese Elemente (Kosten, Preise, Einkommen und dergleichen) in ihrer Entwicklung nicht parallel verlaufen. Diese Disparitäten verursachen die meiste Unruhe und Unzufriedenheit; sie sollten daher so weit wie möglich vermindert werden, und um das zu erreichen, sollten die Widerstände gegen den Rhythmus gebrochen werden.

Zweitens gilt: Je größer die Ausschläge des Zyklus sind, desto stärker fallen auch die Disparitäten aus. Es ist daher notwendig, diese Größe [der Ausschläge] zu reduzieren; heute jedoch scheint sie ganz im Gegenteil zuzunehmen, und zwar als Folge des zunehmenden Einflusses der Massenpsychologie. Wir haben das zum Beispiel in den Vereinigten Staaten während der letzten Krise gesehen. Ein Zuviel an Optimismus und Begeisterung hatte sich der Öffentlichkeit bemächtigt und trieb die Aktienkurse auf ein übermäßiges Niveau; die US-Notenbanken waren machtlos, eine derartige Eigendynamik zu dämpfen. Der auf den Boom folgende Zusammenbruch fiel umso katastrophaler aus.

Es sollte folglich einerseits alles getan werden, um die Disparitäten zu reduzieren, indem man die Widerstände dagegen ausschaltet, andererseits sollte zur Reduktion der Schwankungen die Dynamik der Konjunkturbewegungen gedämpft werden. Aber der Staat hat noch nie in dieser Weise agiert, ganz im Gegenteil. Dies belegt seine Einstellung zu steuerlichen Angelegenheiten. Gesetzgeber und Regierungspolitiker haben von Konjunktur überhaupt keine Ahnung; sie treffen Entscheidungen ohne Blick auf die Zukunft. Nicht nur, dass sie sich in Zeiten des Wohlstands keine Gedanken machen über die Möglichkeit eines einsetzenden Abschwungs, sondern sie planen mitunter sogar eine Steigerung der Ausgaben, so als ob der Wohlstand ganz von allein immer weiter wachsen werde.

Ich unterstütze ganz entschieden die Vorschläge, die Herr Rueff vorgetragen hat, möchte sie aber auf die Ebene der [wirtschaftlichen] Dynamik übertragen wissen.

Rueff: Das liberale System erlaubt dem Wirtschaftssystem eine Flexibilität, die allein [uns] in die Lage versetzt, gegen Unsicherheit zu kämpfen.

Marlio: Herr Lippmann hat eine entscheidende Frage gestellt, nämlich die, ob wir anerkennen können oder nicht, dass das Kollektiv,[244] mittels Maßnahmen wie zum Beispiel der [Sozial-]Versicherung, einen Teil der Verluste oder des Leids auf sich nimmt, die der Industrie oder den Arbeitern durch Veränderungen in der auf Arbeitsökonomie beruhenden fortschrittlichen Wirtschaft entstehen. Unter ökonomischem Gesichtspunkt betrachtet handelt es sich dabei um Störungen, aber unter dem menschlichen und sozialen Gesichtspunkt sind das Missstände und Übel.

Es ist schwierig, in der Lage, in der demokratische Staaten sich befinden, diese Maßnahmen zu verordnen. Und es ist noch schwieriger, sie zu verordnen, wenn man berücksichtigt, dass diese Missstände in gewissem Maß das Ergebnis des liberalen Systems selbst sind und nicht die menschlichen Handelns. Man sollte diese Missstände anerkennen als Auswirkungen eines Systems, das immer gröber funktioniert, je größer die Wirtschaftseinheiten werden und je mehr Schwierigkeiten der Markt-Preis-Mechanismus hat, zu greifen.

Welche Mittel gibt es, um sich gegen diese Missstände abzusichern oder sie abzustellen? Herr Lippmann hat eines davon genannt, nämlich [zu erkennen], ob das Kollektiv die aufzugebenden Industriebranchen entschädigen sollte oder nicht.

Eine weitere Frage ist das Problem der Arbeitslosigkeit, und in diesem Punkt möchte ich die Aufmerksamkeit auf einen bestimmten Aspekt lenken. Es ist klar, dass man, wenn im Zuge des Wachstums eines Unternehmens menschliche Arbeit durch mechanische Arbeit ersetzt wird, Arbeitslosigkeit schafft. Der Fehler in der Funktionsweise des gegenwärtigen Systems besteht darin, einerseits zu akzeptieren, dass der Arbeitslose eine Unterstützung erhalten soll, und dass andererseits der Industrielle kalkuliert, wie viel er einsparen wird, wenn er hundert Arbeiter durch eine Maschine ersetzt. Was er dabei nicht in Rechnung stellt, ist die Summe, die das Kollektiv zahlen muss, um die Arbeiter zu entschädigen, die [von dieser Einsparmaßnahme] betroffen sind. In einem logisch aufgebauten System sollte der Industrielle dann von der Maschinisierung [seines Betriebes] absehen, wenn seine Kosteneinsparung dabei nicht die dem Kollektiv zufallenden Ausgaben für Arbeitslosenunterstützung übersteigen, und es lohnt sich, zu untersuchen, in welchem Rahmen er selbst dazu gebracht werden kann, sich an diesen Entschädigungen zu beteiligen.

Rueff: Das System ist nur dann tragfähig, wenn Rationalisierungen ausschließlich zu finanziellen Zwecken vorgenommen werden, nicht zu ideologischen Zwecken. Wenn jeder Wirtschaftsführer allein seinen maximalen Profit zu erzielen sucht, wird keine Arbeitslosigkeit geschaffen.

Marlio: Das gilt nur für den Fall, dass die Unterstützung, die den Arbeitslosen gezahlt wird, nicht die [ökonomischen] Gesetze des Arbeitsmarktes verzerrt. Das ist der paradoxe Fall der Vereinigten Staaten, wo es 13 Millionen Arbeitslose gibt und zugleich die höchsten Gehälter auf der Welt.

Condliffe: Ich würde gern fünf Punkte vorbringen:

1. Das Argument der hohen Gehälter in den Vereinigten Staaten hat mich noch nie beeindruckt. In Detroit, wo ein Tageslohn manchmal fünf oder sechs Dollar beträgt, bewegen sich die Jahresgehälter zwischen 1000 und 1200 Dollar.
2. Dass eine Anpassung in England nach dem Krieg ausgeblieben ist, lag nicht an der Arbeitslosenversicherung. Vielmehr wurde sie 1925 dadurch verursacht, dass die volle Goldparität [des Pfund Sterling] wiedereingeführt wurde. Die Frage der festen Umtauschkurse ist eine ganz entscheidende, wenn man eine hohe Lohnflexibilität für wünschenswert hält, aber daraus können auch gravierende Nachteile entstehen.
3. Es lässt sich nicht mit Sicherheit behaupten, dass eine Senkung der Löhne 1925 die Arbeitslosigkeit verringert hätte. Solange es keine Freizügigkeit [der Arbeit] gibt, lässt sich dieses Problem nicht lösen.
4. Auch wenn wir in den letzten Jahren eine sehr schwerwiegende Krise erlebt haben, hat es Krisen mit vergleichbarem Elend doch auch in der Vergangenheit gegeben. Die heutige Phase wird immer mit den 25 Jahren vor 1914 verglichen. Aber Krisen fallen in Phasen eines großen Niedergangs heftiger aus.
5. Die gegenwärtige Bildungs- und Erziehungspolitik ist nicht gut. Ein Eingreifen des Staates im Bereich der Lehre würde zweifellos den Einfluss des Staates in geistigen Fragen stärken.

Rueff: Ich habe nicht vom Verhältnis zwischen Reallöhnen und Arbeitslosigkeit gesprochen. Ich wollte vielmehr über das allgemeine Problem des wirtschaftlichen Ungleichgewichts sprechen. Ich halte dieses Verhältnis zwischen Arbeitslosigkeit und Lohn für ein sehr allgemeines. Wirtschaftliche Gleichgewichte werden stets durch Preisänderungen erhalten. Durch diese Preisänderungen wird das Gleichgewicht wiederhergestellt. Selbstverständlich muss sich der Staat der Lehre als Aufgabe annehmen und, um das zu tun, Steuern erheben. Das wirkliche Problem ist das der Grenzen des Intervenierens im liberalen Staat. Welche Formen der Intervention sind mit dem Markt-Preis-Mechanismus vereinbar?

Lippmann: Wenn man sich den Grundsatz anschaut, dem Herr Rueff sich verpflichtet hat, dann enthält er keine Antwort auf die Frage, in welchem Umfang Steuern erhoben werden sollten, um das Leid zu mildern.

Hayek: Wir sollten zwischen zwei Systemen der Arbeitslosenversicherung unterscheiden. In dem einen System erhält der beschäftigungslose Arbeiter Stempelgeld in Höhe des Lohns, den er bekäme, wenn er Arbeit hätte. Das andere ist nach dem Vorbild des Armenrechts in England aufgebaut.

Das erste hat zwei Wirkungen:

1. Wenn Arbeiter wissen, dass in den Branchen, in denen das Risiko von Arbeitslosigkeit am höchsten ist, die Ausgleichszahlung gleich hoch ausfällt, wird das Angebot an Arbeit in diesen Branchen größer sein, was im Ergebnis eine noch größere Masse von Arbeitslosen bedeutet. Die Folge: Ungleichgewicht.

2. Wenn die Versicherung dem Lohn entspricht, wird sich der Arbeiter nicht bewegen.

Mises: Da ist ein Punkt, in dem ich zu meinem Bedauern nicht ganz mit den von Herrn Condliffe vorgebrachten Thesen übereinstimmen konnte.

Arbeitslosigkeit, als schwerwiegendes und lang anhaltendes Phänomen, ist die Folge einer Politik, die darauf abzielt, die Löhne auf einem im Vergleich zum Markt höheren Niveau zu halten. Gäbe man diese Politik auf, würde das sehr schnell zu einem spürbaren Rückgang der Arbeitslosenzahlen führen.

Ich stimme ganz mit Herrn Condliffe in seiner Beurteilung der Deflationspolitik überein, die es Großbritannien erlaubt hat, das Pfund wieder zur Vorkriegsparität zurückzubringen.

Marlio: Ich bin wie Herr Mises der Überzeugung, dass eine der Ursachen der hohen Arbeitslosigkeit in der Politik der Gewerkschaften besteht, die versuchen, höhere Löhne zu erreichen, als die Arbeiter sie unter wirtschaftlichem Gesichtspunkt erhalten sollten. Diese Bemühungen, die dem Gleichgewicht zuwiderlaufen, haben nicht zu den Ergebnissen geführt, mit denen die Gewerkschaften gerechnet hatten. Sie sind für das Gemeinwohl so desaströs gewesen wie für die Beteiligten selbst. Zwei Beispiele:

1. Die amerikanische Krise hat alle anderen Krisen weltweit übertroffen. Zum größten Teil wurde sie verursacht durch die Politik der Gewerkschaften, Druck auf die Regierung der Vereinigten Staaten auszuüben und ein Verbot weiterer Emigration aus Europa nach Amerika zu bewirken. Diese europäischen Arbeiter jedoch stellten eine jährliche

Einfuhr von einer Million voll ausgebildeter Arbeitskräfte dar.

Was war das Ergebnis dieser Maßnahme, die auf Betreiben der Gewerkschaften ergriffen wurde? Ein Anstieg der Löhne. Da die amerikanische Industrie aber feststellte, dass sie solche Löhne nicht zahlen konnte, zog sie es vor, die menschliche Arbeitskraft durch Maschinen zu ersetzen. Das ist der Grund, weshalb die Arbeitslosigkeit bereits bei vier Millionen Arbeitern lag, als noch wirtschaftliche Prosperität herrschte.

2. Als die französische Regierung vor zwei Jahren eine Reihe von demokratischen Reformen unternahm, beschloss sie unter anderem das Gesetz [zur Einführung] der 40-Stunden-Woche, die – nach Überzeugung eines Großteils der Gewerkschaftsorganisationen – zum Ziel hatte, sämtliche oder einen Teil der französischen Arbeitslosen (400 000) wieder zu absorbieren. Auf den ersten Blick hatte es den Anschein, als müssten diese Arbeitslosen verschwinden, denn das Gesetz reduzierte die Produktionskapazität der in Fabriken beschäftigten Arbeiter. Stattdessen geschah zweierlei:
   a. Das Gesetz enthielt eine Beschränkung der Wochenarbeitszeit und eine Steigerung des Stundenlohns. Folge: eine Lohnerhöhung um 20 Prozent.
   b. Die Lohnsteigerung bewog Industrielle zu einer Berechnung vergleichbar der, die ihre amerikanischen Kollegen angestellt hatten: Sie haben neue Investitionen in die Mechanisierung der Arbeit gesteckt. Auf diese Weise hat das Gesetz zu einer Reduzierung der Arbeit und einem Anstieg der Arbeitslosigkeit geführt.

Diese beiden Beispiele sind typisch und bestätigen das, was Herr Mises gesagt hat.

Rueff: Das Wesen des Liberalismus ist es, die Arbeiter besser zufriedenzustellen, als es Planwirtschaften können, weil [Planwirtschaften] tatsächlich stets zu einem Sinken des Lebensstandards führen.

KAPITEL 8

Psychologische und soziologische Ursachen, politische und ideologische Ursachen für den Niedergang des Liberalismus

Montag, 29. August: Vormittags- und Nachmittagssitzung

Rougier: Die heutige Tagesordnung sieht folgendermaßen aus: Falls der Niedergang des Liberalismus nicht unaufhaltbar ist, welche sind dann seine wahren Ursachen? (Exogene Ursachen?)

a. *Psychologische und soziologische Ursachen.*
b. *Politische und ideologische Ursachen.*

Rüstow: Unsere bisherigen Diskussionen haben uns zu der gemeinsamen Überzeugung geführt, dass unter allen denkbaren Wirtschaftssystemen das System des Liberalismus, also der Wirtschaft des freien Marktes, folgende Vorzüge in sich verbindet:

1. Es ist ein an sich dauerhaftes System, weil es sich in einem stabilen Gleichgewicht befindet.

2. Es gewährleistet ein Maximum an Produktivität und den höchsten Lebensstandard.
3. Es ist das einzige System, das mit Freiheit und Menschenwürde vereinbar ist.

Je größer aber die Überzeugungskraft all seiner Vorzüge ist, umso schwerer fällt es, zu verstehen, weshalb die Menschheit, die im Lauf des 19. Jahrhunderts dank diesem System außerordentliche Ergebnisse erzielt hat, sich mit einer Geste vehementer Abscheu brüsk von ihm abgewandt hat.

Beruht diese Abkehr auf Dummheit und Unverstand? Ist die exakte Theorie der Handelsbilanz und der Zahlungsbilanz wirklich das Banner, unter dem wir im Kampf für die Rückkehr zum Liberalismus obsiegen werden?

Liegt die Lösung zu diesem Rätsel nicht vielmehr in der Tatsache, dass es sich dabei keineswegs um eine rein ökonomische Frage handelt und es folglich ganz nutzlos ist, unablässig die ökonomischen Vorzüge eines Systems zu preisen, das man nunmehr gewohnt ist, zu verachten, so wie es auch vergebens wäre, jemandem die modernen Annehmlichkeiten einer Wohnung in der Stadt anzupreisen, der nur bereit ist, auf dem Land zu leben?

In unseren vorhergegangenen Diskussionen haben wir uns auf den Bereich der Wirtschaft beschränkt, so als ob die sozialen Einrichtungen ihre Aufgaben erfüllt hätten, wenn alle Menschen beschäftigt sind und [im Tausch] für eine gemäßigte Arbeitszeit ein ausreichendes Einkommen erhalten.

Das heißt aber, zu vergessen, dass der Mensch nicht vom Brot allein lebt, dass er geleitet wird von der Sorge, einen sozialen Rang zu erreichen und zu behalten, der nicht bloß proportional zur Höhe seines Einkommens und umgekehrt proportional zu seiner

Arbeitszeit ist. So ist der Bauer gewöhnlich zufriedener mit seiner Lage als der Arbeiter[245], obgleich seine Arbeitszeit viel länger ist und der Geldwert seines Einkommens geringer. Denn ungeachtet dieser Nachteile genießt der Bauer die psychologische Genugtuung, sein eigener Herr zu sein auf seinem eigenen Land, das er geerbt hat und seinen Nachkommen hinterlassen wird; er lebt im Kreis seiner Familie und in enger Arbeitsgemeinschaft mit ihr; er ist Herr über seine Arbeitskraft und seine Arbeitszeit; er ist keiner Beschränkung von außen unterworfen, er ist dem Land nahe, der Natur eng verbunden, und seine Arbeit ist ihm plausibel und ohne Weiteres ausführbar.

Vor diesem Hintergrund ist es offenkundig, dass die wichtigste sozioökonomische Aufgabe nicht darin besteht, die Wirtschaft so zu gestalten, dass sie so vielen Menschen wie möglich das größtmögliche Einkommen bietet, sondern eine Lebenslage, die so befriedigend wie möglich ist. Gerade der Liberalismus (und mehr noch der Sozialismus) ist generell weit entfernt davon gewesen, das Problem auf diese Weise zu beschreiben. Die Konservativen haben diesen wichtigen Aspekt oft besser verstanden, ihn aber dadurch diskreditiert, dass sie ihn in missbräuchlicher Weise vor den Karren skrupellosen Eigennutzes gespannt haben.

Der ökonomische Gesichtspunkt reicht nicht aus, die Lebenslage angemessen zu erfassen. Der Mensch ist von Natur ein soziales Wesen, und das so sehr, dass für sein gelebtes Leben und die Wertschätzung dieses Lebens die soziale Integration von wesentlicher Bedeutung ist. Darum ist es notwendig, aber ganz und gar nicht hinreichend, dass er sich regelhaft unter Gleichen befindet. Selbst in der kleinsten und intimsten Gemeinschaft zweier Menschen, in der Ehe, gibt es die beiden Extreme der glücklichen und der unglücklichen Ehe. Die glückliche Ehe ist gekennzeichnet durch das freiwillige Zusammensein, durch Harmonie, Verständnis, die Gemeinsamkeit von Vorstellungen, Ideen und Zielen. Die unglückliche Ehe besteht im Mangel von alldem und erhält sich durch äußeren Zwang. Und zwischen diesen beiden Grenzfällen gibt es einen Zwischenzustand der kalten Vernunftehe, in der [das Paar] mehr oder weniger freiwillig zusammenbleibt, aber in Apathie und Verstimmtheit. Das Gleiche gilt für die Gesellschaft und die nationale Gemeinschaft. Diese »große Ehe« kann ebenso glücklich oder unglücklich sein, sie kann fortdauern durch Sympathie, Vernunft oder Zwang.

Die beiden wesentlichen soziologischen Bedingungen für die Vervollkommnung, die Gesundheit und das Glück der großen wie der kleinen Ehe sind *Einheit* und *Freiheit*. Während aber Freiheit, Spontaneität, freudige und freiwillige Anteilnahme, die aus dem tiefsten Wesen des Seins selbst kommen, Eigenschaften der sozialen Beziehungen sind, die keines weiteren Kommentars bedürfen, gilt das nicht für die Einheit. Bereits in der »kleinen« Ehe hat Einheit keine so klare und offenkundige Struktur, wie es vielleicht den Anschein hat. Weit mehr noch verlangen die Strukturgesetze der Einheit, in der »großen Ehe« klar ausgesprochen zu werden. Hier gilt generell das Prinzip der Hierarchie, der Pyramidenstruktur, und diese Voraussetzung wird umso wichtiger, je größer die betreffende Gemeinschaft ist, je fortgeschrittener die Arbeitsteilung, das heißt, je höher ihr kulturelles Niveau ist.

In den sich entwickelnden westlichen Völkern war die Voraussetzung der Einheit und der durch sie bedingten hierarchischen Struktur bis zum 18. Jahrhundert im Staat und in der Gesellschaft wie in der Religion, den Sitten und so weiter erfüllt. Aber diese Erfüllung hatte einen ganz feudalen, herrschaftlichen Charakter: Sie stand im Widerspruch zu der anderen Grundvoraussetzung, jener der Freiheit. Das war der Grund für die Revolutionen des 18. und 19. Jahrhunderts gegen das Feudalsystem. Dort liegt der Ursprung des Liberalismus, aber auch der Grund für den katastrophalen Irrtum und seine falsche Einstellung in der Folge. Anstatt nämlich insbesondere die künstliche und erzwungene Stratifikation der feudalen Herrschaft durch eine freiwillige und naturgemäße Hierarchie zu ersetzen, hat man das Kind mit dem Bade ausgeschüttet, das Prinzip der Stratifikation gänzlich verworfen und an seine Stelle die falsche und irrige Idee der Gleichheit und das einseitige und unzureichende Ideal der Brüderlichkeit gesetzt. Denn in der kleinen wie in der großen Familie ist wichtiger als das Verhältnis von Bruder zu Bruder das zwischen Eltern und Kindern, das die Generationenfolge gewährleistet und den Fluss der kulturellen Tradition erhält.

Die Wirkung einer solchen Negierung des natürlichen, ihr innewohnenden Strukturprinzips der Einheit war es, diese selbst im Lauf der Zeit aufzusplittern und zu brechen. Was folgte, waren jene in der Wirkung beunruhigender werdenden pathologischen Symptome, als da sind die Zerstörung der Erbschaften und die Atomisierung der Gesellschaft.

Diese generellen Tendenzen zur Auflösung im sozialen und im geistigen Bereich kollidierten auf fatale Weise mit der besonderen Entwicklung im wirtschaftlichen Bereich. Die große Entdeckung des marktwirtschaftlichen Automatismus ergab sich im 18. Jahrhundert aus der Säkularisierung eines ursprünglich theologischen und über die Stoa[246] hinaus bis auf Heraklit zurückgehenden Glaubens an den göttlichen, unsichtbaren und unbekannten Weltgeist, der hinter dem Rücken der Beteiligten als ein natürliches, vernünftiges und heilsames Gesetz wirkt. Als ein Ergebnis des Überlebens dieses theologischen Glaubens wurden die Gesetze des Marktes (gemäß der Maxime *deus sive natura*[247]) als naturgegebene, göttliche Gesetze angesehen, und man sprach ihnen die gleiche Würde und sogar die gleiche Allgemeingültigkeit zu wie denen der Mathematik. Wo sie galten, brauchte der Mensch nichts weiter zu tun, als die Hindernisse aus dem Weg zu räumen, die die Unvernunft und Dummheit der Menschen gegen ihre wohltuende Wirkung aufgerichtet hatten.

Die Tatsache, dass, wie wir alle heute wissen, die Marktwirtschaft auf ganz bestimmten institutionellen, von Menschen geschaffenen und freiwillig erhaltenen Bedingungen beruht und nur dann reibungslos und wirksam funktionieren kann, wenn ein starker und unabhängiger Staat die strikte Einhaltung dieser Bedingungen garantiert, diese grundlegende Tatsache, wie auch ihre praktischen äußerst bedeutsamen Konsequenzen, wurde durch den theologisch-rationalen Irrtum über das Wesen der Marktgesetze völlig verschleiert. Das hat, in zweierlei Richtung, fatale Folgen gehabt.

Die Übereinstimmung des egoistischen Einzelinteresses mit dem allgemeinen Interesse, die der Liberalismus entdeckt und mit Begeisterung als das Geheimnis der Marktwirtschaft proklamiert hatte, gilt nur innerhalb der Grenzen des freien Wettbewerbs der Dienstleistungen und, als Ergebnis davon, nur in dem Maße, wie der Staat, dem die Aufgabe der Marktkontrolle übertragen ist, darüber wacht, dass die Wirtschaftsakteure sich ganz genau an diese Grenzen halten. Da es aber dem Staat der liberalen Epoche an Kenntnissen und erforderlicher Macht zur Erfüllung dieser Rolle zunehmend fehlte, wurden diese kritischen Grenzen mehr und mehr verletzt; die Wirtschaft ist degeneriert, und das hat diese pathologischen Phänomene hervorgebracht, von denen sie sich bis heute nicht erholt hat.

Dieser Zerfall der Wirtschaft, der im eklatanten Widerspruch zu den optimistischen Vorhersagen der Theoretiker des Liberalismus steht, ist die sichtbarste, aber nicht die gravierendste Folge dieses Irrtums gewesen. Denn die soziologischen Folgen waren noch verheerender.

Soziologisch betrachtet beruht der Marktmechanismus auf der Tatsache, dass die Teilnehmer am Tisch der Marktwirtschaft sich wie Homines oeconomici verhalten, das heißt die rein rationalen Spielregeln des Wettbewerbs einhalten. Das besondere Wesen der Marktwirtschaft besteht darin, dass in ihrem Kern alle irrationalen, spontanen, menschlichen Beziehungen zwischen den Interessenten eliminiert sind – im Gegensatz zu dem, was in den religiös und ethisch fundierten Bruderschaften der korporatistischen Wirtschaft des Mittelalters galt. Als Folge davon ist der Markt zu einem völlig atomisierten Bereich ohne jegliche vitale Integration geworden. Das Wirtschaftssystem nimmt in seinem Funktionieren dadurch keinen Schaden, vielmehr ist es davon abhängig. Was soziologisch also als Mangel an Integration erscheint, erscheint marktwirtschaftlich betrachtet als Befreiung von Reibungen und außerökonomischen Bremswirkungen.

Das Bedürfnis nach Kompensation hat soziologisch gesehen hier seinen Ursprung: Um auf bestimmten Gebieten die integrierenden Bindungen ohne Schaden für das Ganze des Gesellschaftskörpers lösen zu können, müssen diese Bindungen an anderen Stellen im gleichen Umfang verstärkt werden; vor allem die Bereiche der technisch bestimmten Desintegration müssen zuverlässig eingegrenzt und sorgfältig definiert werden. Das ist der soziologische Aspekt der eben schon begründeten strengen Überwachung des Marktes durch den Staat.

Genau das Gegenteil trat jedoch ein. Statt einer zusätzlichen, als Kompensation erforderlichen Integration entwickelte sich eine allgemeine Desintegration selbst außerhalb des Marktes. Die atomisierte Struktur, die nur unter der Bedingung ihrer strikten Beschränkung auf den Markt zu rechtfertigen ist, hat sich unumschränkt im ganzen Organismus ausgebreitet. Das war das Ergebnis der liberalen Praxis, und das war gleichzeitig die Folge einer gewissen Blindheit der im Übrigen richtigen liberalen Theorie.

Die Tatsache, dass man die notwendige Beschränkung des Kampfes der Wirtschaftsinteressen mittels der Überwachung des Marktes durch einen starken und unabhängigen Staat ignoriert und vernachlässigt hat, hat die Auflösung des Volkes in eine Vielzahl von Interessen ermöglicht, die um die Erlangung von politischer Macht als ihre Beute gekämpft haben. Von da an war das Schicksal der Demokratie absehbar. Solange keine dieser Interessengruppen stark genug war, um den Staat allein an sich zu reißen, haben wir Koalitionen erlebt, deren Zweck es war, die Macht gemeinsam zu erlangen, mit dem Versprechen einer proportionalen Aufteilung der Beute unter die Partner dieser Gesellschaft mit beschränkter Haftung. Typische Erscheinungsformen des politischen Pluralismus haben sich gezeigt. Aber sobald eine Gruppe stark genug war, um die Macht allein zu ergreifen oder um später ihre schwächeren Partner auszuschalten, wurde der pluralistische Staat mit seinen verschiedenen Parteien umgewandelt in einen totalitären Staat mit einer Einheitspartei.

In dieser Weise ist im Verlauf der letzten Jahrzehnte als Ergebnis einer missverstandenen Freiheit die natürliche Einheit der hierarchisch integrierten Gesellschaft verloren gegangen.

Der Mensch bedarf der Freiheit *und* der Einheit, so wie er essen und trinken muss. Aber genau wie er im Notfall ohne Essen länger überleben kann als ohne Trinken, kann er eindeutig länger ohne Freiheit leben als ohne Einheit. Er hat Jahrtausende ohne Freiheit gelebt. Nicht einmal zwei Jahrhunderte hat er ohne Einheit ertragen.

Mangel an Integration, Durst nach Integration, das war die schwerste soziale Krankheit der Nachkriegszeit, und wir wissen, wie sich Durstende selbst auf die schmutzigsten Pfützen stürzen.

Aber der Mangel an Integration lässt sich weder durch Lohnsteigerungen noch durch Begrenzungen der Arbeitszeiten kompensieren, im Gegenteil, sie machen ihn nur noch spürbarer. Das ist der Hauptgrund, weshalb die Arbeiterklasse im Westen – trotz der kontinuierlichen Verbesserung ihrer materiellen Lage weit entfernt davon, zufrieden zu sein – nur umso unzufriedener ist.

Um zusammenzufassen: Die große Krise, in der wir uns befinden, ist ihrem Wesen nach keine Wirtschaftskrise, sondern eine Vitalkrise im Allgemeinen und eine Integrationskrise im Besonderen. Ihre wirtschaftlichen Ausprägungen sind bloß sekundäre Symptome einer tieferen Krankheit des Gesellschaftskörpers. Der Liberalismus hat bei dieser Entwicklung die Führung gehabt und die Welt in die gegenwärtige Krise gestürzt. Aber schuld daran ist nicht seine Theorie der Marktwirtschaft, die ganz im Gegenteil im Wesentlichen richtig war und ist. Schuld sind seine unzureichenden soziologischen Konzepte. Der Liberalismus hat leider die zentrale Rolle vitaler irrationaler Bedürfnisse, insbesondere das der Integration des Menschen, ignoriert und vernachlässigt. Es stimmt, wenn [der Liberalismus] zu Recht beteuert, dass Gewalt, Zwang und das Fehlen von Freiheit das Gesellschaftsleben ebenso auflösen. Aber es reicht nicht aus, diese zu eliminieren. Das Gesellschaftsleben ist einer Fülle immanenter Strukturgesetze unterworfen, deren Bedingungen erfüllt werden müssen, soll es sich gesund und natürlich entfalten und den Menschen die nötige Lebenszufriedenheit garantieren. Wird im Interesse einer optimalen Produktivität des Kollektivs und maximaler Unabhängigkeit des Individuums die Wirtschaft dieses Gesellschaftskörpers gemäß den Regeln der Marktwirtschaft organisiert, dann müssen die neuen und die angestauten Integrationsbedürfnisse befriedigt werden. Weil der Liberalismus sich dieser Gesetze nur unzureichend bewusst gewesen ist und sie nicht hinreichend befriedigt hat, ist er politisch und wirtschaftlich gescheitert. Auf der Grundlage dieses Scheiterns befinden wir uns heute in der großen Gefahr, alles, was am Liberalismus positiv und wertvoll ist, über Bord geworfen zu sehen und zurückzufallen in Despotie und die Anbetung der Gewalt der vorliberalen Epoche.

Angesichts dieser Sachlage ist es notwendig, den Liberalismus zu erneuern, seine schwerwiegenden Irrtümer zu überwinden, die schädlichen Lücken zu füllen, die zu dieser Katastrophe geführt haben.

Es ist das große Verdienst von Walter Lippmann, in seinem Buch und, in noch deutlicherer Weise, in seinem Eröffnungsvortrag diese Notwendigkeit begründet und das Werk begonnen zu haben.

Polanyi: Die Volksbewegungen, die zur Zerstörung des Liberalismus und der mit ihm verknüpften Werte geführt haben, sind zurückzuführen auf ein mangelndes Verständnis der ökonomischen Grundsätze, an dessen Stelle man die leidenschaftliche Überzeugung gesetzt hat, das Wirtschaftsleben müsse mit aller Macht kontrolliert werden. Herr Rueff hat das in beeindruckender Weise dargelegt, ebenso Herr Detoeuf, wie auch die Bemerkungen einer Reihe von Teilnehmern an diesem Kolloquium in diese Richtung gingen. Der Gebrauch der Vernunft wird abgelehnt, und der Geist hängt fixen Ideen an, die ihm mit barbarischer Gewalt eingetrichtert wurden. Wir leben in einem Zustand geistiger Umnachtung. Für die Suche nach den Wurzeln dieser Bewusstseinsstörung sollte man bis ganz zu den Grundsätzen der utilitaristischen Theorie zurückgehen, denn dort wird man eine von Grund auf irrige Konzeption der biologischen Bedingungen von Zufriedenheit entdecken. Die utilitaristische Theorie behauptet, die Befriedigung von Bedürfnissen führe zu Zufriedenheit. Ich bestehe darauf, dass das falsch ist und dass selbst höhere Tiere nicht immer zufrieden sind, wenn sie genug Nahrung finden, sondern dass sie dann immer noch den Mechanismus ihrer Lebensbedingungen verstehen müssen. Das Gleiche gilt natürlich für Menschen noch viel mehr.

Ein Beispiel: Man führt ein Experiment mit drei Gruppen von Ratten durch, die man auf drei verschiedene Weisen füttert. Die erste Gruppe bekommt jeden Tag eine bestimmte Menge an Futter, die zweite bekommt die gleiche Menge alle zwei Tage, die dritte ebenfalls die gleiche Menge, aber nur alle drei Tage. Alle gedeihen prächtig, die »reichen« Ratten, die »Mittelklasse«-Ratten und die Armen. Wenn man nun aber eine vierte Gruppe von Ratten in unregelmäßigen Abständen von ein bis drei Tagen füttert, gehen diese Ratten zugrunde. Sie sterben, weil ihr Organismus völlig durcheinandergebracht wird und ihre Verdauungsreflexe verstümmelt werden: Sie sterben an dieser Störung.

Das Verhalten höher entwickelter Tiere, Hunde zum Beispiel, ähnelt dem unseres menschlichen Problems. Ich verweise auf die Experimente von Pawlow, durch die Hunde verrückt gemacht wurden. Pawlow brachte einem Hund bei, zu erwarten, dass er gefüttert wird; dieser Hund sonderte Magensäure ab, sobald ein

Lichtkreis auf einem Schirm erschien. Dann brachte er dem Hund bei, kein Futter zu erwarten und keine Anzeichen von Appetit zu zeigen, wenn eine stark abgeflachte Ellipse auf dem Schirm erschien. Nachdem der Hund diese Lektion völlig verstanden hatte, versuchte Pawlow, ihm beizubringen, einen Kreis von immer weniger abgeflachten Ellipsen unterscheiden zu können, das heißt [Ellipsen, die] sich immer mehr der Kreisform annäherten. Auf diese Weise fuhr er fort, das Symbol für »Futter« und das für »kein Futter« immer schwieriger unterscheidbar zu machen. An einem gewissen Punkt jedoch wurde der Hund unsicher, wie er sich verhalten sollte. Pawlow aber fuhr fort, den Hund über diesen Punkt hinaus zu trainieren, und setzte das Experiment drei Monate lang fort. Das Resultat war aber keine Verbesserung der Erziehung des Hundes, sondern ein vollständiger Kollaps seiner [kognitiven] Fähigkeit, zu unterscheiden. Er hatte tatsächlich selbst die elementarste Fähigkeit dazu verloren und konnte auch die flachste Ellipse nicht mehr von einem Kreis unterscheiden. Gleichzeitig zeigte er Anzeichen einer allgemeinen Störung, verhielt sich mal fügsam, dann plötzlich unruhig und wild, verbiss sich in seine Leine und wurde von heftigen Zuckungen geschüttelt. Kurzum, wie Pawlow es ausdrückte, der Hund geriet in einen Zustand akuter Psychose.

Dieser Hund verlor die Kontrolle, als sein Verständnisvermögen überfordert wurde: Die Unterscheidung zwischen dem Zeichen, das Futter ankündigte, und dem Zeichen, das Entzug anzeigte, war für den Hund zu schwierig geworden. Seine Zufriedenheit wurde nicht durch einen Mangel an Futter vernichtet, sondern durch das, was Pawlow als einen Konflikt zwischen Erregung und Zurückhaltung bezeichnete, ein Konflikt, den sein Gehirn nicht mehr zu lösen vermochte.

Die Not dieses Hundes liegt außerhalb des Anwendungsbereichs utilitaristischer Grundsätze; und das Gleiche, denke ich, trifft auch auf die Not unserer Epoche zu. Ich denke, die für unsere Zivilisation bedrohliche Bewusstseinsstörung rührt aus einem Zustand permanenter Ratlosigkeit *(perplexité)* her; eine Ratlosigkeit, die durch ihre Folgen für das Bewusstsein noch verstärkt wird dahin gehend, dass aufgrund der Unfähigkeit, die ökonomischen Phänomene unserer heutigen Welt zu verstehen, das Handeln der Gesellschaft in ihren eigenen Augen immer konfuser wird, während gleichzeitig ihr Bewusstseinszustand in immer heftigere Unruhe versetzt wird.

Die durch die gegenwärtigen wirtschaftlichen Vorgänge hervorgerufene Ratlosigkeit hat im Wesentlichen damit zu tun, dass viele der Eingriffe, die unmittelbare, örtlich und zeitlich begrenzte Vorteile bringen oder zu bringen scheinen, das gesamte übrige Wirtschaftsleben erfassende Auswirkungen hervorrufen, mit Folgen, die den positiven Effekten, die man von dem ursprünglichen Eingriff erhofft hatte, entgegenwirken und sie nichtig machen.

Ich möchte hier nur drei Erscheinungen nennen, ohne die der deutsche Nationalsozialismus vermutlich nie Gestalt angenommen hätte. Das sind die Reparationen, die Inflation der Mark und die Arbeitslosigkeit während der Weltwirtschaftskrise. Alle drei waren mit für die meisten Menschen völlig unverständlichen Reaktionen im Wirtschaftssystem verbunden. Und, davon bin ich felsenfest überzeugt, es war nicht das wirkliche Elend, das diese Erscheinungen hervorriefen, sondern im Wesentlichen ihr furchterregendes und zur Verzweiflung treibendes Wesen, das die heftigen Reaktionen auslöste, die wir erlebt haben.

Ein noch gravierenderer Konflikt zeigt sich im moralischen Bereich zwischen der persönlichen Vorstellung von der Wirtschaftstätigkeit der liberalen Welt und ihrem sozialen Aspekt. Die Produktion von Gütern, die für den Markt bestimmt sind, wird der Gemeinschaft zur Verfügung gestellt durch die sprichwörtliche »unsichtbare Hand«. Aber die Hand ist unsichtbar. Was man sieht, ist allein das Handeln eines eindeutig nur von seinem Eigennutz gelenkten Individuums. Der Einzelne hat nicht einmal das Gefühl, irgendjemandem nützlich zu sein. Und er weiß auch nicht, wo die Grenze ist zwischen einer persönlichen, in ihren Wirkungen sozialen Handlung und einer asozialen Handlung. Darunter leidet sein soziales Bewusstsein, und er verfällt in Ratlosigkeit darüber, worin seine sozialen Aufgaben bestehen.

Viele einflussreiche Kritiker des liberalen Systems haben diese spirituelle Schwäche angeprangert. Morris, Carlyle, Ruskin und Tawney in England, Burckhardt, Paul Ernst und viele andere in Deutschland haben menschliche Kooperation allein aufgrund des »cash nexus«[248] kritisiert. Die Angriffe von Marx auf den Warenfetischismus und sein Ideal einer an den Bedürfnissen orientierten Produktion statt einer Produktion für den Markt bringen das gleiche übermächtige Motiv zum Ausdruck.

Die zentrale Wirtschaftsplanung der totalitären Staaten vereinfacht das Wirtschaftsleben. Sie bezweckt, einen verwirrenden und komplexen Mechanismus durch Kontrolle[249] zu ersetzen. Aber während sich die wirtschaftlichen Ergebnisse dieses Gewaltaktes in einem Haushaltsdefizit niederschlagen, sind die dadurch erworbenen spirituellen Vorteile immens. In Russland wie in Deutschland ist wirtschaftliche Zusammenarbeit zu einem bewussten sozialen Ziel gemacht worden. Das erklärt, weshalb diese Regime ihre Bevölkerungen im Griff behalten und wie sie ihnen das Gefühl vermitteln, ungeachtet all der verlorenen Freiheiten ein edleres Leben zu führen als diejenigen, die in ihrem Alltag nur vom blinden Eigennutz geleitet werden.

Die totalitären Politiker haben das wirtschaftliche Bewusstsein der Leute geweckt, während sie die Freiheit vernichteten. Der Liberalismus sollte wirtschaftliches Bewusstsein herstellen, indem er Licht schafft. Es ist unerlässlich, den Menschen die Funktionsweisen des Wirtschaftslebens zu Bewusstsein zu bringen. Ökonomische Bildung würde eine bodenständige Macht schaffen, die fähig ist, die Missstände anzugehen, für die sich Abhilfe schaffen lässt, und würde es den Menschen erlauben, zu erkennen, dass es unmöglich ist, sämtliche Reibungen und Ungerechtigkeiten in der Wirtschaft einfach so auszuräumen. Vor allem aber würde Unterricht in Ökonomie den Schleier zerreißen, der gegenwärtig die »unsichtbare Hand« verhüllt, und würde den Menschen die Augen öffnen und sie die große Kooperation erkennen lassen, die das Leben des Marktes darstellt, an dem sie gegenwärtig ohne jedes moralische Bewusstsein ihrer Rolle teilnehmen.

Rougier: Ich möchte dem, was Herr Polanyi gesagt hat über die Unzulänglichkeit der – zu rationalistischen und zu intellektuellen – psychologischen Theorie, die in den Grundsätzen der utilitaristischen Philosophie steckt, eine Bemerkung hinzufügen. Ein Schüler von Pawlow, Wladimir Drabovitch, hat ein Buch geschrieben mit dem Titel *Fragilité de la liberté et séduction des dictatures* (Zerbrechlichkeit des Friedens und Verführungskraft der Diktaturen). In diesem Buch zitiert er eine interessante Studie, die Pawlow zum Verlust des Freiheitsinstinkts bei wilden Tieren durchgeführt hat. Dazu setzte Pawlow die Tiere einer längeren Unterernährung aus; die Tiere verloren ihren Freiheitsinstinkt und wurden passiv. Das Gleiche traf auf die unterernährten Massen nach dem Krieg zu. Sie verloren ihren Freiheitsinstinkt im Streben nach Sicherheit. Sie sind leblos, herdenhaft und passiv geworden. Sie haben sich demjenigen anvertraut, der ihnen eine Kantine und eine Uniform versprochen hat. Je liberaler eine Wirtschaft ist, desto mehr stellt sie Individualismus und persönlichen Stolz heraus und desto mehr unterdrückt sie den Instinkt der Betreuung. Das System der Freiheit ist das System des Überflusses.

Marlio: Es gibt die psychologische Seite, die zutreffend analysiert worden ist. Da ist nicht nur der Naturinstinkt des unterernährten Menschen, der bereit ist, seine Freiheit aufzugeben, wenn man ihm garantiert, dass er nicht hungers sterben wird. Da ist außerdem die Tatsache, dass in totalitären Systemen die unterernährten Massen sich völlig dem Diktator anvertrauen, in den sie ihre letzte Hoffnung setzen und der sie glauben macht, sie ins Glück zu führen.

In Russland habe ich gesehen, in welchem Maß die Bevölkerung, in beinahe vertierter Art, dieses System problemlos akzeptierte. Ich habe Menschenmengen von 200 oder 300 Leuten gesehen, die fünf bis sechs Stunden geduldig Schlange standen, um ein Paar Sohlen oder einen Laib Brot zu kaufen. Wenn man sie dazu befragte, dann antworteten diese Leute einem: »Sicherlich, das funktioniert nicht gut, aber da ist ja die Zukunft, und außerdem sagt man uns, es funktioniere sehr gut!« Sie waren nicht besonders unzufrieden. Arbeiter und Techniker hingegen fanden die Lage erschreckend.

Was Herr Rougier sagt, ist richtig. Wenn jemand sich sehr geschwächt fühlt, opfert er lieber Reichtum für Sicherheit. Und um sich sicher zu fühlen, muss er jemanden haben, der ihm Sicherheit gibt, und das kann nur ein totalitäres Regime sein, das Zwang oder Überzeugungskraft anwendet.

Mises: Man kann nicht leugnen, denke ich, dass die Unzufriedenheit, die die Massen in verschiedenen Ländern dazu getrieben hat, zu Anhängern von Parteien zu werden, die totalitäre Diktaturen errichtet hatten oder zu errichten strebten, durch ihre wirtschaftliche Lage motiviert war. Niemand wird selbstverständlich leugnen, dass die Marxisten den Volksmassen vor allem eine Verbesserung des Lebensstandards versprochen haben. Das Gleiche lässt sich von antimarxistischen Parteien sagen. Auch sie versprechen ihren Anhängern an erster Stelle eine Verbesserung der wirtschaftlichen Lebensbedingungen. So erklären sie ihren Anhängern zum Beispiel: »Der Grund für euer Elend sind die Bedingungen, die uns durch die Friedensverträge aufgezwungen wurden. Wir müssen Länder erobern, die Rohstoffquellen besitzen. Es ist unsere Pflicht, gegen den westlichen Kapitalismus zu kämpfen, der uns ausbeutet. Wir sind proletarische Nationen, während andere Nationen mehr haben, als ihnen zusteht.« Mit der Behauptung zum Beispiel, Kanonen seien ihnen wichtiger als Butter, meinen sie: »Die Kanonen werden es uns ermöglichen, die Mittel zu erobern, um damit anschließend größeren Wohlstand zu schaffen.« Wenn sie von ihren Landsleuten Opfer verlangen, dann rechnen sie damit, dass diese Opfer nur von vorübergehender Dauer sind und hinterher mehr als wettgemacht werden durch die Ergebnisse einer derartigen Politik.

Nur Schriftsteller und Theoretiker preisen das Ideal eines Lebens in Armut. Demagogen ködern die Massen stets mit der Aussicht auf eine Verbesserung ihrer Lebensbedingungen.

Ich will nicht bestreiten, dass es auch noch andere Gründe für die Unzufriedenheit gibt, abgesehen von den streng ökonomischen. Ich bin sogar überzeugt davon. Es gibt zum Beispiel in den sozialen Milieus von Armeeoffizieren, Beamten und Freiberuflern eine gewisse Verbitterung angesichts der Aufstiegsmöglichkeiten für die Arbeiterklasse und die fortschreitende Demokratisierung des Lebens, die zum Verschwinden der alten hierarchischen Unterschiede in der Gesellschaft geführt hat. Frauen aus diesen Milieus beklagen insbesondere, dass die unteren Gesellschaftsklassen den Respekt und die Unterordnung gegenüber der Autorität verloren haben. Emigranten, die in Mittel- und Osteuropa zur Mittelschicht gehört hatten und nach ihrer Ansiedlung in den Vereinigten Staaten von Amerika oder in den britischen Dominions eine wirtschaftlich betrachtet deutlich überlegenere Stellung erlangt haben, als sie in ihrem Herkunftsland zu erreichen je hätten erhoffen dürfen, trauern oft mit einer gewissen Nostalgie den sozialen Privilegien nach, die sie dort genossen hatten. Sie erfreuen sich eines spürbaren wirtschaftlichen Wohlergehens und fühlen sich dennoch ein wenig bedrückt, weil das Milieu, in dem sie leben, ihre Ansprüche auf eine überlegene und privilegierte soziale Stellung nicht zulässt.

Ich will auch nicht leugnen, dass die Massen einen Hang zur Grausamkeit haben, zu Rachsucht und sogar Sadismus. Die Führer der totalitären Staaten haben sich diese Seite ihrer Psychologie mit großem Geschick zunutze gemacht und achten darauf, atavistische Instinkte dieser Art durch ihre Politik zu befriedigen.

Trotzdem muss deutlich betont werden, dass man auch bei Berücksichtigung dieser und ähnlicher Faktoren dennoch keine plausible Rechtfertigung für eine antiliberale Politik finden kann. Denn die Gleichmacherei, über die hier geklagt wird, resultiert ja gerade aus der Tatsache, dass die Privilegien bestimmter sozialer Gruppen abgeschafft wurden.

Man vermag nichts als eine schlichte romantische Voreingenommenheit in der Aussage zu erkennen, dass Menschen in der vorkapitalistischen Epoche mehr Freude an der Arbeit hatten als die Arbeiter in modernen Fabriken. Und ich glaube, dass Herr Rüstow auch da der romantischen Anschauung entspricht, wo er behauptet, der Bauer sei zufriedener als der Fabrikarbeiter. Es ist ein unbestreitbares Faktum, dass in den letzten hundert Jahren viele Millionen Menschen ihre landwirtschaftliche Beschäftigung aufgegeben haben, um in der Industrie zu arbeiten, was man nicht gerade als einen gesicherten Beweis für die größere Zufriedenheit ansehen kann, die ihnen ihre landwirtschaftliche Arbeit angeblich verschafft hatte.

Ich bezweifle, dass die Volksmassen in Russland so glücklich sind, wie Herr Polanyi glaubt. Wenn sie sich dennoch zufrieden fühlen, trotz erbärmlicher Lebensbedingungen, dann nicht deshalb, weil ihnen die Überzeugung eingetrichtert worden ist, dass nur totalitäre Regime für das Gemeinwohl tätig sind. Sie sind völlig abgeschnitten von der übrigen Welt, und ihnen ist mit Erfolg die Überzeugung vermittelt worden, dass sie in wirtschaftlicher Hinsicht in einer besseren Lage sind als die »ausgebeuteten« Arbeiter in der kapitalistischen Gesellschaft. Vor mehreren Jahren hatte ich Gelegenheit, zu beobachten, wie überaus erstaunt die Mitglieder einer sowjetischen Studienkommission waren, die man in westliche Länder geschickt hatte – und die, nebenbei gesagt, ein sehr hohes geistiges Niveau hatten und mit der europäischen Kultur gut vertraut waren –, als sie entdeckten, dass die Massen von Wien, Berlin und Paris in Verhältnissen lebten, die den in Moskau und Leningrad herrschenden unvergleichlich überlegen waren. Diese kultivierten Männer, die verschiedene europäische Sprachen beherrschten, auch sie hatten gedacht, dass das Los der Arbeiter in Russland besser sei als irgendwo sonst auf der Welt!

Rüstow: Das, was fälschlich als »Landflucht« bezeichnet wird, das heißt die Abwanderung der zuvor in der Landwirtschaft gebundenen Arbeit in die Industrie – eine vom technischen Fortschritt bestimmte Abwanderung –, kann nach den Gesetzen des Marktes nur auftreten, wenn es zu einem Einkommensgefälle zwischen Industriearbeit und Agrararbeit zum Nachteil der Landwirtschaft kommt, das einen Abfluss aus der am niedrigsten bezahlten Arbeit hin zu der am höchsten bezahlten Arbeit auslöst. Die einzige Frage ist hier: Wie groß muss der Unterschied (die »Schwelle«) sein, um Emigration hervorzurufen? Was diesen Punkt betrifft, zeigt die Erfahrung in Deutschland und anderen Ländern, dass der Unterschied, berechnet auf der Grundlage des Geldwertes eines Arbeitslohns für die gleiche Arbeitszeit, in aller Regel ein sehr beträchtliches Ausmaß erreichen muss, ehe er zur Aufgabe einer kleinbäuerlichen Landwirtschaft für eine Arbeit in der Stadt führt. Mit Sicherheit sind die meisten, die sich an dieser »Landflucht« beteiligen, keine Bauern, sondern Landarbeiter oder überzählige Söhne von Bauern ohne Aussicht auf einen eigenen Hof; aber selbst für diese bleibt die »Schwelle« noch sehr hoch. Folglich berühren mich die polemischen Anspielungen des Herrn von Mises in Bezug auf die Landflucht nicht. Denn die Bedeutung, die dieser Schwelle zukommt, der Einkommensverzicht, der in der Differenz des Geldwertes des Einkommens aus Landarbeit zum Geldwert des Einkommens aus Fabrikarbeit besteht, ehe eine »Landflucht« eintritt, zeigt gerade, wie sehr der Bauer die nicht monetären Vorteile seiner Lebenslage wertschätzt und welche monetären Nachteile er im Ausgleich dafür zu ertragen bereit ist.

Wenn Herr von Hayek übrigens bezweifelt, dass das Ausmaß der geschätzten Lebensbedürfnisse, von dem ich ausgehe, sich mit dem Standpunkt des traditionellen Liberalismus vereinbaren lasse, dann hat er sicherlich recht. Das nämlich ist genau einer der wesentlichen Punkte, den meine Freunde und ich für eine unerlässliche Transformation, eine Erneuerung des bisher eingenommenen traditionellen liberalen Standpunktes halten.

Wenn ich, ergänzend dazu, im bislang unzureichend befriedigten Vitalbedürfnis der Integration einen wichtigen Grund für den Erfolg des Nationalsozialismus und des Faschismus sehe, dann bedeutet das eindeutig nicht, dass ich die Art und Weise, wie dieses begründete Bedürfnis gegenwärtig befriedigt wird, für legitim oder lobenswert halte. Ich bin lediglich der Ansicht, dass wir keine Chance haben, gegen diese Bewegung zu bestehen, wenn wir nicht das ihr zugrunde liegende Bedürfnis bemerken und anerkennen und keine besseren Mittel anzubieten haben, es zu befriedigen.

Insgesamt betrachtet ist es unbestreitbar, dass hier in unserem Kreis zwei unterschiedliche Anschauungen vertreten sind.

Die eine Gruppe findet am traditionellen Liberalismus, wie er war und wie er ist, nichts Wesentliches zu kritisieren, abgesehen natürlich von den Anpassungen und den gegenwärtigen Entwicklungen, die sich von selbst verstehen. Ihrer Ansicht nach liegt die Verantwortung für all das Unglück ausschließlich auf der anderen Seite, bei denen, die aus Dummheit oder Böswilligkeit oder durch eine Mischung von beidem die heilsamen Wahrheiten des Liberalismus nicht wahrnehmen und beherzigen können oder wollen.

Wir hingegen suchen die Verantwortung für den Niedergang des Liberalismus im Liberalismus selbst, und deshalb suchen wir die Lösung in einer grundlegenden Erneuerung des Liberalismus.

Um diese zweite Auffassung in einer positiven Weise zu begründen, muss ich auf das verweisen, was ich gesagt habe, sowie auf die ausgezeichneten Thesen von Herrn Lippmann.

An dieser Stelle möchte ich die Aufmerksamkeit nur auf die Tatsache lenken, dass die praktischen Aussichten [für den Liberalismus] nahezu hoffnungslos wären, wenn die unerschütterlichen Repräsentanten des alten Liberalismus recht hätten. Denn es scheint nicht so, als habe der alte Liberalismus an Überzeugungs- und Verführungskraft gewonnen oder als hätten die Argumente, sie mögen so scharfsinnig sein, wie sie wollen, die diese Repräsentanten vorbringen, auch nur die geringste Chance, einen allgemeinen Gesinnungswandel im Reich des Bolschewismus, des Faschismus oder des Nationalsozialismus hervorzurufen. Wenn sie nicht auf Moses und seine Propheten, Adam Smith und Ricardo, gehört haben, wie werden sie dann Herrn von Mises glauben?

Wenn hingegen die Verantwortung und folglich der *onus reformandi*[250] zuallererst auf unserer Seite liegen, dann sind die Aussichten weit weniger trübe. Denn dann kommt es nur darauf an, dass wir uns um unsere eigenen Angelegenheiten kümmern, und daran wird uns niemand hindern können. Welche Auswirkungen wird ein völlig erneuerter Liberalismus, wie er uns vorschwebt, auf das ökonomisch-politische System haben? Dazu wird man ihn zumindest erproben müssen, das ist noch nicht in negativer Weise geklärt. Und was das Übrige betrifft, wird alles weitgehend davon abhängen, auf welche Weise wir zu Werke gehen.

Condliffe: Alle hier sind davon überzeugt, dass die liberale Philosophie die beste ist, aber sie können sich nicht darauf einigen, sich bloß auf eine Apologie auf ein vergangenes Wirtschaftssystem zu beschränken. Dieses System hat gewisse Nutzen gebracht, aber man kann ein System nicht erhalten, das solche Übel wie die Londoner Slums, die großen Finanzgruppen und dergleichen mehr hervorgebracht hat. Gleiches gilt für das Kreditwachstum. Die fixen Zinssätze, die im Krieg ihren Ursprung haben, sind für die Massen untragbar. Sie sind von Leuten durchgesetzt worden, die dafür keine Opfer bringen mussten, und es sind die Verbraucher, die unter ihren Folgen leiden werden.

Es wird notwendig sein, die Monopole zu reduzieren und die Gleichheit der Klassen wiederherzustellen, insbesondere im Bildungswesen.

Solange die Öffentlichkeit den Eindruck hat, dass die unsichtbare Hand, die das System antreibt, die Hand von Individuen ist, die nur im eigenen Interesse handeln, wird es unmöglich sein, das System aufrechtzuerhalten. Es ist notwendig, den Massen klar und verständlich zu machen, welche soziale Rolle das System hat, das heißt, wie Arbeit zur Bereicherung aller beitragen muss.

Marjolin: In den vorangegangenen Diskussionen ist der Liberalismus, insofern er eine rationale Weltanschauung ist, häufig Ideologien gegenübergestellt worden, die man als Ausdruck von Gefühl und Leidenschaft versteht. Diese Anschauungsweise scheint mir grundfalsch. Der Liberalismus lässt sich nicht vernünftig rechtfertigen, nicht mehr als der Kommunismus oder der Faschismus. Wie diese ist er eine Ideologie. Das Problem besteht darin, die Bedingungen für das Erscheinen und das Überleben der liberalen Ideologie herauszufinden und insbesondere zu untersuchen, ob diese Ideologie nicht zwangsläufig dazu verdammt war, zu verschwinden.

Wir sollten nicht, wie Marx gedacht hat, den Niedergang des Liberalismus aus der endogenen Entwicklung des kapitalistischen Systems erklären, jedenfalls nicht, wenn man unter Letzterem lediglich einen bestimmten ökonomischen Mechanismus versteht.

Wenn man aber akzeptiert, dass die Freigabe der Wechselkurse die Großindustrie und die Großindustrie ein großes Industrieproletariat hervorgebracht hat, dann kann man, parallel zur Dialektik der Entwicklung des Wirtschaftssystems, eine soziale Dialektik, eine Dialektik der Klassen erkennen. Als das Proletariat genug Macht erlangt hatte, um entscheidenden Einfluss auf den Staat zu nehmen, war der Liberalismus dem Untergang geweiht.

Krisen sind vielleicht nicht unvermeidlich, aber es war unvermeidlich, dass das Proletariat Einfluss auf die Regierung ausüben würde.

In einer Erörterung der Tugenden des Liberalismus wäre es sinnlos, einem Arbeiter angesichts der gegebenen Verteilung von Vermögen und Einkommen entgegenzuhalten, dass dieses System den maximalen Grad an Nützlichkeit erzielt. Die Verteilung von Vermögen und Einkommen zwischen den Individuen ist ein irrationales Phänomen, rein historisch, das niemals die Zustimmung derer finden wird, die zu den unteren Klassen gehören, jedenfalls nicht, solange sie nicht das Bewusstsein haben, dass diese Verteilung als Funktion von Kriterien vorgenommen wird, mit denen sie einverstanden sind.

Castillejo: Ein Land lässt sich nicht als gut oder schlecht bezeichnen, bloß weil es liberal oder totalitär ist. Man sollte die Tatsache nicht aus den Augen verlieren, dass ein Land ganz plötzlich von der Freiheit zur Diktatur übergehen kann (Beispiel: Spanien).

Weder Liberalismus noch Demokratie ist das Ergebnis des bewussten Willens aller oder einer Mehrheit von Individuen, sondern vielmehr das Produkt unterschiedlicher Elemente.

Die Wurzel der gegenwärtigen Situation ist nicht ökonomischer Art. In Spanien zum Beispiel ist die Revolution die Folge einer

Demokratie ohne solides Fundament gewesen. Demokratie ist ein Phänomen, das nur Bestand hatte, wenn es auf Ideen gründet, die nicht leicht zu erschüttern sind: eine Wirtschaftsordnung und eine Rechtsordnung. Die Rechtsordnung ist, je nach der historischen Epoche, entstanden aus:

1. göttlichem Willen,
2. Vernunft,
3. der Seele des Volkes (Savigny),
4. der logischen Form (Kant und Stammler).

Alle diese Lösungen enthielten ein unwandelbares oder erschütterbares Element sowie eines des Wachstums und der Anpassung.

Aber unter dem Einfluss demokratischer Ideen wurde gesagt, dass die Mehrheit der Souverän sei und dass Recht und Rechtsordnung nur mehr der Ausdruck des Volkswillens in jedem einzelnen Augenblick seien, frei von jeder Beschränkung. Das hat das Rechtssystem ruiniert, auf dem die Demokratie beruhte. In Spanien wurde gesagt: »Da wir nun die Herrscher sind, lasst uns die Gesetze so ändern, dass wir den Reichtum verteilen können« – »unter den Massen« unter sozialistischen Regierungen, »unter den Privilegierten« unter reaktionären Regierungen. Die gefährlichsten Demagogen waren nicht die mit den niedrigsten Löhnen, sondern die, die ein annehmlicheres Leben geführt hatten, und die, die eine gewisse Kultiviertheit hatten. Sie erkannten die Lage und sagten: »Wir sind die Herrscher.«

Totalitarismus ist nur die Gestalt gewesen, die der Revolution durch die führende Minderheit gegeben wurde, um das Volk zufriedenzustellen und aus ihm ein Werkzeug für ein bestimmtes Ziel oder ein bestimmtes Ideal zu machen. Aber jeder Totalitarismus hat eine Tendenz zur Freiheit,[251] denn vom Totalitarismus kommt man nicht zur Demokratie. Um ihn zu verlassen, muss man zunächst mit einem System *(régime)* der Freiheit ohne Demokratie beginnen. Wissenschaftler sollten in ihrer Haltung nicht die totalitären Staaten verurteilen, denn in Wirklichkeit sind sie [totalitär], ohne es zu wollen; vielmehr sollten [die Wissenschaftler] Wege eröffnen, um deren Transformation in liberale Staaten zu ermöglichen. Für die demokratischen Staaten wird es schwierig sein, die eine oder andere Form von Totalitarismus zu vermeiden, auch wenn Frankreich in dieser Hinsicht nicht Deutschland oder Russland ähnelt, weil ihr [nationaler] Charakter verschieden ist. Alles, was wir tun können, ist die Entwicklung zu beschleunigen und den Schaden zu mildern.

Rougier: Das Wort Demokratie ist schrecklich ambivalent. Es gibt zwei Konzeptionen von Demokratie. Die erste ist die Idee der *liberalen Demokratie*, die auf der Beschränkung der staatlichen Macht beruht, dem Respekt der Rechte des Einzelnen und des Staatsbürgers, der Unterordnung der legislativen und der exekutiven Gewalt unter eine höhere rechtliche Autorität. Die zweite ist die Idee der *sozialisierenden Demokratie (démocratie socialisante)*, die auf dem Gedanken der Volkssouveränität beruht. Die erste geht aus von den Theoretikern des Völkerrechts *(ius gentium)*, protestantischen Autoren, der amerikanischen und der französischen Erklärung der Menschenrechte, und bekennt sich zum Prinzip der Rechte des Individuums; die zweite geht aus von Rousseau und bekennt sich zum Prinzip der Souveränität der Masse. Die zweite ist die Negation der ersten. Sie führt unweigerlich zu Demagogie und vermittels der Demagogie zum totalitären Staat. Wenn einmal die Massen dank der Schulpflicht zu dem Bewusstsein kommen, dass sie durch den Mechanismus des allgemeinen Wahlrechts aufgrund des Gesetzes der Zahl die Macht im Staat – weil sie nämlich an Zahl überlegen sind – erlangen können, dann schließen sie sich der Partei an, die sie zum Angriff auf die öffentlichen Autoritäten führt, und an die Stelle des Problems der Produktion von Reichtum setzen sie die Forderung nach dessen unmittelbarer Verteilung unter den am meisten benachteiligten Klassen. Der Staat versinkt in Verarmung und Anarchie, und daraus kann man ihn anscheinend nur erretten, indem man eine Diktatur errichtet. Die besten Fürsprecher des totalitären Staates sind sozialistische Demagogen.

Castillejo: Eine Demokratie muss aufgebaut sein mit Unterstützung durch:

1. den Willen des Volkes, das seine Bedürfnisse zum Ausdruck bringt,
2. die technische Methode, die auf Wissenschaft beruht und die Mittel bestimmt, um die verfolgten Zwecke zu erreichen,
3. die Justiz, die den Schutz des Individuums vor Gewalt und jeglicher Willkür garantiert.

Aber man muss diese drei Faktoren voneinander trennen. Wenn man die Justiz mit dem Willen des Volkes vereinigt, dann erhält man die Justiz des Volkes im revolutionären Spanien, die zur Unterdrückung von jeglichem Recht und Gesetz führt, genau wie die Justiz eines Diktators. Die Justiz des Volkes ist der Wille der Macht, wohingegen Recht und Rechtsprechung als das Werk von Gesetzgebern und Juristen die Kunst der Vermittlung der Koexistenz konfligierender Willen ist.

Wenn das Volk sich als Souverän betrachtet und die Leute denken, dass alles gut gehen wird, weil sie in der Lage sind, alles zu tun, wird das Wesensprinzip der liberalen Ordnung zerstört.

Für den Bereich der Wirtschaft lässt sich sagen, dass die Masse (das souveräne Volk) der Vorstellung anhängt, das Problem der Produktion lasse sich durch die Verteilung des Reichtums lösen. Das war der Fall bei der Agrarreform [Bodenreform] in Andalusien. Dabei war ein technisches und ökonomisches Problem mit einer politischen Angelegenheit vermischt worden. Zum einen ging es um eine höhere Produktion, zum anderen aber wollte man Großgrundbesitzer enteignen, um Forderungen aus dem Volk zu erfüllen. Die beiden Ziele waren nicht immer deckungsgleich. Es gab unfruchtbare und fruchtbare Böden, wieder andere, die bewässert werden mussten; Kapital war erforderlich. Das Problem wurde nicht auf dem Gebiet der Produktion angegangen, sondern auf dem Gebiet der Verteilung, was zu erbärmlichen Ergebnissen geführt hat.

Was gefährlich erscheint, ist das Unverständnis, das die Massen zeigen. Auf die Massen muss man daher einwirken. Wie soll das geschehen, wenn nicht die Elite auf sie einwirkt? Eine wissenschaftliche Ausbildung und ein in den herrschenden Eliten verankertes moralisches Ideal wäre die Lösung, aber wie soll man das erreichen? Darin besteht das Problem!

Baudin: Ich möchte an dieser Stelle die Gemeinsamkeiten in den Beiträgen von heute Morgen hervorheben, und dabei ist es mein einziges Ziel, den Weg frei zu machen, ohne Schlussfolgerungen zu ziehen.

In seinem sehr interessanten Vortrag hat Herr Rüstow bemerkt, dass Glück weniger von der Höhe des Einkommens abhängig sei als von der sozialen Lage, und hat als Beispiel dafür angeführt, dass der Bauer zufriedener sei als der Arbeiter. Herr Mises hat eingewendet, dass die Tatsache der Landflucht diese Behauptung widerlege. Diese beiden Auffassungen sind offenbar nicht unvereinbar: Es reicht dazu aus, die Aussage von Herrn Rüstow zu nuancieren und von der »angenommenen« oder »unterstellten« – statt der wirklichen – sozialen Lage zu sprechen. Dem Bauern, der in der Tat mehr Freiheit genießt als der Arbeiter, erscheint sein Leben von einem Heiligenschein umgeben. Generell bin ich der gleichen Ansicht wie Herr Marlio: Propaganda – unlautere oder wahrheitsgemäße Werbung – reicht aus, der sozialen Lage ihren glücklichen oder unglücklichen Charakter zu verleihen. Der totalitäre Staat redet den Menschen ein, sie seien glücklich, und die Sozialisten haben die Arbeiter, die in kapitalistischen Ländern leben, davon überzeugt, dass ihre Lage elend ist. In dieser Hinsicht sind alle Menschen Russen.

Hingegen ist es gewiss, wie Herr Rüstow gesagt hat, dass Menschen nach Einheit streben. Aber man sollte sich bei diesem Wort vor Zweideutigkeit hüten. Das Bedürfnis nach Einheit macht nicht Einheitlichkeit erforderlich; in diesem Punkt ist der Streit zwischen Platon und Aristoteles noch immer aktuell! Wenn wir dem Wort Einheit seine korrekte Bedeutung geben, nämlich nicht Angleichung, sondern Komplementarität, dann müssen wir erkennen, dass das liberale System des Gleichgewichts Einheit herstellt. Wenn Individuen »Schulter an Schulter stehen«, dann nicht aus dem Bedürfnis nach Einheit, sondern aus dem Bedürfnis, zu imitieren, ein Charakteristikum der Masse. Das erklärt meiner Auffassung nach, weshalb Einheit nur mit Diktatur zu vereinbaren ist. Die Einheit, die man meint, wenn man so davon spricht, ist die simplifizierende Gleichsetzung von Einheit und Einheitlichkeit.

Damit komme ich zum Beitrag von Herrn Condliffe, der sich mit den durch den Liberalismus hervorgerufenen Ungerechtigkeiten befasst hat. Zweifellos hat es solche [Ungerechtigkeiten] gegeben, aber die Tatsache, dass es sie gab, reicht nicht aus, um das System zu verurteilen. Jede vom Menschen geschaffene Einrichtung kann die Ursache von Ungerechtigkeiten sein, keine ist vollkommen, weil der Menschen unvollkommen ist.

Es ist offensichtlich, dass man den Liberalismus des Weiteren nicht verurteilen kann mit dem Vorwand, ihm fehle eine moralische Grundlage. Liberalismus verlangt Moralität wie jedes andere System, das nicht mit einer strengen Diktatur verbunden ist. Als System von Verträgen setzt er die Einhaltung von Verpflichtungen voraus. Das Dilemma ist unweigerlich: Moralität oder Zwang. Wenn man nicht zu einem Minimum an Moralität bereit ist, dann sollte man nicht länger vom Individuum an sich sprechen, sondern man errichtet eine Tyrannei. Gewiss besteht dieses Minimum an Moralität nicht immer. Aber das ist umso mehr Grund, zu versuchen, es zu erreichen; das ist eine Frage der Erziehung der Öffentlichkeit. Beinahe alles bleibt auf diesem Gebiet noch zu tun. Die amerikanische Krise von 1929/30 hat uns gezeigt, wie enorm der Mangel an derartiger Bildung in unserer Zeit war. Die Masse braucht heute eine moralische Erziehung, wenn man will, dass der Liberalismus funktioniert.

Herr Marjolin seinerseits hat darauf hingewiesen, dass die Verteilung der Individuen auf soziale Klassen eine historische, aber irrationale Tatsache ist. Kein Zweifel, gestern haben die Arbeiter unter dieser Verteilung gelitten, heute leiden die Sparer und Kleinbürger. Aber wir sollten nicht davon ausgehen, dass die Opfer verlangen, Ungerechtigkeiten auszugleichen, sondern in den meisten Fällen wollen sie weitere Ungerechtigkeiten, nur zu ihren Gunsten, schaffen. Das beobachten wir gegenwärtig in Frankreich. Auf der einen Seite fordern Arbeiter die Angleichung der Löhne zum Nachteil der Facharbeiter unter ihnen, auf der anderen Seite lehnen sie diese Angleichung ab, sobald sie für Frauen und Kinder gelten soll, deren unterlegene Stellung sie zu erhalten wünschen. Wer in solchen Auseinandersetzungen vermittelt hat, kennt das. Und mehr noch gibt es eklatante Ungleichheiten zwischen Arbeitern der verstaatlichten Fabriken und anderen in [nicht verstaatlichten] Unternehmen.

Abschließend möchte ich mich ganz und gar den Einschätzungen von Herrn Castillejo anschließen. Demokratie, die sich für den Souverän hält, glaubt sich imstande, nach Gutdünken die Wirtschaft zu verändern, indem sie die Rechtsordnung ändert. So verlagert sie in den Bereich der Verteilung, was in den Bereich der Produktion gehört. Ein typisches Beispiel liefert die Agrarreform von 1932 in Andalusien. Die spanische Regierung glaubte, dass es genüge, Ländereien zu enteignen und sie unter den Bewohnern zu verteilen, um damit allgemeinen Wohlstand zu schaffen. Aber die meisten dieser Ländereien waren unfruchtbar, weil sie lange unbewirtschaftet geblieben waren. Sie hätte damit beginnen sollen, den Boden zu bewässern, die Bewohner zu unterweisen, sie mit Ausrüstung auszustatten, ihnen Darlehen zu geben und so weiter. Das Ergebnis der Reform war eine allgemeine Unzufriedenheit. In Andalusien entwickelte sich daraufhin in besorgniserregender Weise ein Zustand der Anarchie, ein Vorspiel zu anderen, noch gravierenderen Ereignissen, die wir heute erleben.

KAPITEL 9

Die Agenda des Liberalismus

Dienstag, 30. August: Vormittagssitzung

Rougier: Heute erörtern wir die Agenda der Maßnahmen gegen den Niedergang des Liberalismus, wie wir sie aus der Analyse seiner Ursachen gewonnen haben. Zeit für mich, dem Mann das Wort zu erteilen, dessen Werk *The Good Society* hier zur Debatte steht, Walter Lippmann.

Lippmann: Die Diskussionen, die hier geführt wurden, haben mir Mut gemacht. Die Frage, die heute auf der Tagesordnung steht, ist die nach der Agenda des Liberalismus.

Es geht darum, bestimmte theoretische Thesen zu formulieren, die die Rückkehr des Liberalismus möglich machen. Es scheint, dass die im Lauf der vergangenen siebzig Jahre aufeinanderfolgenden liberalen ideologischen Strömungen aus Ignoranz und Machtlosigkeit gesündigt haben, denn die Lösungen, die die Liberalen in dieser Periode vorgeschlagen haben, hatten weder bei den Massen noch bei den Eliten Erfolg. Eine fundamentale Voraussetzung muss es daher sein, den Liberalismus in einer Weise zu erneuern, dass daraus eine neue Doktrin wird, die imstande ist, Fragen zu stellen und Antworten zu geben, die jedermann zufriedenstellen.

In dieser Hinsicht ist das Folgende das, was auch ich für die Agenda des Liberalismus halte.

1. Der wirtschaftliche Liberalismus geht als fundamentale Prämisse davon aus, dass nur der Preismechanismus, wie er auf freien Märkten funktioniert, eine Organisation der Produktion ermöglicht, die geeignet ist, den bestmöglichen Gebrauch von den Produktionsmitteln zu machen und die Bedürfnisse der Menschen, wie sie tatsächlich empfunden werden, und nicht, wie eine Zentralbehörde sie in ihrem Namen festlegt, maximal zu befriedigen.
2. Aber der auf den Märkten herrschende Gleichgewichtszustand wird davon berührt und lässt sich auf entscheidende Weise beeinflussen durch das Eigentumsrecht, Verträge, Zusammenschlüsse, Vereinigungen und juristische Personen, Patente, Insolvenzen, Währungen, Banken und das Steuersystem. Da diese Gesetze durch den Staat gemacht werden, fällt dem Staat die Verantwortung zu, die Rechtsordnung zu bestimmen, die als Rahmen für die freie Entfaltung der Wirtschaftstätigkeit dienen soll.
3. Der politische Liberalismus steht auf dem Standpunkt, dass die Rechtsordnung mittels eines vorab festgelegten Verfahrens bestimmt wird, nämlich der Gesetzgebung im Verlauf einer repräsentativen Debatte. Die Lösungen, die auf Einzelfälle angewendet werden sollen, müssen das Ergebnis allgemeiner Normen sein, und diese Normen wiederum müssen zuvor festgelegt worden sein.
4. Die Bestimmung der Rechtsordnung stellt die liberale Methode der sozialen Kontrolle dar. Das Ziel der Rechtsordnung ist es, eine maximale Nützlichkeit der Produktion

innerhalb der Grenzen, wie sie durch andere soziale Ziele gesetzt werden, zu gewährleisten. Diese Ziele müssen in einem demokratischen Prozess bestimmt werden, und wenn sie nicht maximale Nützlichkeit anstreben, dann verlangt das liberale System, dass die Wahl anderer Ziele eine absichtliche ist.

5. Die Organisation der Produktion auf der Grundlage liberaler Prinzipien schließt die Verwendung eines Teils des Nationaleinkommens, der damit dem individuellen Verbrauch entzogen wird, für kollektive Zwecke nicht aus. Ein liberaler Staat kann und muss einen Teil des Nationaleinkommens in Form von Steuern abschöpfen, um die dadurch erhobene Summe der kollektiven Finanzierung
   a. der Landesverteidigung,
   b. der Sozialversicherung,
   c. der sozialen Dienste,
   d. der Bildung,
   e. der Forschung

   zuzuwenden.
6. In diesem Sinne erkennt, auch wenn der Liberalismus als fundamentales Postulat die Regulierung der Produktion durch den Markt-Preis-Mechanismus erhebt, das von uns gewünschte System an:
   a. dass die Marktpreise beeinflusst werden durch die Eigentumsordnung und Verträge;
   b. dass die maximale Nützlichkeit ein Gesellschaftsgut ist, aber nicht notwendigerweise das einzige, nach dem die Gesellschaft streben sollte;

c. dass die Opfer, die für das Funktionieren des Systems gebracht werden müssen, zulasten des Kollektivs [der Gesellschaft] gehen können, auch wenn die Produktion durch den Markt-Preis-Mechanismus geregelt wird. In diesem Fall sollte der Transfer nicht auf indirektem Wege vonstattengehen, sondern ganz offen vorgenommen werden, und das Kollektiv sollte dem damit von ihm geforderten Opfer ausdrücklich und mit vollem Bewusstsein zustimmen.

Der Eingriff muss in diesem Fall auf die Ursachen der Lage einwirken, die man zu bereinigen wünscht, und nicht dem Staat die Mittel an die Hand geben, um willkürlich in Einzelfällen verändernd einzugreifen.

Das in dieser Weise skizzierte System entspricht der Kernthese, die Herr Rueff über den Markt-Preis-Mechanismus als hauptsächlichem Regulator vorgetragen hat. Aber über dieses System hinaus bleiben noch zwei weitere Gebiete zu untersuchen.

Ein zugrunde liegendes Gebiet: das der Rechtsordnung (Geldgesetzgebung, Gesetze zum Bankenwesen und so weiter), wo für Missstände wie etwa partielle oder völlige Monopole, Unternehmenskonzentrationen und so weiter Abhilfe geschaffen werden muss.

Über die Preise hinaus gibt es ein System von Prinzipien, die Liberale nicht verleugnen können, was die Art und Weise betrifft, in welcher das Steueraufkommen zunächst ausgegeben werden sollte. Die Probleme, die Herr Rüstow vorgetragen hat, müssen eine Lösung finden.

Rueff: Die Debatten hier haben zu einer Schlussfolgerung von großer Wichtigkeit geführt. Ich stimme dem Text von Herrn Lippmann vollkommen zu. Er hat die Grundlagen einer Politik dargelegt, die ich für meinen Teil für eine linksliberale Politik halte, weil sie den am meisten benachteiligten Klassen das größtmögliche Maß an Wohlstand zu verschaffen sucht. Aus diesem Grund unterstütze ich die Ideen von Herrn Lippmann ohne Vorbehalt.

Marlio: A.) Ich unterstütze ganz und ohne Vorbehalt die ausgezeichnet formulierte ökonomische Erklärung.

Wie Herr Lippmann sagt, geht es im Augenblick zunächst und vor allem *nicht* um den Aufbau der Welt oder selbst eines bestimmten Landes, weil in jedem Land eine andere Lage herrscht und weil das eine Aufgabe ist, die uns nicht zukommt. Ich glaube, es ist klug, den Versuch zu unternehmen, auf bündige und möglichst konzentrierte Weise zu definieren, was die Elemente einer Doktrin sein könnten; anschließend geht es darum, sie in der Praxis zur Anwendung zu bringen, und zwar ganz oder teilweise, auf nationaler oder auf internationaler Ebene.

Die Ergebnisse der Arbeit dieses Zusammentreffens können von zweierlei Art sein:

1. eine Doktrin herauszuarbeiten,
2. diesen oder jenen Punkt zu erörtern, um herauszufinden, was man in diesem oder jenem Fall tun kann. Ich halte es für ratsam, dass wir uns dafür oder dagegen aussprechen. Wir sollten uns nicht selbst täuschen.

B.) Ich stimme mit Herrn Rueff überein, aber ich würde nicht die Bezeichnung »linker Liberalismus« benutzen wollen, weil sie mir nicht zutreffend erscheint und weil ich denke, dass es heute auf der Linken wie auf der Rechten mehr oder weniger die gleichen Ansichten gibt. So könnte der Eindruck entstehen, dass wir für die Sache einer politischen Partei eintreten.

Ich würde es vorziehen, wenn wir diese Doktrin »positiven Liberalismus«, »Sozialliberalismus« oder »Neoliberalismus« nennen, ohne das Wort links zu verwenden, denn das bezeichnet einen politischen Standpunkt. Politische Couleur sollte dabei nicht ins Spiel kommen.

Auboin: Die wirtschaftlichen Nationalismen, durch die die Finanzmechanismen zerstört wurden, haben internationale Zusammenarbeit noch notwendiger werden lassen. Vor dem Krieg war diese Zusammenarbeit eher eine stillschweigende. Die internationale Zusammenarbeit ist ungenügend, weil sie nur empfiehlt, was [für die Missstände] verantwortlich gemacht wird.

Es ist etwas höchst Interessantes an dieser Gedankenströmung, die sich aus dem Fluss totalitärer Ideen speist, die gegenwärtig in verschiedenen Ländern vorherrschen; man kann nicht länger als rein theoretische Systeme von ihnen sprechen. Wer sich einer Täuschung hingibt, muss dazu gezwungen werden, die Dinge so zu erörtern, wie sie sind. Es ist wichtig, zu zeigen, dass man in einem demokratischen Land kein autoritäres System haben kann. Es ist wichtig, zu zeigen, dass dies miteinander unvereinbar ist, und auch zu zeigen, dass man nicht auf halbem Weg [zu einem totalitären System] haltmachen kann. In der Tat lassen sich totalitäre Systeme schrittweise errichten; man beginnt stets mit der Einführung von Devisenkontrollen und behauptet, dass das kaum von Bedeutung sei, und Stück für Stück kommt man dann zum Totalitarismus.

Unter dem Gesichtspunkt, dass es ökonomische Mechanismen gibt, die wirksamer sind als andere, kann man mit jedem darüber diskutieren, ob diese oder jene Methode besser ist als eine andere. Das ist folglich ein sehr gutes Feld. Das beste Ergebnis wird nicht immer durch individuelle Initiative oder die freie Preisbildung erzielt. Wir würden die These schwächen, wenn wir behaupteten, dass *in allen Fällen* Eigeninitiative besser wirkt als der Staat. Man muss sich klar darüber sein, was man tut.

Der Entwurf von Herrn Lippmann erlaubt es, zu unterscheiden, was sich erörtern lässt und was praktischen Bedürfnissen gerecht werden kann. Das gilt für eine Erhöhung der Weizenpreise und die Erhebung einer Steuer auf Benzin.[252] Sollten wir Bauern 240 Francs geben und eine Benzinsteuer erheben, um sie damit zu bezahlen?

Marlio: Ich stimme dem zu.

Röpke: Die Alternative besteht darin, festzustellen, ob wir eine Entscheidung zwischen zwei Typen von Gesellschaft umgehen können, nämlich einer, in der die freie Bildung von Marktpreisen akzeptiert wird, die andere hingegen organisiert auf einer anderen Grundlage als dem Wettbewerb.

Notwendig ist:

1. herauszufinden, anhand welcher Kriterien wir den Bereich festlegen können, aus dem Wettbewerb ausgeschlossen werden soll;
2. darauf vorbereitet zu sein, dass dieser neue Typ von Liberalismus von den alten Liberalen angegriffen werden wird.

Man sollte nicht den Fehler machen, die Existenz eines Proletariats innerhalb der Gesellschaft als Faktum zu akzeptieren. Welche Grundsätze sollten wir aufstellen? Wie weit wird es möglich sein, Zustimmung zu diesen neuen Grundsätzen in der Öffentlichkeit zu gewinnen? Diese Probleme gilt es zu lösen.

Castillejo: Ich bin einer Meinung mit Herrn Lippmann.

Es scheint, dass wir den Kernpunkt erreicht haben: die Intervention des Staates im gesamten sozialen Leben. Ich denke, dass man den Eingriff des Staates nicht a priori als gut oder schlecht bezeichnen kann, denn sonst müsste man eine Regel finden, um diese Unterscheidung vornehmen zu können. Das liberale System mit staatlicher Intervention, wie es in England besteht, ist möglich, wenn solche Eingriffe unerlässlich erscheinen und unter Verwendung von Mitteln erfolgen, die die Rechtsordnung einhalten, und die beabsichtigte Transformation unmerklich und schrittweise durchgeführt wird. Das ist keine Frage der Anzahl der Interventionen, sondern der Ursprung einer ganzen Folge von Problemen. Für jeden einzelnen Fall stellen sich die Fragen:

1. Ist der Eingriff nötig oder nicht?
2. Wird er sein Ziel erreichen?
3. Wird er ein Übel schaffen, das größer ist als das, was er zu kurieren vorgibt?
4. Wird er gemäß dem liberalen Grundsatz und mit der richtigen Methode von dem dafür kompetenten Organ ausgeführt?

Das alles gilt es herauszufinden.

Die Römer hatten den Grundsatz aufgestellt: »Ein Gesetz soll nicht von dem durchgesetzt werden, der es vorschlägt.« Man sollte versuchen, die Grenzen und den qualitativen Charakter der Arten staatlicher Intervention zu bestimmen. Ihre Anzahl lässt sich nicht vorab festlegen.

Heilperin: Ich gratuliere Herrn Lippmann zu seiner *Agenda*. Die Formulierungen sind ausgezeichnet.

Walter Lippmann hat recht damit, wenn er den Markt-Preis-Mechanismus zum Steuerungsinstrument jeder liberalen Wirtschaft macht. Als Nächstes hebt er die Notwendigkeit einer vom Staat gegebenen Rechtsordnung hervor: Solange der Staat sich darauf beschränkt, den Rahmen für das Wirtschaftsleben zu geben, und das Funktionieren des Markt-Preis-Mechanismus nicht behindert, gibt es nichts, was dem Liberalismus zuwiderliefe. Das liefert ein sehr objektives und einfach aufzustellendes Kriterium. Dann kann man darüber diskutieren, ob vollkommener Wettbewerb besteht oder nicht, ob der Preismechanismus effektiv funktioniert oder nicht, ob er funktionieren kann. Es ist ganz wichtig, dass es grundsätzlich für die Tätigkeit des Staates und des Gesetzgebers in jedem Fall eine präzise festgelegte Formel gibt. Das ist das große Verdienst dieser Formel.

Vielleicht könnte er den folgenden Punkt noch erweitern: In seinem Buch gibt er uns eine Variante der Beziehung, die zwischen ökonomischen Gesetzen und der ökonomischen Realität besteht. Sie lautet: »Ökonomische Gesetze und die wissenschaftliche Ökonomie weisen den Weg, sie zeigen, auf welche Weise Harmonie in den verschiedenen Faktoren herrscht.«[253] Ihre Anwendung führt zu einer Formel für das [wirtschaftliche] Gleichgewicht. Wenn sich ökonomische Gesetze aus allgemeinen Formeln ableiten lassen, dann muss man herausfinden, welches Hemmnis für das Funktionieren des Systems besteht. So bilden zum Beispiel Monopole ein Hemmnis, das nicht zwangsläufig aus der industriellen Konzentration resultiert. Die Mobilität der Arbeiter könnte durch Umschulung wiederhergestellt werden. Wenn wir in unseren Abschlusserklärungen den Preismechanismus und die wirtschaftliche Rolle [der Preise] in den Mittelpunkt stellen, dann könnten wir eine Lösung finden.

Condliffe: Ich hänge nicht an einem bestimmten Wirtschaftssystem, denn die Grundbedürfnisse des Individuums lassen sich nicht mit einem bestimmten Gesellschaftssystem identifizieren.

Ich hätte mir im Vortrag von Herrn Lippmann gewisse andere, konstruktivere Punkte gewünscht, insbesondere im Hinblick auf die Befugnisse des Staates und den gesetzlichen Status der persönlichen Rechte.

Ich frage mich, ob die heute abgegebenen Erklärungen nicht vor 15 Jahren oder so hätten abgegeben werden sollen. Ich frage mich, ob es nicht bereits zu spät ist. Wir sollten den Grad des sozialen Ressentiments nicht unterschätzen, den Einzelne empfinden, die sich bewusst sind, dass sie nicht den Rang in der Gesellschaft haben, den sie haben sollten.

Als ich dieses Problem in England ansprach, erlebte ich ein gewisses Ressentiment, und das Argument, das gegen diesen neuen Liberalismus vorgebracht wurde, war, dass damit nur alle wirklichen Reformen abgelehnt würden.

Hayek: Soziales Ressentiment entsteht allmählich im Volk, wenn den Leuten bewusst wird, dass die wirtschaftliche Lage der verschiedenen Klassen zurückgeht auf die bewusst entschiedene

Ausrichtung eines politischen Körpers und abhängig ist von den Individuen, die die Entscheidungen treffen. Das ist in Deutschland ganz deutlich. So wurde mir in Wien gesagt, dass von dem Moment an, als deutlich wurde, dass Wirtschaftspolitik einen wichtigen und entscheidenden Einfluss auf die Lebensbedingungen der Einzelnen hatte, es richtig war, Sanktionen gegen die Juden zu verhängen, die eine der wohlhabendsten Klassen der Bevölkerung waren. Wenn sie wohlhabender waren, dann war das [vermeintlich] auf die schlechte Politik der amtierenden Regierung zurückzuführen. Daher war es [als] natürlich [angesehen worden], dass eine Regierung Gegenmaßnahmen traf, um die Dinge wieder ins Lot zu bringen.

Rüstow: Im Lippmann-Plan gibt es Formulierungen, von denen jede einzelne einen ganzen Berg von Problemen in sich birgt. Zum Beispiel:

1. »Dem Staat fällt die Verantwortung zu …« Aber welchem Staat? Kann der demokratische Staat in seiner gegenwärtigen Form diese Verantwortung in wirksamer Weise tragen?
2. »Die maximale Nützlichkeit ist nicht notwendigerweise das einzige Gesellschaftsgut, nach dem die Gesellschaft streben sollte.« Aber was sind die anderen?
3. »Die Produktion wird durch den Preismechanismus bestimmt«, nicht aber die Gesellschaft. Was ist aber dann das Prinzip, das die Gesellschaft bestimmt oder bestimmen sollte?

Wenn man den Versuch gemacht hätte, diese Frage zu beantworten, wäre es zweifellos schwierig geworden, zu einer Einigung zu kommen. Das zeigt noch einmal die äußerste Sorgfalt, mit der diese Resolution formuliert worden ist.

Lippmann: Die pessimistischen Bemerkungen, die Herr Condliffe hinsichtlich unserer zu späten Debatten gemacht hat, mag vielleicht auf England zutreffen, nicht aber auf die Vereinigten Staaten, besonders wenn wir bedenken, dass selbst im Verlauf der durch den N. D. [New *Deal*] und die N. R. A. [National Recovery Administration] ergriffenen Maßnahmen darüber nachgedacht wurde, in welchem Umfang man sich dem neuen System widersetzen könnte.

Marlio: Um auf Herrn Condliffe zu antworten, so denke ich nicht, dass unsere Entscheidung zu spät kommt, denn es gibt viele Länder, die unmittelbar vor der Frage stehen, welchen Weg sie einschlagen sollen. Das ist für Frankreich der Fall. Ich glaube, dass ein liberaler Kreuzzug, wäre er vor fünfzig Jahren begonnen worden, zu nichts geführt hätte, weil er dem Sehnen all der Massen zuwidergelaufen wäre, die sich größeren Wohlstand erwarteten vom Betreiben anderer und entgegengesetzter Wirtschaftssysteme. Die Lage stellt sich ganz anders dar, sobald wir einmal gesehen haben, wie Systeme in Wirklichkeit funktionieren, die bis dahin von Mythen umgeben waren, und wenn man beurteilen kann, welche Ergebnisse sie zu liefern fähig sind. Ein Beispiel: der Marxismus. Die größte Schwäche des Marxismus ist, dass es ihn gibt. Vor fünfzig Jahren hingegen gab es ihn nicht.

Ich habe das russische Experiment sehr genau verfolgt, und einige Jahre lang konnte ich Fortschritte in der russischen Wirtschaft feststellen; dann hörte der Fortschritt auf und ist verschwunden, um sich in eine Bürokratie zu verwandeln, die eine größere Klassendifferenzierung aufweist als das liberale System.

Es gibt kein perfektes Wirtschaftssystem. Man muss wissen, welches das beste und am wenigsten schlechte ist. In diesem Augenblick sagen wir von einem System, dass es gut ist im Vergleich zu anderen Systemen, und unsere Position ist heute stärker als vor fünfzig Jahren.

Wenn wir uns für dieses Manifest Kritik zuziehen, dann spielt das für uns keine Rolle. Wir betreiben keine Politik, sondern Wissenschaft, und wir versuchen herauszufinden, in welche Richtung Staaten vorzugsweise ihre Wirtschaft hätten lenken sollen. Es liegt an den Staaten, ob sie auf uns hören oder nicht. Die Fundiertheit unserer Doktrin wird wahrscheinlich umso besser erkannt werden, wenn wir von beiden Seiten attackiert werden. Ich glaube, dass wir zur rechten Zeit handeln.

Rueff: Wir haben eine politische und keine wissenschaftliche Frage diskutiert: nämlich die, welchen Regeln das Regierungshandeln unterworfen sein sollte.

KAPITEL 10

Die theoretischen und praktischen Probleme einer Rückkehr zum Liberalismus

Dienstag, 30. August: Nachmittagssitzung

Rougier: Die letzte Sitzung hat unsere Einigung angezeigt. Die Spaltung, deren Auftreten ich befürchtet hatte, hat sich in Harmonie verwandelt. Daher können wir zu praktischen Entschließungen fortschreiten.

Ich glaube, dass wir uns grundsätzlich über die Einrichtung eines Centre International d'Etudes pour la Rénovation du Libéralisme einig sind. Dieses Zentrum wird Studientagungen, Plenartagungen und internationale Kolloquien veranstalten. Ich möchte Ihnen am Ende dieser Sitzung vorschlagen, seine Organisation einem Ausschuss zu übertragen. Für den Moment sollten wir eine Liste der zu untersuchenden theoretischen und praktischen Probleme aufstellen, um so rasch wie möglich zu einer Definition des Standortes eines erneuerten Liberalismus zu gelangen, die auf der von Herrn Lippmann vorgeschlagenen Agenda beruht. Ich persönlich sehen keine dringenderen [Aufgaben] als die folgenden:

1. Formen der Intervention öffentlicher Gewalten, die mit dem Preismechanismus vereinbar sind.

2. Kriegswirtschaft. Schließen die Verhinderung, die Vorbereitung und die Führung eines Krieges die liberale Wirtschaft aus? Setzt der totale Krieg den totalitären Staat voraus?
3. Der liberale Staat. Welche Bedingungen muss er erfüllen? Welche Strukturreformen der bestehenden Demokratien sind erforderlich, um sie zu wirklich liberalen Staaten reifen zu lassen? Welche befristeten Maßnahmen müssen liberale Staaten angesichts von totalitären Staaten durchsetzen?
4. Wirtschaftspolitik der liberalen Staaten im Verkehr miteinander. Organisation einer Gesellschaft der Nationen, die untereinander eine liberale Wirtschaft praktizieren.
5. Probleme der Koexistenz von liberalen Volkswirtschaften und totalitären Volkswirtschaften. Wirtschaftliche und psychologische Politik liberaler Staaten in Bezug auf totalitäre Staaten.
6. Probleme der Neuausrichtung einer kriegsorientierten Welt auf eine friedensorientierte Welt. Reabsorbierung der totalitären Volkswirtschaften.
7. Das Problem der liberalen Erziehung der Eliten und der Massen. Gegner des Liberalismus auf der Rechten und auf der Linken.

Castillejo: Das rechtliche Problem des Staates beherrscht alle anderen und beschäftigt alle politischen, sozialen und ökonomischen Wissenschaften. Um es anzugehen, sollten wir die Arbeit auf mehrere Berichterstatter *(rapporteurs)* verteilen. Ein weiteres Problem ist das der Revolution. Eine Revolution ist nicht immer ein Akt der Gewalt, und ein Akt der Gewalt ist nicht gleich eine Revolution. Das Wesen einer Revolution ist der politische Wandel, der den vorherigen Rechtsstaat nicht anerkennt. Der liberale Staat kann nicht revolutionär sein. Er muss auf die Kontinuität der rechtlichen Verpflichtungen gegründet sein. Ein Staat, der erklärt, seine Schulden nicht zahlen zu wollen, unternimmt eine gravierendere Revolution, als es die Unruhen sind, die eine Regierung stürzen.

Spezifisch für den liberalen Staat ist, dass der Staat moralischen Prinzipien verantwortlich und untergeordnet ist. Die kontinuierliche wirtschaftliche, rechtliche und moralische Solvenz des Staates, das ist das liberale System.

Marlio: Die Probleme, welche die Koexistenz von Demokratien und totalitären Staaten aufwirft, sind nicht weniger wichtig. Welche Rolle sollten liberale Regierungen in einer Welt spielen, in der es noch immer Inseln der Demokratie gibt, die das liberale System und den Preismechanismus nicht aufgegeben haben, in der aber auch totalitäre Volkswirtschaften tätig sind? Sollten sie auf Vergeltungsmaßnahmen verzichten oder werden sie nicht durch die Existenz anderer, totalitärer Staaten zu Maßnahmen gezwungen, die das Gegenteil von dem sind, was sie unternehmen wollten, wenn sie allein wären?

Wenn ein Land Maßnahmen ergreift, die gewisse Dinge verbieten, sollten die von diesen Maßnahmen betroffenen Länder Vergeltung üben?

Lassen Sie uns, zweitens, annehmen, dass das Kriegsgespenst verschwindet; wie sähe dann die Anpassung aus, die von einer zum Krieg tendierenden Welt zu einer auf Frieden ausgerichteten Welt führt? Welche Folgen hätte das und welchen Weg sollte die freie Bewegung der Tätigkeiten angemessenerweise einschlagen, um übermäßig starke Schockwirkungen zu vermeiden, wenn wir von einem extremen System zu einem normalen System übergehen?

Rueff: Wir stehen einem unmittelbaren Problem gegenüber. Antworten auf die gestellten Fragen würden eine ausgesprochen reale praktische Bedeutung haben.

Es besteht genug Einigkeit zwischen uns, um sofort gemeinsame Schlussfolgerungen ziehen zu können.

Das Kernproblem, das alle anderen überschattet, ist das der Begrenzung von zulässigen Interventionen, das heißt solcher [Interventionen], die nicht unvereinbar sind mit dem Preismechanismus. Das ist das erste Problem, dem wir uns zuwenden sollten.

Lippmann: Die wichtigste Frage ist die der notwendigen und der nicht notwendigen Interventionen.

Mises: Es besteht wirklich gar kein Zweifel, dass das zu untersuchende Hauptproblem darin besteht, welche Möglichkeiten und welche Grenzen für Interventionismus es gibt. Ein solches Kolloquium sollte vorbereitet werden durch die Ausarbeitung eines Berichts darüber, wie Nationalökonomen diese Angelegenheit bisher beleuchtet haben.

Herr Marlio hat ein weiteres Problem erwähnt, nämlich das der Ursachen für das Scheitern des Völkerbundes. Es wäre angebracht, insbesondere unter diesem Gesichtspunkt die innenpolitischen Faktoren zu untersuchen, die in verschiedenen Ländern die Ausrichtung der Außenpolitik in einer dem Völkerbund ungünstigen Weise beeinflusst haben. Vielleicht könnte Herr Mantoux einen einführenden Bericht zu diesem Problem vorstellen.

Rougier: Diese Antworten zeigen, dass wir die Liste der wesentlichen Probleme zutreffend aufgestellt haben. Ich schlage vor, dass wir uns im kommenden Januar in Paris, mit Herrn Jacques Rueff als Berichterstatter, mit dem Problem der mit dem Preismechanismus zu vereinbarenden Formen der Intervention öffentlicher Gewalten befassen, denn allein die Lösung dieses Problems liefert eine Definition der liberalen Wirtschaftsordnung, die diejenige des Marktes ist. Das Problem des liberalen Staates, den man nicht mit irgendeiner Form von Demokratie verwechseln sollte (denn es gibt liberale Demokratien, autoritäre Demokratien, aristokratische, demagogische), könnte Gegenstand des nächsten internationalen Kolloquiums im Juli oder August 1939 in Paris sein.

Diese Vorschläge werden angenommen.

Wir können damit zu rein praktischen Fragen übergehen. Da wir uns alle über die Schaffung eines Studienzentrums einig sind, schlage ich Ihnen vor, dafür den Namen anzunehmen, den Herr Bourgeois mir vorgeschlagen hat:

Centre International d'Etudes pour la Rénovation du Libéralisme (CIRL)

Als Hauptsitz schlage ich vor, einen Vorschlag von Louis Marlio anzunehmen:

Hauptsitz: Musée Social, 5 Rue Las-Cases, Paris VII[e1]

Was die Ausarbeitung der Statuten des Zentrums betrifft, so schlage ich vor, sie einem Ausschuss von sechs Mitgliedern anzuvertrauen, der sich wie folgt zusammensetzt:

L. Baudin
M. Bourgeois
E. Mantoux
L. Marlio
L. Rougier
J. Rueff

Darüber hinaus wird der Ausschuss mit der Aufgabe betraut, die französische Sektion des CIRL zu organisieren.

Es scheint mir nur angemessen, die Herren Walter Lippmann, Friedrich August von Hayek und Wilhelm Röpke zu bitten, die amerikanische, englische und Schweizer Sektion des Zentrums zu organisieren.

Alle Vorschläge werden angenommen.

Abschlussrede von Walter Lippmann, der seine Hoffnung für das Gelingen des Kolloquiums zum Ausdruck bringt.

Abschlussrede von Louis Rougier, der den Kongressteilnehmern dankt.

Abschlussrede von Louis Marlio, der im Namen der Kongressteilnehmer Herrn Lippmann dankt, dessen Anwesenheit und dessen Buch *The Good Society* den Anstoß zu dem Kolloquium gegeben haben, sowie Herrn Rougier, der die Initiative ergriffen hatte, das Kolloquium zusammenzurufen und zu einem erfolgreichen Abschluss zu bringen.

Dank

Ich bedanke mich bei Ellen Kennedy von der Universität von Pennsylvania dafür, dass sie mich vor einigen Jahren auf das Lippmann-Kolloquium aufmerksam gemacht hat, und ich danke ihr sowie Anne Norton (Universität von Pennsylvania) und Harold James (Universität Princeton) für ihre konstruktiven Kommentare, mit denen sie mich bei der Arbeit an meiner Dissertation unterstützt haben, die wiederum Ausgangspunkt für dieses daran anschließende Vorhaben gewesen ist. Und ich danke zwei anonymen Gutachtern für ihre wertvollen und hilfreichen Hinweise.

Ich danke dem Hoover-Institut der Universität Stanford sowie dem Future of Diplomacy Project am Belfer Center for Science and International Affairs der Universität Harvard; beide Einrichtungen haben mir die Arbeit an diesem Vorhaben und dessen erfolgreichen Abschluss ermöglicht. Außerdem danke ich Michelle Chen, unserer Lektorin bei Palgrave Macmillan, für ihr Interesse an diesem Vorhaben und John Stegner für seine aufmerksame redaktionelle Begleitung dieses Vorhabens bis zum Schluss.

Besonders dankbar bin ich meiner Frau und meiner Tochter für ihre große Unterstützung.

Jurgen Reinhoudt

Ich bedanke mich bei Palgrave Macmillan für das Interesse an der Veröffentlichung einer englischen Übersetzung dieses für die Ideengeschichte so wichtigen Textes, den ich rückblickend für eine Quelle halte, die Anlass gibt zum Nachdenken über die Geschichte des Kapitalismus und seine Krisen. Und ich bedanke mich bei zwei anonymen Gutachtern des Verlages für ihre Bereitschaft, die Arbeit daran durch ihre Kommentare zu unterstützen. Ich danke Michelle Chen und John Stegner für ihre Hilfe dabei, dieses Vorhaben zu einem erfolgreichen Abschluss zu bringen.

Serge Audier

Anmerkungen

1 Für eine Übersicht der damit verbundenen theoretischen und historischen Debatten vgl. Mirowski und Plehwe 2009, Audier 2012b, Audier 2015, Steger und Roy 2010.
2 Denord 2001 und Audier 2012b
3 Siehe Denord 2009, S. 45–51; Jackson 2010, S. 131; Audier 2012a, S. 208–219; Burgin 2012, S. 67–78; Hülsmann 2007, S. 734–739; Jones 2012, S. 6, 31 u. 74.
4 Bilger 1964, S. 153
5 Die von Cockett behauptete anti-keynesianische Ausrichtung des Kolloquiums ist in jüngster Zeit in Zweifel gezogen worden. Manche Teilnehmer, zum Beispiel Aron und Polanyi, standen Keynes wohlwollend gegenüber und sympathisierten mit einigen seiner ökonomischen Vorstellungen. Vgl. dazu Cockett 1994, S. 12; kritisch dazu Audier 2012b.
6 Hartwell 1995
7 Schmidt und Thatcher 2013, S. 7–9
8 Siehe Pirou 1939 und 1941 sowie Barrère 1958.
9 Friedrich 1955; für eine Übersicht zu dem historischen Hintergrund und den wesentlichen Fragen im Zusammenhang mit der ordoliberalen Schule vgl. Vanberg 2001; Goldschmidt 2004; Goldschmidt und Berndt 2005.
10 Lepage 1978 und 1983
11 Foucault 2008
12 Chevènement 1979
13 Becker 1976
14 Das bezieht sich auf eine Gruppe von Chilenen, die bei Milton Friedman in Chicago Wirtschaftswissenschaften studiert hatten und anschließend nach Chile zurückkehrten, wo sie Einfluss auf die chilenische Wirtschaftspolitik nahmen. Viele von ihnen nahmen an einem Austauschprogramm zwischen der katholischen Universität Santiago und der Universität Chicago teil.
15 Für eine empirische Analyse der »neoliberalen« Politik in den Vereinigten Staaten, Großbritannien, Frankreich und Deutschland vgl. Prasad 2006.
16 Vgl. zum Beispiel Bourdieu 1998
17 Harvey 2005, S. 3
18 Steger und Roy 2010, S. 11
19 Brown 2006; Halimi 2004; Klein 2007; Howard und King 2008; Plehwe, Walpen und Lieber 2007.

20 Im Zusammenhang mit den Kritikern des Neoliberalismus verweisen Schmidt und Thatcher (2013, S. 422) auf die »gedankliche ›Schlüpfrigkeit‹« des Neoliberalismus sowie »seine gebrochenen (und unhaltbaren) Versprechungen, seine ›Tricks und Volten‹ in Diskussionen, seine zynische Unterstützung mächtiger Interessen und seine Parteilichkeit in Streitfragen aufgrund seiner Verflechtung mit bestimmten Institutionen«; vgl. dazu auch Amadae 2015; Kotz 2015; Mirowski 2013; Stiglitz 2008.

21 Jackson 2010 und Bonefeld 2012.

22 Foucault bemerkte dazu, die Mitschrift des Kolloquiums sei »nicht leicht zu finden«, weil sie »seltsamerweise in der Bibliothèque Nationale verloren gegangen« sei, und wies seine Studenten darauf hin, dass der Text stattdessen im Musée Social eingesehen werden könne (Foucault 2008, S. 132).

23 »Neopositivismus« war in französischen akademischen Kreisen ein allgemein bekannter Begriff. Siehe zum Beispiel Lalande 1935, S. 223. Eine vollständigere Genealogie des Begriffs »Neoliberalismus« findet sich in Audier 2012b.

24 Marion 2004 sowie Pont und Padovani 2006

25 Rougier 1938a und 1938b

26 Für den allgemeinen Kontext der Krise der 1930er-Jahre vgl. James 2003, S. 104–146; zur außerordentlichen Schwere der Krise in Deutschland vgl. Kennedy 2004, S. 119–153; zu Frankreich vgl. Nord 2010, S. 25–87.

27 Flandin 1933

28 Pirou 1934

29 Vgl. Déat 1937a und 1937b; dazu ebenfalls Audier 2012a, S. 211 ff.

30 Rougier 1961

31 Ein weiterer Beleg für die Tragik des historischen Kontextes ist in der Person des französischen Übersetzers, Georges Blumenberg, gegeben, einem der frühesten Kritiker des nazistischen Deutschlands und seines Antisemitismus. Das Vorwort für die französische Ausgabe wurde von dem konservativen Schriftsteller André Maurois verfasst; vgl. Blumberg 1934, S. 6–13, sowie Parain und Blumberg 1933, S. 234–262.

32 Rougier wusste, dass ihre politischen und philosophischen Standpunkte oft weit auseinanderlagen.

33 Forcey 1961 und Kloppenberg 1986

34 Der Brief vom 12. Juli 1938, den Rougier unter anderem an Luigi Einaudi sandte, befindet sich im Archivio Storico Fondazione Luigi Einaudi, »Dossier Rougier«. In einem weiteren, diesmal handschriftlichen Brief an Einaudi äußerte sich Rougier detaillierter zu seinen Absichten: »Ich kenne viele Ihrer Freunde, und das ist es, was mich dazu führt, Sie einzuladen, vom 26. bis 30. August 1938 am Lippmann-Kolloquium bei der Internationalen Kommission für geistige Zusammenarbeit in Paris teilzunehmen. Aus London werden Condliffe, Plant, Hayek und Robbins kommen, aus Genf Mises und

Röpke. Ich hoffe, Ricci und Bresciani-Turroni zu bekommen, falls ich seine Adresse in Berlin ausfindig machen kann« (Rougier 1938b).

35 Anonym 1938

36 Ebd.

37 Kurzbiografien sämtlicher Teilnehmer finden sich in Kapitel 2. Die Kategorien überlappen einander naturgemäß – so war Rueff zum Beispiel nicht nur Nationalökonom, sondern auch leitender Staatsbeamter – aber generell sind sie nützlich.

38 Hayek 1971

39 Robbins 1937, S. 1–10

40 Robbins 1937, S. 225–228

41 Robbins 1937, S. 225f. und Anm. 1 zu S. 231

42 *Presidente del Consiglio*, d. i. Vorsitzender des Ministerrates (Premierminister).

43 Zur Rolle von José Ortega y Gasset und Francesco Saverio Nitti für die Neuerfindung des Liberalismus in den 1930er-Jahren vgl. Visone 2015; zu Hayek vgl. Hayek 1948.

44 Lippmann 2005, S. 185

45 Ebd. und S. 208

46 Ebd., S. 203

47 Steel 1980

48 Lippmann 2005, S. 319

49 Ebd., S. 105

50 Ebd., S. 55

51 Ebd., S. 227

52 Das 1938 veröffentlichte Buch versammelte eine Reihe von Vorlesungen, die er am Genfer Hochschulinstitut (HEI) gehalten hatte; vgl. Rougier 1938a.

53 Das war der Gegenstand seiner Rezensionen von Mises' und Lippmanns Büchern sowie seiner Forderung nach einer »Rückkehr« zum Liberalismus; vgl. Rougier 1938c und 1938d.

54 Roche 1938a und 1938b; vgl. auch Dominique 1938. Pierre Dominique, der zunächst ein Anhänger der Planwirtschaft gewesen war, hatte am 7. Mai 1938 auch einen positiven Kommentar zu den Ideen Rougiers in *Les Nouvelles Littéraires* veröffentlicht.

55 Rougier 1939

56 Jackson 2010, S. 134

57 Mises 1927, S. 57, 37 und 36

58 Die Kritik, der Ordoliberalismus sei eine autoritäre Form des Liberalismus, die den reaktionären Ideen Carl Schmitts und anderer nahestand, ist von Ptak 2004 sowie Butterwegge, Losch und Ptak 2008 entwickelt worden. Im Gegensatz dazu hat Bilger (1964) die Auffassung vertreten, der Ordoliberalismus sei grundsätzlich eine anti-nationalsozialistische Denkschule ge-

wesen. Ptaks Thesen sind von Anhängern des Ordoliberalismus einer Kritik unterzogen worden, vgl. Goldschmidt und Wohlgemuth 2008, S. 5.

59 Mises 1927, S. 50

60 Audier 2016

61 Anhänger des Laissez-faire-Liberalismus wie Gustave de Molinari und Herbert Spencer im 19. Jahrhundert hielten das Unterlassen staatlicher Eingriffe in die Wirtschaft für heilsam. Daneben vertraten eine Reihe von liberalen Denkern auch eine darwinistische Weltanschauung.

62 Lippmann 2005, S. 185

63 Denord 2009, S. 49, bezeichnet Baudin als Anhänger eines »traditionellen« Wirtschaftsliberalismus, aber aus der Mitschrift des Kolloquiums sowie aus Baudins Schriften zu einer korporatistischen Wirtschaftsordnung geht das keineswegs eindeutig hervor, sodass wir ihn nicht dieser Gruppe zurechnen.

64 Das war durchaus umstritten: Mises warnte davor, eine Umbenennung des Liberalismus könne als Zugeständnis auf totalitären Druck hin gewertet werden.

65 Dies zu einer Zeit, da Sozialisten, die ebenfalls eine Erneuerung ihrer Doktrin anstrebten (wie Marjolin das Mitte der 1930er-Jahre getan hatte), eine »konstruktive Revolution« forderten.

66 Vgl. Lichbach 2003, S. 4 f. In den Wirtschaftswissenschaften ist das Paradigma des »Rational Choice« (vernunftgesteuerte Entscheidung) in den letzten Jahren zunehmen in Zweifel gezogen worden; vgl. Kahneman 2011.

67 Vgl. Goldschmidt und Wohlgemuth 2008 für einen Überblick zu den grundlegenden Texten der Freiburger Schule.

68 Alexander Rüstow und Wilhelm Röpke: »A note on the urgent necessity of the re-orientation of social science«. Das Thesenpapier zirkulierte in einem ausgewählten Personenkreis und wurde nicht veröffentlicht.

69 Viele der Franzosen, die an dem Kolloquium teilnahmen, waren technokratische Ingenieure oder Industrielle, und das brachte sie von vornherein in Distanz zur romantischen und konservativen Kritik der beiden Deutschen. Der einzige ausgebildete Soziologe, der teilnahm, Aron, stand der konservativen Soziologie eines Le Play, die Röpke bewunderte, fern. Aron verteidigte die »Industriegesellschaft«, wenn auch mit Differenzierungen, aber jedenfalls ohne die Bedenken, die Röpke und Rüstow hegten.

70 Der Begriff »starker Staat« bezieht sich nicht auf die Größe des Staatsapparates, sondern auf die Fähigkeit des Staates, bei Bedarf entschlossen und wirksam handeln zu können, um die Ordnung aufrechtzuerhalten. Rüstow hatte bereits 1932 den Begriff »Pluralismus« verwendet, um »die Rolle des Staates als wohlfeile Beute« zu beschreiben (Wünsche 1982, S. 186).

71 Wünsche 1982, S. 185 f.

72 Die Kritik des »Pluralismus« und die Apologie des »starken Staates« sind mitunter in die Nähe zu Carl Schmitt gerückt worden; sowohl Eucken als auch Rüstow hatten Schmitt während der Krise der Weimarer Republik als Referenz zitiert. Aber während Rüstow an seiner Ablehnung des Nationalsozialismus und seinem Eintreten für einen liberalen Staat nie einen Zweifel ließ, befürwortete Röpke einen dezentralisierten Staat und bewunderte Huizinga, der bereits 1935 als einer der frühesten Kritiker des juristischen und politischen Weltbilds von Carl Schmitt hervorgetreten war; vgl. Huizinga 1936.

73 Vgl. Kennedy 2004, S. 119–153.

74 Selbst wenn die Ideen der ersten Chicagoer Schule, nämlich die 1934 von Henry Calvert Simons in *A Positive Program for Laissez Faire* vorgetragenen, in gewissem Maß mit denen von Lippmann und den deutschen Ordoliberalen übereinstimmten.

75 Friedman 1951

76 Bei einem Aufenthalt in Paris 1984 äußerte sich Hayek rückblickend zur Bedeutung des Lippmann-Kolloquiums, das in seinen Augen eine Art organisatorischer Vorstufe zur Mont Pèlerin Society darstellte. In den Jahrzehnten davor allerdings hatte sich Hayek selten zur Schlüsselrolle des Kolloquiums bekannt und vielmehr den Eindruck erweckt, als betrachte er den Mont Pèlerin als den eigentlichen Geburtsort des richtig verstandenen Liberalismus. Auch in seiner Pariser Rede 1984 sprach Hayek sich nicht für den »Neoliberalismus« aus, sondern rühmte den »klassischen Liberalismus« (Hayek 1984, S. 18). Im dritten Band von *Law, Legislation and Liberty* kritisierte Hayek »diese ›Neoliberalen‹« für ihre systematische Opposition zu »Unternehmensmonopolen«. Und auf einer Tagung der Aktionsgemeinschaft Soziale Marktwirtschaft am 23. Januar 1978 bekannte er sich zwar zu seiner Nähe zur Freiburger Schule, hob aber die Irrtümer hervor, die er den Neoliberalen in Bezug auf die Monopol-Frage anlastete. Auf dieser Tagung unterstrich Hayek auch, dass eine Erneuerung des Liberalismus im Rahmen des klassischen Liberalismus erfolgen sollte, statt sie hinter dem Feigenblatt des »Neoliberalismus« zu verbergen. Nichtsdestotrotz hatte sich Hayek in den 1950er-Jahren durchaus positiv zum »Neoliberalismus« geäußert, allerdings im deutschen Kontext, und von einem »neuen Liberalismus« im Zusammenhang mit den Arbeiten von Lippmann, Rougier, Eucken und ihm selbst gesprochen (Hayek 1959, S. 591–596). An gleichem Ort äußerte sich sogar Mises ausnahmsweise über »eine wirklich neuliberale Bewegung« (Mises 1959, 596–603). Aber solche Aussagen blieben eine Seltenheit.

77 Marculesco 1943

78 Bouvier-Ajam 1943

79 Pirou 1939

80 Fabre-Luce 1946; Cros 1950; Lambert 1963; für die Reaktionen vgl. Baudin 1953 und Röpke 1953.

81 Diese These wurde in Dardot und Laval 2013 vertreten und in ähnlicher Weise auch von Serge Halimi in *Le Monde Diplomatique* (Halimi 2004).

82 Diese These haben Denord und Schwartz (2009) sowie Dardot und Laval (2013) vertreten.

83 Vgl. Lavergne 1957

84 Gregg 2010, S. 156

85 Vgl. Canihac 2017

86 So hat Dixon (1998) die These vertreten, das Lippmann-Kolloquium sei einer der Schlüsselmomente der Bewegung gegen den Keynesianismus gewesen.

87 Vgl. die Einleitung von Gilles Montigny zu der revidierten Ausgabe von Halbwachs 2016 für eine Darstellung der Rezeption, die Keynes in Frankreich fand, und Marjolins Rolle dabei; vgl. außerdem Rosanvallon 1989.

88 Darüber hinaus sei hier wiederholt, dass das CIERL im Anschluss an das Lippmann-Kolloquium Vertreter der Gewerkschaften und Sozialisten zu ihren Veranstaltungen einlud, weil man die Linken mit Argumenten überzeugen wollte; von der Mont Pèlerin Society lässt sich das nicht behaupten. Der »Sozialliberalismus« eines Marlio und Rueffs »linker Liberalismus« waren Liberalismen, die die Unterstützung der Arbeitnehmer und der arbeitenden Massen zu gewinnen suchten.

89 Die These, der »Neoliberalismus« des Lippmann-Kolloquiums sei radikal »antidemokratisch« gewesen, wurde von Dardot und Laval (2013 und 2016) vorgebracht. Dieser Ansatz und die ihm zugrunde liegende Foucault-Interpretation, die sich auf Wendy Brown stützt, ist Gegenstand einer Debatte gewesen (vgl. Audier 2012b, 2015).

90 Wir möchten allerdings bemerken, dass es Nachfahren im Geiste des Lippmann-Kolloquiums gibt, vor allem in Deutschland und Frankreich. So entspricht die »soziale Marktwirtschaft«, insbesondere in ihrer theoretischen Grundlegung durch Alfred Müller-Armack nach dem Ende des Zweiten Weltkriegs und bis in die 1960er-Jahre hinein, den Absichten des Lippmann-Kolloquiums recht deutlich. Wie seine ordoliberalen Kollegen wollte auch Müller-Armack eine wettbewerbsorientierte Marktordnung fördern, die private Mächte neutralisieren und »Wohlstand für alle« (so das Schlagwort des Wirtschaftsministers und späteren Bundeskanzlers Ludwig Erhard) schaffen sollte. Doch war Müller-Armack auch der Überzeugung, dass eine soziale Marktwirtschaft, bei Beachtung des Preismechanismus, ökonomische und soziale Eingriffe durch den Staat erforderlich machte. Diese Tendenz verstärkte sich noch, als Müller-Armack in den 1960er-Jahren eine zweite Phase der sozialen Marktwirtschaft mit mehr sozialen Komponenten forderte. In Frankreich sind als Erben des Lippmann-Kollo-

quiums vor allem die französischen Neoliberalen anzusehen: Louis Marlio, Louis Baudin, Daniel Villey, Jacques Rueff, Louis Rougier, aber auch Maurice Allais.

91 Travaux du colloque 1957

92 Aron 1999, S. 76f.

93 Aron 1939

94 Aron 1953

95 Aron sah in Oppenheimer einen echten Liberalen, dem daran gelegen war, den Liberalismus weniger gleichheitsfeindlich zu machen. Während Oppenheimer beträchtlichen Einfluss auf den deutschen »Neoliberalismus« sowie auf die Anhänger eines »dritten Weges« – Röpke, Rüstow und der junge Ludwig Erhard, Oppenheimers Schüler – haben sollte, nahm Aron dessen Thesen mit Skepsis auf, denn er selbst war zu jener Zeit eher ein Sozialist, auch wenn er bereits dem Liberalismus zuneigte.

96 Aron 1937

97 Zu Laroque vgl. Jabbari 2012.

98 Baverez 2015

99 So verstaatliche Chautemps die Eisenbahnunternehmen und schuf die französischen Staatsbahnen, SNCF.

100 Auboin 1936

101 Baudin 1937

102 Baudin 1941

103 Für Baudins Thesen zur Geldpolitik vgl. Baudin 1936a, 1936b, 1936c und 1938.

104 Baudin 1953, S. 146

105 Boyd 1997, S. 59f.

106 Castillejo 1937

107 Auf Einladung der Schule für Korporative Wissenschaft in Pisa, die von Giuseppe Bottai, dem Minister für Korporationen der faschistischen Regierung geleitet wurde, erklärte sich Condliffe – wie andere Ökonomen, die den New Deal oder den britischen Sozialismus unterstützten – 1934 bereit, einen Text beizusteuern, der sich mit dem Wandel im gegenwärtigen Zeitalter des allgemeinen Interventionismus und Dirigismus befasste. Man sollte in diesem Beitrag aber kein Zeichen einer etwaigen Gefolgschaft gegenüber dem Faschismus sehen. Allerdings zeugte der Text zweifellos von den Sympathien seines Verfassers für dirigistische Thesen oder mindestens davon, dass er ihnen nicht feindselig gegenüberstand. So verteidigte Condliffe bei seiner Erörterung der neuen Wirtschafts- und Sozialpolitik in Australien die Fortschritte, die im Bereich der sozialen Absicherung erzielt worden waren. Seiner Ansicht nach mussten sich der Kapitalismus wie der Liberalismus erneuern.

108 Fleming 1998

109 Ehrmann 1957, S. 47, und Audier 2012a, S. 216

110 Detoeuf 1936, S. 37. Die komplexe Figur, die Detoeuf in der Öffentlichkeit abgab, wird veranschaulicht durch das von ihm mitbegründete Magazin *Les Nouveaux Cahiers*, das in den späten 1930er-Jahren großen Einfluss auf das geistige Leben in Frankreich hatte. Im März 1937 aus der Taufe gehoben und 1940 eingestellt, war die zunächst zweimonatlich, dann monatlich erscheinende Zeitschrift ein merkwürdiges Labor für Gedanken und Thesen, das Technokraten und Modernisierer aus den Reihen der Unternehmer, Gewerkschafter, Ökonomen und Intellektuellen ein Forum bot. Manche der Autoren standen auf der Rechten, die Mehrheit jedoch eher auf der Linken. Eine Reihe von ihnen setzten ihre Karrieren unter dem Vichy-Regime fort, aber längst nicht alle, und ihre Laufbahnen oder auch ihre Entgleisungen sollten nicht zu einer übereilten Beurteilung dieser Erfahrung führen. Ein solcher Versuch einer Annäherung zwischen technokratischen Industriellen und Gewerkschaftern sollte sich während der kurzen Existenz des Centre International d'Etudes pour la Rénovation du Libéralisme wiederholen: Rougier und insbesondere Marlio wollten dazu Gewerkschafter und Sozialisten einladen. Auch Detoeuf sprach sich in seinen Schriften für derartige Versuche einer Annäherung aus.

111 Vgl. Cubeddu 1993; Menger 1934; Ebenstein 2001, S. 21–30

112 Diese Vorlesungen wurden noch im selben Jahr unter dem Titel *Prices und Production* veröffentlicht.

113 Howson 2011, S. 178

114 Unter seinen wenigen liberal gesinnten Kollegen ist Edwin Cannan hervorzuheben, der aufgrund seines Interesses am englischen und schottischen Liberalismus eine Rolle spielte.

115 Hayek 1937b

116 Hayek 1983, S. 425

117 Zur Debatte über eine Wirtschaftsrechnung im Sozialismus vgl. White 2012, S. 32–67; für Hayeks Beitrag dazu siehe Caldwell 2004, S. 205–231.

118 Die Aufsatzsammlung, zu der Hayek das Vorwort und den abschließenden Beitrag beisteuerte, wurde 1939 von Daniel Villey (der im Centre International d'Etudes pour la Rénovation du Libéralisme und später in der Mont Pèlerin Society eine bedeutende Rolle spielte) ins Französische übersetzt und bei Medicis unter dem Titel *L'économie dirigée en régime collectiviste* veröffentlicht.

119 »Es ist eine fatale Täuschung zu glauben, dass autoritäre Herrschaft sich auf Wirtschaftsfragen beschränken ließe. Die tragische Tatsache ist, dass diktatorische Führung nicht auf Wirtschaftsfragen beschränkt bleibt, sondern sich unweigerlich ausdehnt und im strengen Sinn des Wortes ›totalitär‹ wird. Der Wirtschaftsdiktator sieht sich schon bald, selbst gegen sei-

nen Willen, dazu gezwungen, sich zum Diktator über das gesamte politische und kulturelle Leben des Volkes aufzuschwingen« (Hayek 1938).

120 White 2012, S. 155–173

121 Ebenstein 2001, S. 89–102

122 Hayek 1967

123 Vgl. auch Cubeddu 1993

124 Hayek 2007, S. 71.

125 Hayek 1967a und 1967b, S. 84

126 Hayek 1994, S. 128. Einer der oft dafür angeführten Gründe war die allgemeine Bekanntheit von *The Road to Serfdom*, die Hayeks akademischem Ruf schadete. Außerdem bestanden bedeutende Meinungsverschiedenheiten über methodologische Fragen zwischen der Österreichischen Schule und den Mitgliedern der Chicagoer Fakultät für Wirtschaftswissenschaften, wie Hayek und Milton Friedman später einräumten.

127 Liggio 1994, S. 517

128 Salerno 1992, S. 107 f.

129 Siehe dazu zum Beispiel sein Buch über Probleme der Geldpolitik in Polen, Österreich und der Tschechoslowakei nach dem Ersten Weltkrieg (Heilperin 1931), für das Rappard ein Vorwort schrieb.

130 Salerno 1992

131 Heilperin 1939

132 Salerno 1992

133 Heilperin 1967

134 Anonym 1973, S. 24

135 Lavergne 1932, S. 422–434

136 In der Ausgabe der Zeitschrift *L'Année politique française et étrangère* von Juli 1936 veröffentlichte er eine wohlwollende Rezension von Rougiers *Les mystiques économiques* und hob hervor, dass der Philosoph sich darin für einen »gemäßigten und vernünftigen Liberalismus« ausspreche.

137 Lavergne 1938, S. 219

138 Riccio 1994, S. 95–138, und Steel 1980, S. 310–326

139 Riccio 1994 und Steel 1980, S. 299–326

140 Mantoux 1946

141 Mantoux 1937

142 Dies war das Thema (»L'ére des tyrannies«) eines berühmten Vortrags von Halévy im Jahr 1936, der auch von Wilhelm Röpke geschätzt wurde.

143 Audier 2012b

144 Vgl. Marjolin 1936

145 Bouglé zeichnete verantwortlich für das Vorwort zu Marjolins 1936 veröffentlichter Hochschulschrift *L'évolution du syndicalisme aux Etats-Unis: de Washington à Roosevelt* (Die Entwicklung der Gewerkschaftsbewegung in den Vereinigten Staaten, von Washington bis Roosevelt).

146 In seiner Interview-Anthologie *Le spectateur engagé* erinnerte sich Aron, die beiden Männer seien »aus ganzem Herzen« für die Volksfront gewesen, hätten jedoch deren Wirtschaftsprogramm ändern wollen (Aron 1981).

147 Marjolin 1986, S. 123

148 Marjolin 1941

149 Vor allem in seinem 1938 veröffentlichten Buch *Le sort du capitalisme* (Das Schicksal des Kapitalismus).

150 Marlio 1931 und 1938

151 Marlio 1946

152 Marlio 1943

153 Marlio 1951

154 Zur Bedeutung des Musée Social vgl. Horne 2002

155 Audier 2012a, S. 216

156 Mercier 1936 und Kuisel 1967, S. 128–135

157 Audier 2012b, S. 141

158 Vgl. White 2012, S. 32–67

159 An dieser Stelle ist der Name von Lionel Robbins zu ergänzen, der ebenfalls zum Lippmann-Kolloquium eingeladen wurde und ein Kollege Hayeks an der LSE war. Robbins' Buch *Essay on the Nature and Significance of Economic Science* (1932) wurde in gewissem Maß von Mises und der Österreichischen Schule angeregt.

160 Cubeddu 1993, S. 111–120

161 Mises 1944

162 Howson 2011, S. 237

163 Hülsmann 2007, S. 727. Es ist wichtig, sich daran zu erinnern, dass Mises zur Zeit der Veranstaltung des Lippmann-Kolloquiums an einem Buch gegen Etatismus und Totalitarismus arbeitete, das – mit einem Vorwort von Alfred Müller-Armack – 1978 posthum unter dem Titel *Im Namen des Staates oder die Gefahren des Kollektivismus* (Stuttgart: Verlag Bonn Aktuell) erschien.

164 Piatier 1938a

165 Piatier 1937b

166 Piatier 1938b

167 Ein Rezensent (Schwob 1939, S. 91) bedauerte, dass Piatier nicht die Gefahren einer übermäßigen Steuerbelastung für ein lebhaftes Wirtschaftswachstum deutlich gemacht habe.

168 Vgl. Polanyi 1941 und 1946

169 Polanyi 1946, S. 8

170 Diese Forschungsvorhaben riefen Hayeks Interesse hervor. Ebenfalls in *Economica* veröffentlichte Polanyi 1941 einen Aufsatz unter dem Titel »The growth of thought in society«.

171 Scott und Moleski 2005, S. 161

172 Polanyi hatte seine Unterstützung für die Empfehlungen, die Keynes in der *General Theory* gegeben hatte, wiederholt zum Ausdruck gebracht.

173 Röpke brachte 1956 gegenüber dem Sekretär der Mont Pèlerin Society seine Kritik an Polanyis Analysen zum Ausdruck, weil sie aus seiner Sicht zu wohlwollend ausfielen gegenüber dem Jugoslawien unter Tito, insbesondere dessen Wirtschaftssystem. Röpke schloss mit der Bitte an Hunold, dieser möge Hayek »den Fall [Polanyi] vorlegen« – mit anderen Worten, Polanyis Ausschluss erwägen. Hayek jedoch beendete die Kontroverse und blieb mit Polanyi freundschaftlich verbunden (Solchany 2015, S. 367).

174 Polanyis Auffassung von Wissenschaft unterschied sich von der Karl Poppers, und selbst hinsichtlich des Begriffs der »offenen Gesellschaft« war Polanyi anderer Auffassung als Popper.

175 Possony 1938

176 Possony und Pournelle 1970

177 Vgl. Gerken 1958 und Hennecke 2005

178 Für eine einschlägige Analyse der Krise der Weimarer Republik und insbesondere ihre verfassungsrechtlichen Aspekte vgl. Kennedy 2004, bes. S. 119–153.

179 Solchany 2015, S. 190

180 Vgl. Röpkes Kapitel »Modern Mass Society« in Röpke 1958.

181 In einem Brief vom 4. Oktober 1938 verglich Röpke, noch unter dem traumatisierenden Eindruck des Münchner Abkommens, Chamberlain mit Hindenburg, weil beide gegenüber dem Nationalsozialismus sträfliche Schwäche gezeigt hätten (zit. in: Solchany 2015, S. 122).

182 Vgl. Gregg 2010, S. 139, und Ebeling 2010, S. 192.

183 White 2012, S. 243

184 Zum Einfluss von Röpke und Rüstow in Deutschland vgl. Hahn 1993; zur sozialen Marktwirtschaft in Deutschland vgl. Nicholls 1994.

185 Burgin 2012; Hartwell 1995, S. 117–133

186 Sein Großvater Jean-Claude-Paul Rougier (1826–1901), Verfasser der liberalen Abhandlung *La liberté commerciale, les douanes et les traités de commerce* (1878), war der Begründer und erste Inhaber des Lehrstuhls für Politische Ökonomie an der Universität Lyon und ebendort Vizepräsident der Société d'économie sociale, vor der Louis Rougier 1939 den Vortrag »L'offensive du néo-libéralisme« (Der Neoliberalismus in der Offensive) hielt.

187 Rougier war Ferrero zum ersten Mal 1929 begegnet und hatte ihn später in Florenz besucht, als Ferrero unter polizeilicher Überwachung durch Mussolinis Regime stand. Unzufrieden damit, dass das Internationale Komitee für geistige Zusammenarbeit seiner Ansicht nach nicht genug unternahm, um Ferrero zu helfen, bemühte sich Rougier um Unterstützung durch den Sozialisten Albert Thomas, den er darum bat, seinen alten Freund Mussolini dazu zu bewegen, Ferrero ein Ausreisevisum zu gewähren. Nach seiner

Befreiung 1931 lehrte Ferrero am Genfer Hochschulinstitut und schloss dort unter anderem auch Freundschaft mit Röpke.

188 Rougier 1954, S. 103

189 Rougier 1938a, S. 9

190 Ebd., S. 34

191 Chivvis 2010, S. 18

192 Rueff 1931

193 Rueff 1934

194 Rueff 1935

195 Rueff 1958

196 Rueff 1935

197 Rueff 1958

198 Rueff 1979

199 So schrieb Rueff unter anderem das Vorwort zur französische Ausgabe von Röpkes *Jenseits von Angebot und Nachfrage*, und Röpke schrieb ein Vorwort zur deutschen Ausgabe von Rueffs *L'ordre social*.

200 Während Rueff die Verträge von Rom im Jahr 1957 entschieden befürwortete, lehnte Röpke sie ebenso eindeutig ab.

201 Vgl. Meier-Rust 1993

202 Rüstow 1980, S. xii-xxii

203 Solchany 2015, S. 170

204 Schüßler 2009, S. 3–17

205 So war er mit Walter Eucken befreundet und unterhielt einen regen Briefwechsel mit ihm.

206 Audier 2012b, S. 133

207 Rüstow 1980, S. xviii

208 Rüstow 1950/1957

209 Vgl. dazu Hahn 1993 und Bonefeld 2012.

210 Vanberg bemerkt, dass »die leicht interventionistische, *ergebnisorientierte* Tönung des Begriffs *soziale Marktwirtschaft* viel mehr das Denken von Müller-Armack, der den Begriff prägte, sowie von Röpke und Rüstow widerspiegelte als das der Begründer der Freiburger Schule, die sich für einen streng *verfahrens-* und *regelorientierten* Liberalismus aussprachen« (Vanberg 2004, S. 2).

211 Ritchey 2012

212 Anonym [Marcel van Zeeland] 1937.

213 Audier 2012b, S. 107. Zur Rolle, die José Ortega y Gasset und Francesco Saverio Nitti – in den 1930er-Jahren zwei wichtige Autoren für Louis Rougier – bei der Erneuerung des Liberalismus und dem Aufbau eines föderalen Europas spielten, vgl. Visone 2015.

214 Vor allem Rueff 1935, Lavergne 1938, Lippmann 2005, Marlio 1938, Mises 1922, Robbins 1937 und Rougier 1938a.

215 Insbesondere die sehr aufschlussreichen Kommentare von Professor von Hayek konnte Letzterer nicht aus dem Gedächtnis rekonstruieren.

216 Dies ist eine Übersetzung des ursprünglichen Programms. Die Sitzungen wurden jedoch in davon abweichender Reihenfolge abgehalten, die durch das Inhaltsverzeichnis des vorliegenden Bandes wiedergegeben wird.

217 Eine Absprache (frz. *entente*) bezeichnet Vereinbarungen zwischen zwei oder mehr Unternehmen zur Begrenzung der Produktion, zur Begrenzung des Wettbewerbs, zur Vereinheitlichung von Preisen oder um anderweitig das Marktgeschehen zu beeinflussen. Entsprechend ihren Einzelbedingungen sowie dem geltenden gesetzlichen Rahmen kann eine solche *entente* gesetzmäßig oder gesetzwidrig sein. [Diese und alle folgenden Anmerkungen zum »Teil II: Übersetzung des Walter-Lippmann-Kolloquiums« stammen, soweit nicht anders gekennzeichnet, von den Herausgebern.]

218 Alle Zugehörigkeiten werden hier wörtlich nach den Originalmitschriften wiedergegeben, einschließlich der (unzutreffenden) Zugehörigkeit Röpkes zur »Österreichischen Schule«.

219 Dies ist eine Anspielung auf die liberale französische Doktrin der »Physiokratie«. In *Les mystères économiques* hatte Rougier die Metaphysik des Laissez-faire, Laissez-passer kritisiert und betont, dass die Manchester-Schule ihr Erbe gewesen sei und ihre Irrtümer noch ausgeweitet habe.

220 *Code de la route* ist die französische Bezeichnung für die Straßenverkehrsordnung. Rougier spielt hier an auf den von den Liberalen der Physiokratischen Schule geltend gemachten »code de la nature« (das Naturrecht), zu dem der »code de la route« als Alternativmodell zu verstehen ist.

221 »Die großen Klassiker« bezieht sich hier nicht auf die »Klassiker« der Antike, sondern im engeren Sinne auf die größten Denker des ökonomischen Liberalismus.

222 »Devisenkontrollen« kann auch mit »Währungskontrollen« übersetzt werden.

223 Benda 1927

224 Dies ist eine Anspielung auf Friedrich Nietzsches »Wille zur Macht«, dem damals vielfach nachgesagt wurde, die Ideologien des Faschismus und des Nationalsozialismus angeregt zu haben.

225 Dies spielt erneut an auf Julien Bendas Buch *La trahison des clercs* (Benda 1927), in dem Benda den kommunistischen Intellektuellen »geistigen Verrat« vorgeworfen hatte.

226 »Wille« bezieht sich hier auf den verstandsmäßigen Willen, nicht den testamentarischen Letzten Willen.

227 Eine Anspielung auf den Titel des Buches *Der Einzige und sein Eigentum* von Max Stirner, das auch ins Französische und ins Englische übersetzt wurde. Der deutsche Philosoph Max Stirner übte großen Einfluss aus auf die ge-

dankliche Strömung des anarchistischen Individualismus, die vor allem in Frankreich sehr wirksam war.

228 Eine klassische Formulierung der Moralphilosophie, mit der Immanuel Kants »Reich der Zwecke« paraphrasiert wird.

229 Dies ist eine Anspielung auf den Vortrag »La fin du libéralisme«, den Auguste Detoeuf im Jahr 1936 vor der Gruppe X-Crise gehalten hatte.

230 Hier wird die Infinitivform verwendet.

231 In Abwesenheit staatlicher Intervention.

232 In der Diskussion werden die verschiedenen gebräuchlichen Bezeichnung synonym verwendet; so spricht Detoeuf an dieser Stelle von *société anonyme* und von Anteilseignern; dem entsprechen in der britischen Terminologie die *public limited company* und in der amerikanischen die *publicly traded company*, ohne dass diese Gesellschaftsformen rechtlich absolut deckungsgleich sind.

233 Mantoux gebraucht den Begriff *collectivité*, der in diesem Zusammenhang sehr allgemein als Gesellschaft, Gemeinwesen, der Staat oder die Öffentlichkeit verstanden werden kann.

234 »Kompetente Unternehmer« werden hier verstanden als Unternehmer, die sich mit der Wirtschaft gut auskennen, in Fragen des technologischen Fortschritts versiert sind und so weiter.

235 Der Hinweis bezieht sich vermutlich auf die relativ kurze Betriebslebensdauer von Flugzeugen in den 1920er- und 1930er-Jahren.

236 Rueff bezieht sich hier auf die bilateralen Verrechnungsabkommen, die sogenannten »clearings«, die in den 1930er-Jahren den Freihandel beschränkten.

237 Das korrekte Zitat lautet: »Preußen ist eine Armee, die ein Land besitzt, nicht ein Land, das eine Armee besitzt« und geht auf ein Buch des preußischen Offiziers Georg Heinrich von Berenhorst (1733–1814) zurück. Der Aphorismus erlangte im Zusammenhang des Deutsch-Französischen Krieges 1870/71 internationale Verbreitung, aber auch dann stets auf Preußen bezogen.

238 Possony verwendet hier den deutschen Ausdruck.

239 In seinem 1942 veröffentlichten Werk *International Economic Disintegration* verweist Röpke auf zwei wichtige Prozesse, die *Intensivierung* und die *Extensivierung*, die in der Weltwirtschaft abgelaufen waren. Er definierte diese beiden Tendenzen folgendermaßen: »[D]ass die Entwicklung der Weltwirtschaft zunächst einmal ein Prozess der *Intensivierung* gewesen ist, ist so wichtig wie offenkundig. Er lässt sich aus der Tatsache ableiten, dass die am höchsten entwickelten Länder den größten Prozentanteil am Welthandel aufwiesen, was, angesichts der Gegenseitigkeit des Handels, belegt, dass der Großteil des Welthandels dem wirtschaftlichen Austausch innerhalb der hochkapitalistischen Sphäre selbst vorbehalten gewesen sein muss …

Gleichzeitig ist die Entwicklung der Weltwirtschaft ein Prozess der kontinuierlichen *Extensivierung* im Sinne einer räumlichen Ausdehnung des allgemeinen Wirtschaftssystems auf die nicht kapitalistischen Gebiete der Welt gewesen« (Röpke 1942a, S. 11 f.).

240 Röpke bezieht sich hier auf die versuchte Durchsetzung partikularistischer Ziele bestimmter Interessengruppen, die nicht dem Gemeinwohl verpflichtet sind, sondern ausschließlich die Beeinflussung der Politik zu ihren Gunsten und ihrem eigenen, begrenzten Nutzen im Auge haben.

241 Sicherheit meint hier nicht Sicherheit vor Verbrechen, sondern ein gewisses Maß an sozialer und wirtschaftlicher Sicherheit.

242 Eine Noten- oder Emissionsbank ist eine Bank, die vom Staat die Befugnis erteilt bekommt, Banknoten und Münzen zu produzieren und in Umlauf zu setzen.

243 Hervorhebung im Original.

244 »Kollektiv« hier im allgemeinsten Sinn verstanden als Gemeinschaft, Gesellschaft, der Staat, die Steuerzahler, jedenfalls aber nicht ein Individuum.

245 Gemeint ist hier das Industrieproletariat.

246 Die Säulenhalle, in der Zenon seine Schüler unterrichtete; synonym für die Denkschule der Stoiker.

247 »Gott oder die Natur«, Spinozas berühmte Formel für die Austauschbarkeit von Gott und Natur.

248 Der »cash nexus« war Carlyles berühmte Formulierung, mit der er die kapitalistische Gesellschaft kritisierte. Im *Kommunistischen Manifest* wurde sie von Marx und Engels aufgegriffen in der Feststellung, die Bourgeoisie habe »kein anderes Band zwischen Mensch und Mensch übrig gelassen ... als die gefühllose ›bare Zahlung‹«.

249 Der für »Kontrolle« im Original der stenografischen Mitschrift verwendete Terminus ist *réglementation*, ein umfassendes Regelwerk, nicht *régulation*, das heißt Regulierung.

250 »Die Bürde der Reform«.

251 So im Original: »Mais tout totalitarisme a une tendance vers la liberté.«

252 Auboin bezieht sich hier auf die Interventionen des französischen Staates, um den Weizenpreis im Binnenhandel zu erhöhen. Die Einrichtung einer Weizenbehörde, dem *Office national interprofessionel du blé* im Jahr 1936 führte zu einer Erhöhung des Weizenpreises durch konzertierte Eingriffe (vgl. Moulin 1992, S. 150).

253 Das bezieht sich vermutlich auf folgende Passage aus Lippmanns *The Good Society*: »Die neue Produktionsweise, da sie auf den profitablen Austausch von spezialisierter Arbeit beruhte, sah eine Sozialordnung vor, die auf dem Ausgleich der Interessen zwischen weit voneinander entfernten, aber zusammenarbeitenden Menschen und Gemeinden beruhte« (Lippmann 2005, S. 193).

Literaturverzeichnis

Quellen

Bei Quellen, die nicht nach der Originalausgabe, sondern nach einer späteren Neu-, Werk- oder Sammelausgabe zitiert werden, ist die zitierte Ausgabe zunächst aufgeführt; das Jahr der Originalausgabe (OA) wird in Klammern vermerkt.

Anonym [Marcel van Zeeland]. 1937. *Révision des valeurs.* Brüssel: La Renaissance du Livre

Anonym. 1938. »Le ›Colloque‹ Walter Lippmann«. In: *Le Temps*, 30. August 1938, S. 4

Anonym. 1973. »Bruce C. Hopper of Harvard Dies: Special to the *New York Times*«. In: *The New York Times*, 7. Juli 1973, S. 24

Aron, Raymond. 1937. »Reflexions sur les problemes économiques français. In: *Revue de métaphysique et de morale*, Bd. 44/4, S. 793–822

Ders. 1939. »Remarques sur l'objectivite des sciences sociales«. In: *Theoria*, Bd. 5/2, S. 161–194

Ders. 1945. »La chance du socialisme«. In: *Politique française: articles 1944–1977*. Paris: Editions de Fallois

Ders. 1953. *Die deutsche Soziologie der Gegenwart* (OA: 1935). Stuttgart: Kröner

Ders. 1955. *L'opium des intellectuels.* Paris: Calman-Lévy

Ders. 1981. *Le spectateur engagé* (hg. v. Jean-Louis Missika und Dominique Wotton). Paris: Editions de Fallois

Ders. 1999. Entretiens avec Raymond Aron, 28. Mai 1982. In: *Raymond Aron, la philosophie de l'histoire et les sciences sociales* (hg. v. Jean-Claude Chamboredom). Paris: Ed. Rue d'Ulm, S. 76f.

Auboin, Roger. 1936. »Libéralisme pratique«. In: *L'Europe nouvelle*, Nr. 985 (26. Dezember 1936), S. 1269

Ders. 1955. »The Bank for International Settlements, 1930–1955«. In: *Essays in International Finance*, Nr. 22. https://www.princeton.edu/~ies/IES_Essays/E22.pdf

Ders. 1958. *Twenty Years of International Cooperation in the Monetary Sphere, 1938–1958*. Basel: Bank for International Settlements

Ders. 1973. *Les vraies questions monétaires a l'épreuve des faits*. Paris: Hachette

Baudin, Louis. 1936a. *La monnaie et la formation des prix*. Paris: Sircy

Ders. 1936b. *Les illusions du crédit*. Montréal: Levesque

Ders. 1936c. *Histoire des faits et doctrines monétaires*. Paris: Les cours de droit

Ders. 1937. *L'Utopie soviétique*. Paris: Sircy

Ders. 1938. *La monnaie. Ce que tout le monde devrait en savoir*. Paris: Médicis

Ders. 1943. »Préface«. In: Maurice Bouvier-Ajam. *La doctrine corporative*. Paris: Sircy

Ders. 1953. *L'aube d'un nouveau libéralisme*. Paris: Médicis

Benda, Julien. 1927. *La trahison des clercs*. Paris: Grasser

Blumberg, Georges. 1934. »Préface«. In: Calvin B. Hoover (Hg.). *Allemagne, IIIe Empire*. Paris: Gallimard

Bouvier-Ajam, Maurice. 1943. *La doctrine corporative*. Paris: Sircy

Carlyle, Thomas. 2015. *Selected Writings*. London: Penguin

Castillejo, José. 1937. *War of Ideas in Spain: Philosophy, Politics and Education*. London: John Murray

Colloque Walter Lippmann. 1938. In: *Travaux du Centre International d'Etudes pour la Rénovation du Libéralisme* (Heft Nr. 1). Paris: Médicis

Condliffe, John Bell. 1941. *The Reconstruction of World Trade: a Survey of International Economic Relations*. London: George Allen & Unwin

Ders. 1951. The *Commerce of Nations*. London: George Allen & Unwin

Cros, Jacques. 1950. *Le neo-libéralisme: étude positive et critique*. Paris: Médicis

Déat, Marcel. 1937a. »Pour sauver l'expérience«. In: *Le front socialiste republicain français*, 18. März 1937

Ders. 1937b. »Définissions notre attitude«. *Le front socialiste republicain français*, 13. Mai 1937

Detoeuf, Auguste. 1936. »La fin du libéralisme«. In: *Bulletin du Centre Polytechnicien des Etudes Economiques*, Nr. 31–32, S. 37–51

Ders. 1938. *Construction du syndicalisme*. Paris: Gallimard

Dominique, Pierre. 1938. »Le libéralisme a pour lui l'avenir«. In: *La Republique*, 3. Juli 1938

Drabovitch, Wladimir. 1934. *Fragilité de la liberte et séduction des dictatures: essai de psychologie sociale*. Paris: Mercure de France

Fabre-Luce, Alfred. 1946. *Hors d'atteinte*. Paris: Ika

Flandin, Pierre-Etienne. 1933. »Après la chute du cabinet et avant le congrès de l'Alliance démocratique« (Interview mit Raymond Millet). In: *Le Temps*, 25. Oktober 1933

Friedman, Milton. 1951. »Neoliberalism and Its Prospects«. In: *Farmand*, 17. Februar 1951, S. 89–93

Hayek, Friedrich August von. 1931. *Prices and Production*. London: Routledge

(ders., Hg.). 1935. *Collectivist Economic Planning: Critical Studies on the Possibilities of Socialism by N. G. Pierson, Ludwig von Mises, Georg Halm and Enrico Barone*. London: Routledge

Ders. 1937a. *Monetary Nationalism and International Stability*. Geneva: Graduate School of International Studies

Ders. 1937b. »Economics and knowledge«. In: *Economica*, Bd. IV, Nr. 13, S. 33–54

Ders. 1938. »Freedom and the economic system«. In: *Contemporary Review*, S. 434–442

Ders. 1941. *The Pure Theory of Capital*. Norwich: Jarrold and Sons

Ders. 1945. »The use of knowledge in society«. In: *The American Economic Review*, Bd. 35/4, S. 519–530

Ders. 1948. »The economic conditions of interstate federalism«. In: *Individualism and Economic Order*. Chicago: University of Chicago Press

Ders. 1959. »Liberalismus I: Politischer Liberalismus«. In: *Handwörterbuch der Sozialwissenschaften*. Stuttgart: Fischer, S. 591–596

Ders. 1960. *The Constitution of Liberty*. Chicago: University of Chicago Press

Ders. 1967a. »Kinds of rationalism«. In: *Studies in Philosophy, Politics and Economics*. Chicago: University of Chicago Press, S. 82–95

Ders. 1967b. »The results of human action but not of human design. In: *Studies in Philosophy, Politics and Economics*. Chicago: University of Chicago Press, S. 96–105

Ders. 1973. *Law, Legislation and Liberty* (Bd. 1). Chicago: University of Chicago Press

Ders. 1974. »The Pretense of Knowledge«. Nobel Memorial Lecture

Ders. 1976. *Law, Legislation and Liberty* (Bd. 2). Chicago: University of Chicago Press

Ders. 1979. *Law, Legislation and Liberty* (Bd. 3). Chicago: University of Chicago Press

Ders. 1983. »Interview with Armen Alchian, November 11, 1978«. In: *University of California Oral History Project*. Los Angeles: University of California, S. 425

Ders. 1994. *Hayek on Hayek: An Autobiographical Dialogue* (hg. v. Stephen Kresge und Leif Wenar). Chicago: University of Chicago Press

Ders. 2007. The *Road to Serfdom* (OA: 1944). Chicago: University of Chicago Press

Heilperin, Michael. 1931. *Le Probleme monétaire d'après-guerre et sa solution en Pologne, en Autriche et en Tchécoslovaquie*. Paris: Sircy

Ders. 1939. *International Monetary Economics*. New York: Longmans, Green & Co

Ders. 1952. *The Trade of Nations*. New York: Alfred A. Knopf

Ders. 1960. *Studies in Economic Nationalism*. Geneva: Droz

Ders. 1967. »Le phénomène Jacques Rueff«. In: Emil Maria Claassen (Hg.). *Les fondements philosophiques des systèmes économiques*. Paris: Payot, S. 25–34

Hopper, Bruce. 1931. *Pan Sovietism: The Issue Before America and the World*. New York: Houghton Mifflin

Huizinga, Johan. 1936. *In the Shadow of Tomorrow*. New York: W. W. Norton

Lalande, André. 1935. »Congrès de philosophie et d'éducation morale«. In: *Seances et travaux de l'Académie des sciences morales et politiques, compte rendu*. Paris: Alcan, S. 223

Lavergne, Bernard. 1932. »L'économie moderne et la doctrine libérale«. In: *L'annee politique française et etrangère*, Bd. 110/7, S. 422–434

Ders. 1938. *Grandeur et declin du capitalisme*. Paris: Payot

Ders. 1957. »Exposé de Bernard Lavergne sur les dangers du Marche commun et de l'Euratom«, 15. Mai 1957. Université de Luxembourg: Centre Virtuel de la Connaissance de l'Europe

Lippmann, Walter. 1934. *The Method of Freedom*. New York: Macmillan

Ders. 2005. *The Good Society* (OA: 1937). New Brunswick: Transaction Publishers
Ders. 2011. *The Phantom Public* (OA: 1925). New Brunswick: Transaction Publishers
Ders. 2015. *Drift and Mastery* (OA: 1914). Madison: University of Wisconsin Press
Mantoux, Etienne. 1937. »La *Théorie générale* de Keynes«. In: *Revue d'économie politique*, Bd. 51, S. 1559–1590
Ders. 1946. *La paix calomniée ou les conséquences économiques de M. Keynes*. Paris: Gallimard
Marculesco, Michel. 1943. *La critique du libéralis e d'après les auteurs néolibéraux.* Paris: Lavergne
Marjolin, Robert. 1936. *L'évolution du syndicalisme aux Etats-Unis: de Washington à Roosevelt.* Paris: Alcan
Ders. 1941. *Prix, monnaie et production. Essai sur les mouvements économiques de longue duree.* Paris: PUF
Ders. 1986. *Le travail d'une vie. Mémoires, 1911–1986.* Paris: Robert Laffont
Marlio, Louis. 1931. *Les ententes industrielles internationales.* Paris: Crete
Ders. 1938. *Le sort du capitalisme.* Paris: Flammarion
Ders. 1943. *La révolution d'hier, d'aujourd'hui et de demain.* New York: Brentano's
Ders. 1946. *Lionel.* Paris: Flammarion
Ders. 1951. *Le Cercle infernal.* Paris: Flammarion
Menger, Carl. 1934. *The Collected Works of Carl Menger* (4 Bde., hg. v. F. A. Hayek, 1934–1936). London: London School of Economics.
Mercier, Ernest. 1936. *U.R.S.S.: Réflexions.* Paris: Editions du Centre Polytechnicien d' Etudes Economiques
Mises, Ludwig von. 1920. »Die Wirtschaftsrechnung im sozialistischen Gemeinwesen«. In: *Archiv für Sozialwissenschaften*, Bd. 47, S. 86–121.
Ders. 1922. *Die Gemeinwirtschaft: Untersuchungen über den Sozialismus.* Jena: Fischer
Ders. 1927. *Liberalismus.* Jena: Fischer
Ders. 1940. *Nationalökonomie. Theorie des Handelns und Wirtschaftens.* Genf: Union Genf
Ders. 1944. *Omnipotent Government: The Rise of the Total State and Total War.* New Haven: Yale University Press

Ders. 1959. »Liberalismus II: Wirtschaftlicher Liberalismus«. In: *Handwörterbuch der Sozialwissenschaften*, Bd. VI. Stuttgart: Fischer, S. 596–603

Ders. 1978. *Erinnerungen*. Stuttgart und New York: Fischer

Ders. 1998. *Human Action: a treatise on economics*. Auburn: Ludwig von Mises Institute

Parain, Brice, und Georges Blumberg. 1933. Documents sur le National-Socialisme. *La Nouvelle Revue Française*, 1. August 1933, S. 234–262

Piatier, André. 1937a. »Review of A. S. J. Baster's *The Twilight of American Capitalism*«. In: *Politique étrangère*, Bd. 2/5, S. 485

Ders. 1937b. *Contrôle des devises dans l'économie du IIIe Reich*. Paris: P. Hartmann

Ders. 1938a. »Revue des livres«. In: *Politique etrangere*, Bd. 3/6, S. 634–639

Ders. 1938b. *L'évasion fiscale et l'assistance administrative entre Etats*. Paris: Sircy

Pirou, Gaëtan. 1934. *La crise du capitalisme*. Paris: Sircy

Ders. 1939. *Neo-libéralisme, Neo-corporatisme, Neo-socialisme*. Paris: Gallimard

Ders. 1941. *Les doctrines économiques en France depuis 1870*. Paris: Armand Colin

Polanyi, Michael. 1935. *U.S.S.R. Economics*. Manchester: Manchester University Press

Ders. 1941. »The Growth of Thought in Society«. In: *Economica*, Bd. 8/32, S. 428–456

Ders. 1946. *Science, Faith and Society*. New Brunswick und London: Transaction

Ders. 1951. *The Logic of Liberty*. Abingdon: Routledge

Possony, Stefan. 1938. *Tomorrow's War: Its Planning, Management and Cost*. London: Hodge & Co

Possony, Stefan, und Jerry Pournelle. 1970. *The Strategy of Technology: winning the decisive war*. Cambridge: University Press of Cambridge

Robbins, Lionel. 1932. *Essay on the Nature and Significance of Economic Science*. London: Macmillan

Ders. 1937. *Economic Planning and International Order*. London: Macmillan

Roche, Emile. 1938a. »Libéralisme interventionniste et direction économique«. In: *La République*, 25. Mai 1938

Ders. 1938b. »Faisons le bilan de nos erreurs«. In: *La République*, 27. August 1938

Röpke, Wilhelm. 1942a. *International Economic Disintegration* (m. e. Anh. v. Alexander Rüstow). London: William Hodge

Ders. 1942b. *Die Gesellschaftskrisis der Gegenwart.* Erlenbach-Zürich: Eugen Rentsch

Ders. 1944. *Civitas Humana: Grundfragen der Gesellschafts- und Wirtschaftsreform.* Erlenbach-Zürich: Eugen Rentsch

Ders. 1945. *Internationale Ordnung – heute.* Erlenbach-Zürich: Eugen Rentsch

Ders. 1953. »Alte und neue Ökonomie«. In: A. Hunold (Hg.). *Wirtschaft ohne Wunder.* Erlenbach-Zürich: Eugen Rentsch, S. 66–96

Ders. 1958. *Jenseits von Angebot und Nachfrage.* Erlenbach-Zürich: Eugen Rentsch

Rougier, Louis. 1938a. *Les mystiques économiques: comment l'on passe des démocraties libérales aux états totalitaires.* Paris: Médicis

Ders. 1938b. [Brief an Luigi Einaudi]. Archivio Storico della Fondazione Luigi Einaudi, Dossier Rougier

Ders. 1938c. »Retour au libéralisme«. In: *La Revue de Paris*, 1. Januar 1938, S. 179–197

Ders. 1938d. Parmi les livres. In: *La Revue de Paris*, 1. August 1938, S. 711 ff.

Ders. 1939. »L'offensive du néo-libéralisme«. Vortrag vor der Société d'économie politique de Lyon

Ders. 1954. »Comment une mission en Russie soviétique a fait de moi un liberal«. In: *L'informateur de l'entreprise a capital personnel*, Bd. 103

Ders. 1961. »Le libéralisme economique et politique«. In: *Les essais*, Nr. 1-2 (Sondernummer zu: Les tendances modernes du libéralisme économique), S. 37–75

Rueff, Jacques. 1931. »L'assurance chomage, cause du chomage permanent«. In: *Revue d'économie politique*, Bd. 45 (März-April) S. 211–251

Ders. 1934. »Pourquoi, malgré tout, je reste libéral«. In: Bulletin du Centre *Polytechnicien d'études economiques*, Nr. 14/15, S. 30–34

Ders. 1935. »La crise du capitalisme«. In: *Revue Bleue*, Nr. 1, S. 48–53

Ders. 1947. »The fallacies of Lord Keynes's *General Theory*«. In: *The Quarterly Journal of Economics*, Bd. 61/3, S. 343–367

Ders. 1958. »Une mutation dans les structures politiqucs: le Marché Institutionnel des Communautés Européennes«. In: *Revue d'économie politique*, Nr. 1, S. 1–10

Ders. 1979. *L'ordre social. Œuvres Complètes*, Bd. IV. (Hg. v. Emil-Maria Claassen und Georges Lane). Paris: Plon

Rüstow, Alexander. 1945. *Das Versagen des Wirtschaftsliberalismus als religionsgeschichtliches Problem*. Zürich und New York: Europa-Verlag

Ders. 1949. *Zwischen Kapitalismus und Kommunismus*. Godesberg: Küpper

Ders. 1950/1957. *Ortsbestimmung der Gegenwart. Eine universalgeschichtliche Kulturkritik* (3 Bde.). Erlenbach-Zürich: Rentsch

Ders. 1982. »Liberal Intervention« (OA: 1932). In: Wünsche, Horst Friedrich (Hg.). *Standard Texts on the Social Market Economy*. Stuttgart: Gustav Fischer, S. 183–186

Schwob, Philippe. 1939. »André Piatier: L'évasion fiscal et l'assistance administrative entre états«. In: *Politique etrangere*, Bd. 4/1, S. 89ff.

Simons, Henry. 1934. *A Positive Program for Laissez-Faire: some proposals for a liberal economic policy*. Chicago: University of Chicago Press

Travaux du colloque international du libéralisme économique. 1957. Brüssel: Editions du Centre Paul Hymans

Wünsche, Horst Friedrich (Hg.). 1982. *Standard Texts on the Social Market Economy*. Stuttgart: Gustav Fischer

Sekundärliteratur

Amadae, S.M. 2015. *Prisoners of Reason: game theory and neoliberal political economy*. Cambridge: Cambridge University Press

Audier, Serge. 2012a. »Is There a French Neo-Liberalism?«. In: Raf Geenens und Helena Rosenblatt (Hg.). *French Liberalism from Montesquieu to the Present Day*. Cambridge: Cambridge University Press, S. 208–232

Ders. 2012b. *Néo-libéralisme(s). Une archéologie intellectuelle*. Paris: Bernard Grasser

Ders. 2015. *Penser le »néo-libéralisme«: Le moment néoliberal, Foucault et la crise du socialisme*. Lormont: Le Bord de l'eau

Ders. 2016. »Néolibéralisme et démocratie dans les années 1930: Louis Rougier et Louis Marlio«. In: *Revue de philsophie économique*, Nr. l, S. 57–100

Barrère, Alain. 1958. *Histoire de la pensee économique et analyse des théories contemporaines, 1957–1958.* Paris: Les Cours de Droit
Baverez, Nicolas. 2015. »Life and Works: Raymond Aron, philosopher and freedom fighter«. In: José Colen und Elisabeth Dutartre-Michaut (Hg.). *The Companion to Raymond Aron.* New York: Palgrave Macmillan
Becker, Gary. 1976. *The Economic Approach to Human Behavior.* Chicago: University of Chicago Press
Bilger, François. 1964. *La pensée économique liberale dans l'Allemagne contemporaine.* Paris: LGDJ
Bonefeld, Werner. 2012. »Freedom and the strong state: on German ordoliberalism«. In: *New Political Economy*, Bd. 17/5, S. 633–656
Bourdieu, Pierre. 1998. »L'essence du néo-libéralisme«. In: *Le Monde Diplomatique,* 3. März 1998
Boyd, Carolyn. 1997. *Historia Patria: politics, history, and national identity in Spain, 1875–1975.* Princeton: Princeton University Press
Brown, Wendy. 2006. »American nightmare: neoliberalism, neo-conservatism, and de-democratization«. In: *Political Theory*, Bd. 34/6, S. 690–714
Burgin, Angus. 2012. *The Great Persuasion: reinventing free markets since the Great Depression.* Cambridge: Harvard University Press
Butterwegge, Christoph, Bettina Losch und Ralf Ptak. 2008. *Kritik des Neoliberalismus* (2. verb. Aufl.). Wiesbaden: Verlag für Sozialwissenschaften
Caldwell, Bruce. 2004. *Hayek's Challenge: An intellectual biography of F. A. Hayek.* Chicago: University of Chicago Press
Canihac, Hugo. 2017. *La fabrique savante de l'Europe. Une archeologie du discours de l'Europe communautaire, 1870–1973* (unveröff. Diss. phil.), Université de Bordeaux
Chevènement, Jean-Pierre. 1979. *Etre socialiste aujourd'hui.* Paris: Cana
Chivvis, Christopher. 2010. *The Monetary Conservative: Jacques Rueff and twentieth-century free market thought.* DeKalb: Northern Illinois University Press
Cockett, Richard. 1994. *Thinking the Unthinkable: think-tanks and the economic counter-revolution, 1931–83.* London: Harper Collins
Coleman, Peter. 1989. *The Liberal Conspiracy: the Congress for Cultural Freedom and the struggle for the mind of postwar Europe.* New York: The Free Press
Colen, Jose, und Elisabeth Dutartre-Michaut (Hg.). 2015. *The Companion to Raymond Aron.* New York: Palgrave Macmillan

Cubeddu, Raimondo. 1993. *The Philosophy of the Austrian School.* New York: Routledge

Dardot, Pierre, und Christian Laval. 2013. *The New Way of the World: On neoliberal society.* London: Verso

(dies.) 2016. *Ce cauchemar qui n'en finit pas.* Paris: La Découverte

Denord, François. 2001. »Aux origines du néo-libéralisme en France: Louis Rougier et le Colloque Walter Lippmann de 1938«. In: *Le Mouvement social,* Bd. 195, S. 9–34

Ders. 2007. *Neolibéralisme, version française. Histoire d'une idéologie politique.* Paris: Demopolis

Ders. 2009. »French Neoliberalism and Its Divisions: from the Colloque Walter Lippmann to the Fifth Republic«. In: Philip Mirowski and Dieter Plehwe (Hg.). *The Road from Mont Pèlerin: The making of the neoliberal thought collective.* Cambridge: Harvard University Press, S. 45–67

Denord, François, und Antoine Schwartz. 2009. *L'Europe sociale n'aura pas lieu.* Paris: Raisons d'agir

Dixon, Keith. 1998. *Les évangelistes du marche: les intellectuels britanniques et le néo-libéralisme.* Paris: Raisons d'agir

Ebeling, Richard. 1999. »Wilhelm Röpke: a centenary appreciation«. In: *The Freeman,* 1. Oktober 1999

Ders. 2010. *Political Economy, Public Policy and Monetary Economics.* New York: Routledge

Ebenstein, Alan. 2001. *Friedrich Hayek: a biography.* New York: St. Martin's Press

Ehrmann, Henry Walter. 1957. *Organized Business in France.* Princeton: Princeton University Press

Fleming, Grant. 1998. »John Bell Condliffe«. In: *The Dictionary of New Zealand Biography,* Bd. 4. Wellington: New Zealand Ministry for Culture and Heritage

Forcey, Charles. 1961. *The Crossroads of Liberalism: Croly, Weyl, Lippmann and the progressive era, 1900–1925.* Oxford: Oxford University Press

Foucault, Michel. 2008. *The Birth of the Biopolitics: lectures at the College de France, 1978–1979* (OA: 1979). New York: Picador

Friedrich, Carl. 1955. »The political thought of Neo-Liberalism«. In: *The American Political Science Review,* Bd. 49/2, S. 509–525

Gerken, Heinrich. 1958. *Die Sozial- und Wirtschaftslehre Wilhelm Röpkes in ihrer Bedeutung für die Pädagogik.* Mühlheim: Setzkorn-Schleifhacken

Goldschmidt, Nils. 2004. *Alfred Müller-Armack and Ludwig Erhard: Social Market Liberalism* (Freiburg Discussion Papers on Constitutional Economics Nr. 4/12). Freiburg: Universität Freiburg und Walter-Eucken-Institut

Goldschmidt, Nils, und Arnold Berndt. 2005. »Leonhard Miksch (1901–1950). A forgotten member of the Freiburg School«. In: *American Journal of Economics and Sociology*, Bd. 64 (Oktober), S. 973–998

Goldschmidt, Nils, und Michael Wohlgemuth (Hg.). 2008. *Grundtexte zur Freiburger Tradition der Ordnungsökonomik*. Tübingen: Mohr Siebeck

Gregg, Samuel. 2010. *Wilhelm Röpke's Political Economy*. Northampton: Edward Elgar

Grossekettler, H. G. 1989. »On designing an economic order. The contributions of the Freiburg School«. In: D. A. Walker (Hg.). *Perspectives on the History of Economic Thought*. Aldershot: Edward Elgar. Bd. II, S. 38–84

Hahn, Roland. 1993. *Marktwirtschaft and Sozialromantik: Die programmatische Erneuerung des Liberalismus in Deutschland unter dem Einfluss der Ideen Wilhelm Röpkes and Alexander Rüstows*. Egelsbach: Hänsel-Hohenhausen

Halbwachs, Maurice. 2016. *Keynes, abstraction et expérience: sur la Théorie Générale* (hg. v. Glilles Montigny). Paris: Ulm

Halimi, Serge. 2004. *Le grand bond en arrière: comment l'ordre liberal s'est impose au monde*. Paris: Fayard

Hartwell, R. M. 1995. *A History of the Mont Pèlerin Society*. Indianapolis: Liberty Fund

Harvey, David. 2005. *A Brief History of Neoliberalism*. New York: Oxford University Press

Hennecke, Hans Jörg. 2005. *Wilhelm Röpke: Ein Leben in der Brandung*. Stuttgart: Schäffer-Poeschel

Horne, Janet. 2002. *A Social Laboratory for Modern France: the Musée Social and the rise of the welfare state*. Durham: Duke University Press

Howard, Michael, und John King. 2008. *The Rise of Neoliberalism in Advanced Capitalist Economies: a materialist analysis*. New York: Palgrave Macmillan

Howson, Susan. 2011. *Lionel Robbins*. Cambridge: Cambridge University Press

Hülsmann, Jörg-Guido. 2007. *Mises: the last knight of liberalism*. Auburn: Ludwig von Mises Institute

Jabbari, Eric. 2012. *Pierre Laroque and the Welfare State in Postwar France.* Oxford: Oxford University Press

Jackson, Ben. 2010. »At the origins of neo-liberalism: the free economy and the strong state, 1930–1947«. In: *The Historical Journal*, Bd. 53/1, S. 129–151

James, Harold. 2003. *Europe Reborn: a history 1914–2000.* Harlow: Pearson

Jones, Daniel Stedman. 2012. *Masters of the Universe: Hayek, Friedman and the birth of neoliberal politics.* Princeton: Princeton University Press

Kahan, Alan. 2003. *Liberalism in Nineteenth-Century Europe: the political culture of limited suffrage.* New York: Palgrave Macmillan

Kahneman, Daniel. 2011. *Thinking, Fast and Slow.* New York: Farrar, Straus and Giroux

Kennedy, Ellen. 2004. *Constitutional Failure: Carl Schmitt in Weimar.* Durham: Duke University Press

Klein, Naomi. 2007. The *Shock Doctrine: the rise of disaster capitalism.* New York: Picador

Kloppenberg, James. 1986. *Uncertain Victory: social-democracy and progressivism in European and American thought, 1870–1920.* Oxford: Oxford University Press

Kotz, David. 2015. The *Rise and Fall of Neoliberal Capitalism.* Cambridge: Harvard University Press

Kuisel, Richard. 1967. *Ernest Mercier: French Technocrat.* Berkeley: University of California Press

Lambert, Paul. 1963. *L'œuvre de John Maynard Keynes: exposé, analyse, critique, prolongements.* Den Haag: Nihoff

Lepage, Henri. 1978. *Demain le capitalisme.* Paris: Le Livre de poche.

Ders. 1983. *Demain le libéralisme.* Paris: Le Livre de poche

Lichbach, Mark. 2003. *Is Rational Choice Theory All of Social Science?* Ann Arbor: University of Michigan Press

Liggio, Leonard. 1994. »Law and legislation in Hayek's legal philosophy«. In: *Southeastern University Law Review*, Bd. 23/3, S. 517

Marion, Mathieu. 2004. »Investigating Rougier«. In: *Cahiers d'épistemologie.* Montreal: Universite du Québec

Megay, Edward. 1970. »Anti-pluralist liberalism: the German neoliberals«. In: *Political Science Quarterly*, Bd. 85/3, S. 422–442

Meier-Rust, Kathrin. 1993. *Alexander Rüstow. Geschichtsdeutung und liberales Engagement.* Stuttgart: Klett-Cotta

Mirowski, Philip. 2013. *Never Let a Serious Crisis Go to Waste: how neoliberalism survived the financial meltdown.* London: Verso

Mirowski, Philip, und Dieter Plehwe (Hgs). 2009. *The Road from Mont Pèlerin: the making of the liberal tought Collective.* Cambridge: Harvard University Press

Moulin, Annie. 1992. *Peasantry and Society in France Since 1789.* Cambridge: Cambridge University Press

Nicholls, Anthony James. 1994. *Freedom with Responsibility: the social market economy in Germany, 1918–1963.* Oxford: Oxford University Press

Nisbet, Robert. 2004. *The Sociological Tradition.* New Brunswick: Transaction

Nord, Philip. 2010. *France's New Deal: from the thirties to the postwar era.* Princeton: Princeton University Press

Plehwe, Dieter, Bernhard Walpen und Christoph Lieber. 2007. »Neoliberale Denkkollektive und ihr Denkstil«. In: G. Arrighi u. a. (Hg.). *Kapitalismus Reloaded. Kontroversen zu Imperialismus, Empire und Hegemonie.* Hamburg: VSA, S. 347–371

Pont, Jean-Claude, und Flavia Padovani. 2006. »Louis Rougier: Vie et œuvre d'un philosophe engagé«. In: *Philosophia scientiae*, Bd. 10/2

Prasad, Monica. 2006. *The Politics of Free Markets: the rise of neoliberal economic policies in Britain, France, Germany and the United States.* Chicago: University of Chicago Press

Ptak, Ralf. 2004. *Vom Ordoliberalismus zur sozialen Marktwirtschaft: Stationen des Neoliberalismus in Deutschland.* Opladen: Leske-Budrich

Riccio, Barry. 1994. *Walter Lippmann: odyssey of a liberal.* New Brunswick: Transaction

Ritchey, Dianne. 2012. »Guide to the Papers of the Alfred Schütz Family«. Leo Baeck Institute for Jewish History: http://findingaids.cjh.org/?pID=1525175

Rosanvallon, Pierre. 1989. »The development of Keynesianism in France«. In: Peter Hall (Hg.). *The Political Power of Economic Ideas.* Princeton: Princeton University Press, S. 171–193

Rougier, Jean-Claude-Paul. 1878. *La liberté commerciale, les douanes et les traités de commerce.* Paris: Guillaumin et cie

Rüstow, Dankwart. 1980. »Alexander Rüstow: a biographical sketch«. In: Alexander Rüstow. *Freedom and Domination: A historical critique of civilization.* Princeton: Princeton University Press, S. xiii–xxii

Salerno, Joseph. 1992. »Gold and the International Monetary System: the contribution of Michael A. Heilperin«. In: Llewellyn H. Rockwell (Hg.). *The Gold Standard: perspectives in the Austrian School*. Auburn: Ludwig von Mises Institute, S. 107 f.

Schmidt, Vivien, und Mark Thatcher (Hg.). 2013. *Resilient Liberalism in Europe's Political Economy*. Cambridge: Cambridge University Press

Schüßler, Werner. 2009. »Tillich's Life and Works«. In: Paul Manning (Hg.). *The Cambridge Companion to Paul Tillich*. Cambridge: Cambridge University Press, S. 3–17

Scott, William Taussig, und Martin X. Moleski. 2005. *Michael Polanyi: scientist and philosopher*. Oxford: Oxford University Press

Solchany, Jean. 2015. *Wilhelm Röpke, l'autre Hayek*. Paris: Paris, Publications de la Sorbonne

Steel, Ronald. 1980. *Walter Lippmann and the American Century*. New Brunswick: Transaction

Steger, Manfred, und Ravi Roy. 2010. *Neoliberalism: a very short introduction*. Oxford: Oxford University Press

Stiglitz, Joseph. 2008. »The end of neo-liberalism?«. Project Syndicate: http:/www.project-syndicate.org/commentary/the-end-of-neo-liberalism

Vanberg, Viktor. 2001. *The Constitution of Markets: Essays in Political Economy*. London: Routledge

Ders. 2004. The *Freiburg School: Walter Eucken and ordoliberalism* (Freiburger Diskussionspapiere zur Ordnungsökonomik, Nr. 4/1l). Freiburg im Breisgau: Universität Freiburg

Visone, Tommaso. 2015. *L'Europa oltre l'Europa. Metamorfosi di un'idea nella crisi degli anni Trenta*. Pisa: ETS

White, Lawrence. 2012. *The Clash of Economic Ideas*. Cambridge: Cambridge University Press

Zmirak, John. 2001. *Wilhelm Röpke: Swiss localist, Global economist*. Wilmington: ISI Books

Sachregister

Absprache 120, 162, 165
Anarchismus 32, 42 ff., 148, 150
Anti-Etatismus 32, 42
Arbeitslosigkeit 34, 56, 78, 103, 108, 121, 130 f., 171 f., 203, 205 f., 210–214

Bauer 51, 218, 234 f., 244
Beveridge-Plan 58, 71
Bevölkerungswachstum 189, 191

Centre International d'Etudes pour la Rénovation du Libéralisme (CIRL) 59, 73, 91, 94, 119, 260, 264 f.
Demokratie 34, 54, 65 f., 124, 181, 223, 240 ff., 246, 262
–, liberale 23, 25, 35 f.
–, sozialistische 36
Devisenknappheit 192 f.
Devisenkontrolle 129, 180, 185, 193, 252
Diktatur 54, 126, 133, 181, 232, 239, 242, 244
Dirigismus 21, 28 ff., 84, 153, 179, 183 f.

Eigentum 17, 22, 28 f., 32, 83, 96, 124, 141, 167
Einheit 50 f., 219 f., 223 f., 244
Eisenbahn 160 f., 171 f.
Elitarismus 44, 54, 74 f., 243
Etatismus 97, 149, 158, 182
Existenzminimum 121, 202 f., 205 f.

Faschismus 14, 17, 21, 27, 31, 34, 96, 124, 140, 236 f.
Freiburger Schule 49, 103, 112 f.
Freihandel 59, 82, 138, 146, 179, 183, 195
Freiheit 25, 27, 35, 39, 47, 50, 81, 106, 125, 135, 138, 146, 148 f., 152 ff., 165, 217, 219 f., 223 f., 230 f., 241

Gerechtigkeit 39 f., 83, 140, 152, 154
Gesellschaft mit beschränkter Haftung 167 ff.
Gewerkschaft 87, 129, 213 f.
Goldstandard 74, 85, 109, 201

Hand, unsichtbare 47, 229 f., 238
Homo oeconomicus 45, 66, 129, 222

Individualismus 43 f., 73, 75, 95, 148–151
Industrialisierung 190 ff., 198
Inflation 74, 110, 185, 192
Integration 33 f., 50 f., 218, 222 ff., 236
Internationales Institut für geistige Zusammenarbeit 20, 119
Interventionismus 12, 32 f., 38, 40 f., 54–57, 84, 96, 107, 110 f., 113, 127 f., 149, 158 f., 161 f., 164 f., 170 ff., 176, 184 f., 206, 212, 254 f., 260, 263 ff.

Kapital 176
Kapitalismus 48, 87 f., 124
Kartell 54 f., 86, 92, 158 f., 163, 164

Keynesianismus 32, 60, 63 f., 81, 89, 90 f., 103
Kirche 141
Kollektivismus 29 f., 81
Kommunismus 14, 27, 31, 73, 87, 140
Konjunkturzyklus 207 ff.
Konzentration 120, 157 ff., 161–166, 168, 170
Krieg 13 f., 24 f., 27, 29, 91, 96, 146 f., 198, 262
Kriegswirtschaft 146, 174 f., 177, 179, 180, 182–187, 261

Laissez-faire 7, 9, 16 f., 25, 30, 32 f., 38 ff., 82, 88, 107, 112 f., 124, 138, 149, 154, 196
Landesverteidigung 171 f.
Landflucht 34, 51, 235, 244
Landwirtschaft 179
Liberalismus 150–154, 156
–, Agenda des 28, 57, 130, 247 f., 260
–, konstruktiver 30, 37, 43 f., 107
–, linker 44, 57, 110, 251
–, politischer 24, 26, 36, 64 f., 248
–, positiver 17, 43, 45, 132, 252
–, sozialer 45, 62, 92 f.
–, soziologischer 53, 55, 67
–, wirtschaftlicher 22, 24, 26, 56, 65, 67, 248

Manchester-Liberalismus 16 f., 30, 33, 38 f., 42, 124, 127, 149, 154, 161
Markt-Preis-Mechanismus 17, 31, 33 f., 35, 41, 56 f., 68, 96, 109, 124, 128, 155, 184, 196, 205 f., 248 ff., 255 ff., 260, 262 ff.
Marktwirtschaft 12, 33 f., 47, 50, 52, 88, 112, 124, 220 ff., 224 f.
–, soziale 105, 113
Marxismus 11, 72 f., 78, 130, 158, 232, 258
Monopol 34, 54 f., 86 f., 158 ff., 166, 238
Mont Pèlerin Society 6, 7, 20, 59, 61–64, 67 f., 74, 82 f., 89 f., 101, 105, 107, 110, 113

Nationalismus 95, 198, 200, 252
–, ökonomischer 49, 77, 84, 121, 174, 188, 190 f., 199 ff.
Nationalsozialismus 14, 21, 31, 53, 70, 96 f., 140, 228, 236 f.
Neoliberalismus 6–12, 14, 31, 34, 37, 43 ff., 56, 69, 91, 252
New Deal 13 f., 27, 65, 82, 88, 92, 258

Ordoliberalismus 49, 53, 55, 62, 67, 69, 79, 105, 113
Österreichische Schule 18, 30, 62, 79, 88, 95, 98, 123

Planwirtschaft 14, 22, 25, 68, 80 f., 88, 96, 99, 106, 124 ff., 131, 178, 186
Pluralismus 32, 52 f., 68, 223
Preismechanismus. *Siehe Markt-Preis-Mechanismus*
Proletariat 49, 232, 239, 254
Proletarisierung 50 f.
Protektionismus 29, 63 f., 159
Psychologie 34, 121, 208, 216, 230 f., 233
Public Choice 8

Rational Choice 8
Recht 13, 22, 27 f., 40, 83, 88, 94, 127, 140 f., 150 f., 240, 248, 250
Revolution 72, 220, 261
Rohstoff 174, 177, 192 ff.
Römische Verträge 62 f., 91, 109

Sicherheit 47 f., 121, 131, 141, 174, 202 f., 231
Sozialismus 17, 28, 35, 95 f., 124, 148, 218
–, liberaler 70, 107, 111, 126
Sozialliberalismus 37, 79, 91 f., 252
Soziologie 48 f., 50 ff., 121, 216, 222, 224
Steuer 57, 88, 92, 171, 180, 184 ff., 212, 249 f., 253

The Good Society 12, 14 ff., 39, 57, 64, 79, 85, 87 ff., 98, 107, 118, 123, 247, 265
Totalitarismus 15, 21, 24, 29, 48, 96, 140–143, 223, 229–234, 240 ff., 244, 252, 261 f.

Ungleichgewicht 196, 203 f., 212
Utilitarismus 226, 230

Versailler Vertrag 89, 199
Völkerbund 20, 191, 263
Volksfront 12, 14, 31 f., 70–73, 78, 90, 94

Währungspolitik 192 f., 201, 204
Wettbewerb 9, 17, 22, 41, 55, 62, 75, 128, 165 f., 170, 253
Wiener Kreis 11, 106
Wirtschaftskrise 12, 26, 46, 103, 109, 115, 124, 130 f.
Wirtschaftsliberalismus 25 ff., 38, 41 f., 48, 52, 54, 56, 76 f., 96, 131
Wirtschaftsplanung 22, 31

X-Crise 39, 78

Personenregister

Adenauer, Konrad 63, 113
Allais, Maurice 62, 68, 108
Antoni, Carlo 58
Aristoteles 51, 244
Aron, Raymond 18 f., 24 f., 32, 35, 51, 53, 58, 62 f., 65, 70 ff., 89 ff., 100, 122
Auboin, Roger 18, 70, 72, 91, 122, 252

Bacon, Francis 82
Barone, Enrico 80
Barrère, Alain 7
Bastiat, Frédéric 42 f., 149
Baudin, Louis 16, 18, 34, 36, 42 ff., 51, 58, 61, 65, 73 ff., 93, 122, 148, 207, 243, 264
Becker, Gary 8
Benda, Julien 132
Benoist, Alain de 108
Beveridge, William 71, 79 f., 93, 97
Bilger, François 6
Blackstone, William 28
Blum, Léon 12, 72
Böhm-Bawerk, Eugen von 95
Bouglé, Célestin 19, 70, 90
Bourgeois, Marcel 18, 64, 75, 122, 264
Bouvier-Ajam, Maurice 74, 99
Briand, Aristide 92 f., 108
Brüning, Heinrich 103
Buchanan, James 8
Buckley, William 105
Burckhardt, Jacob 229

Cannan, Edwin 77
Carlyle, Thomas 229
Castillejo, José 16, 18 f., 36, 41, 54, 61, 65, 75 f., 122, 151, 167, 181, 239, 242, 246, 254, 261
Chautemps, Camille 72
Chevènement, Jean-Pierre 8
Churchill, Winston 35
Cockett, Richard 6
Colm, Gerhard 111
Colson, Clément 108
Commons, John R. 28, 87
Condliffe, John Bell 18 f., 24, 39, 56, 58, 61, 76 f., 122, 195, 199 f., 211, 213, 237, 245, 256, 258
Coudenhove-Kalergi, Richard von 93
Croly, Herbert 15

Déat, Marcel 12, 31
Descartes, René 82
Detoeuf, Auguste 16, 18 f., 38 f., 42, 65, 77, 79, 91, 95, 122, 151, 154, 161 f., 164 f., 167, 169 ff., 194, 225
Dilthey, Wilhelm 70
Dollfuß, Engelbert 34
Drabovitch, Wladimir 46, 230
Dunoyer, Charles 38, 152
Durkheim, Emile 70

Einaudi, Luigi 16, 21, 23 f., 58, 115
Erhard, Ludwig 63, 105, 111, 113
Ernst, Paul 229
Eucken, Walter 49, 105

Ferrero, Guglielmo 20, 106
Flandin, Pierre-Etienne 12, 108
Foucault, Michel 8, 66
Friedman, Milton 7, 59, 61 f., 83
Friedrich, Carl 7

Gaulle, Charles de 63, 107, 109
Génin, Marie-Thérèse 75
Gide, Charles 86
Giner de los Ríos, Francisco 76
Gladstone, William Ewart 136
Guyot, Yves 43, 149

Haberler, Gottfried 104
Halévy, Elie 70, 90
Halm, Georg 80
Hartwell, Max 6
Harvey, David 9
Hayek, Friedrich August von 7, 16, 18 ff., 22, 24, 29 f., 41, 45, 58 f., 61–64, 67, 71, 75, 77, 79, 80–83, 88 ff., 95, 97, 101, 105, 110, 122, 151, 170, 212, 235, 256, 265
Heilperin, Michael 18, 84 f., 122, 155 f., 178, 185, 191, 255
Heimann, Eduard 111
Heraklit 220
Hitler, Adolf 96, 104
Hoover, Herbert 14, 88
Hopper, Bruce 18 f., 85, 122
Huizinga, Johan 16, 21, 115
Hunold, Albert 105

James, William 87
Johnson, Lyndon B. 61, 89
Jouvenel, Bertrand de 74
Jünger, Ernst 102

Kant, Immanuel 240
Kelsen, Hans 20
Kennedy, John F. 61, 85, 89
Keynes, John Maynard 22, 24, 27 f., 40, 60, 63 f., 70, 77, 80 f., 88–91, 93, 100 f., 103 f.
Kirk, Russell 105
Kittredge, Tracy 16, 115

Laroque, Pierre 71
Laski, Harold 80
Laval, Pierre 108
Lavergne, Bernard 16, 18, 35, 62, 86, 87, 122
Leger, Alexis 93
Leoni, Bruno 62, 83
Le Play, Frédéric 36, 74 f.
Lévi-Strauss, Claude 90
Lippmann, Walter 12, 14–19, 23–29, 35, 38 ff., 42 f., 56 f., 61, 64 f., 75, 79, 85, 87 ff., 98 f., 107, 120, 122 ff., 126, 129, 134, 148, 154 f., 162, 164, 167 f., 188, 206, 209, 212, 225, 236, 247, 251, 253–256, 258, 260, 263, 265
Löwe, Adolf 111

Machlup, Fritz 75
Man, Henri de 11
Mantoux, Etienne 18, 20, 24, 38 f., 42, 64, 89 ff., 122, 152, 170, 179, 183, 196, 263 f.
Mantoux, Paul 20, 89
Maritain, Jacques 93
Marjolin, Robert 18 f., 24, 32, 36, 38, 40 f., 48, 51, 61, 63, 70, 72, 89–92, 122, 152 f., 197, 238, 245
Marlio, Louis 16, 18, 24, 37 f., 44 f., 47, 58, 62 f., 79, 91 ff., 95, 123, 150, 154, 162, 168 f., 177, 185, 198, 209 f., 213, 231, 244, 251, 253, 258, 262– 265
Marx, Karl 229, 238
Menger, Carl 79, 95

Mercier, Ernest 16, 18, 37, 94 f., 123
Merleau-Ponty, Maurice 71
Mill, John Stuart 42 f., 149
Mises, Ludwig von 13, 16, 18 ff., 22 f., 25, 27, 29 f., 32–35, 39, 41 ff., 45, 48, 51, 54, 58, 64, 68, 75, 79 f., 84, 88, 95–99, 103 f., 112, 114, 123, 150, 158, 162, 166 f., 182, 192, 194, 213, 215, 232, 235, 237, 244, 263
Molinari, Gustave de 43, 149
Monnet, Jean 63, 91

Nietzsche, Friedrich 44, 73, 75
Nitti, Francesco Saverio 16, 21, 23 f., 115

Oppenheimer, Franz 70, 111
Ortega y Gasset, José 16, 21, 48, 116

Pascal, Blaise 133
Pawlow, Iwan 46, 226 f., 230
Pétain, Philippe 35, 107
Piatier, André 18, 98 f., 123
Pierson, Nicolaas Gerard 80
Pirou, Gaëtan 7, 12
Platon 51, 244
Poincaré, Raymond 108
Polanyi, Karl 47, 99
Polanyi, Michael 18 f., 24, 35, 47, 63 f., 99 ff., 123, 225, 230, 234
Popper, Karl 52
Possony, Stefan 101 f., 121, 123, 132, 174, 178 f., 182 f., 198

Rappard, William 16, 20, 82, 84, 89, 104 f., 116
Reagan, Ronald 8, 60, 67, 102
Renan, Ernest 133
Ricardo, David 42, 237
Ricci, Umberto 16, 116
Rist, Charles 16, 89 f., 116
Robbins, Lionel 16, 19, 21–24, 74, 77, 79 ff., 97, 116
Roosevelt, Franklin D. 14, 26 f., 88 ff., 92, 100
Röpke, Wilhelm 16, 18 ff., 22, 24, 32, 36, 43, 45, 48 f., 51 ff., 55, 59, 61–64, 67, 71, 74, 82, 101–105, 110–113, 123, 128, 157, 188, 192, 197 f., 200, 253, 265
Rothbard, Murray 62, 98
Rougier, Louis 10–16, 18, 20–23, 29–32, 35–38, 40 f., 43 f., 46 ff., 56, 58, 61 ff., 65, 68, 74, 78 f., 86, 88, 93, 98, 101, 106 f., 108, 113, 115, 118, 120, 123, 144, 148, 150, 153, 155 f., 157, 174, 188, 202, 216, 230 f., 241, 247, 260, 263 ff.
Rousseau, Jean-Jacques 241
Roy, Ravi 9
Rueff, Jacques 16, 18 f., 24, 41 f., 44, 54 ff., 57, 61–64, 68, 74, 85, 108 ff., 123, 128, 153, 179, 182, 192, 195, 203, 206, 209 f., 212, 215, 225, 250 f., 259, 263 f.
Ruskin, John 229
Rüstow, Alexander 18 f., 31 f., 36, 42 f., 45, 48–53, 55 f., 58, 61, 67, 111 ff., 123, 165, 198, 216, 234 f., 243 f., 250, 257

Salazar, António de Oliveira 34, 65, 74, 93
Sartre, Jean-Paul 71
Savigny, Friedrich Carl von 240
Say, Jean-Baptiste 43, 149
Schmidt, Vivien 6
Schütz, Alfred 18 f., 95, 114, 123
Smith, Adam 23, 42 f., 149, 173, 237
Sombart, Werner 112
Spencer, Herbert 33, 38, 152
Stalin, Josef 13

Stammler, Rudolph 240
Steger, Manfred 9
Strauss, David Friedrich 133

Tawney, R. H. 229
Thatcher, Margaret 8, 60, 67
Thatcher, Mark 6
Tillich, Paul 111
Truchy, Henri 16, 116
Tullock, Gordon 8

Villey, Daniel 73

Wagner, Adolph 99
Webb, Beatrice 80
Webb, Sidney 80
Weber, Max 70
Weil, Simone 78
Weiss, Louise 73
Weyl, Walter 15
Wieser, Friedrich von 79

Zeeland, Marcel van 16, 18, 114 f., 123
Zeeland, Paul van 18, 114

Klimaneutral
Druckprodukt
ClimatePartner.com/12752-1803-1001

Zum Ausgleich für die entstandene CO_2-Emission bei der Produktion dieses Buches unterstützen wir die Erhaltung und Wiederaufforstung des Kibale-Nationalparks in Uganda. Das Projekt trägt zum Klimaschutz bei, indem die Bäume bei der Fotosynthese Kohlenstoff aus der Luft binden, es schützt die Biodiversität des tropischen Waldes und sichert 260 Arbeitsplätze.

Bibliografische Information der Deutschen Nationalbibliothek
Die Deutsche Nationalbibliothek verzeichnet diese Publikation in der Deutschen Nationalbibliografie; detaillierte bibliografische Daten sind im Internet über http://dnb.d-nb.de abrufbar.

Translation from the English language edition: The Walter Lippmann Colloquium: The Birth of Neo-Liberalism by Jurgen Reinhoudt and Serge Audier

BSCW Stiftung

Unter freundlicher Förderung der Brougier-Seisser-Cleve-Werhahn-Stiftung.

kursbuch.edition
Herausgeber: Peter Felixberger, Sven Murmann, Armin Nassehi
Lektorat: Evelin Schultheiß, Kirchwalsede
Druck und Bindung: CPI books GmbH, Leck
Printed in Germany

ISBN 978-3-96196-082-8

Besuchen Sie uns im Internet: www.kursbuch.online
Ihre Meinung zu diesem Buch interessiert uns!
Zuschriften bitte an kursbuch@kursbuch.online